Jürgen Hartmann studierte Politische Wissenschaft an der Universität Hamburg und ist dort Hochschulassistent im Arbeitsbereich Vergleichende Regierungslehre.
Buchveröffentlichungen: Der amerikanische Präsident im Bezugsfeld der Kongreßfraktionen (1977); Parteienforschung (1979); als Hg. Vergleichende politische Systemforschung (1980).

Campus Studium: Kritische Sozialwissenschaft
Band 554

Jürgen Hartmann

Politik und Gesellschaft in Japan, USA, Westeuropa

Ein einführender Vergleich

Campus Verlag
Frankfurt/New York

CIP-Kurztitelaufnahme der Deutschen Bibliothek

Hartmann, Jürgen:
Politik und Gesellschaft in Japan, USA, Westeuropa :
e. einf. Vergleich / Jürgen Hartmann. - Frankfurt/
Main ; New York : Campus Verlag, 1983.
(Campus : Studium ; Bd. 554 : Krit. Sozialwiss.)
ISBN 3-593-32554-3

NE: Campus / Studium

Umschlaggestaltung: Eckard Warminski, Frankfurt/Main
Satz: L. Huhn, Maintal
Druck und Bindung: Beltz Offsetdruck, Hemsbach
Printed in Germany

Inhalt

Einleitung

Westeuropa, die U.S.A. und Japan sind die Zentren der industrialisierten Welt demokratisch-kapitalistischen Zuschnitts. Von daher weisen sie grundlegende Gemeinsamkeiten auf. Freilich sind die Unterschiede nicht minder offensichtlich. Sie manifestieren sich vor allem in unterschiedlichen sozialen und politischen Konfliktlinien, die sich teilweise in eigentümlichen sozialen Institutionen verfestigt haben.

Die Darlegung dieser Unterschiede aus vergleichender Perspektive kann dazu beitragen, Mißverständnisse bei der Betrachtung und Bewertung innergesellschaftlicher Strukturen und Vorgänge in den wichtigsten Industriegesellschaften auszuräumen. Eine systematische vergleichende Betrachtung der wichtigsten Industrieländer scheint umso dringender geboten, als die Ähnlichkeiten im politischen und wirtschaftlichen System leicht dazu verführen, den Institutionen, Praktiken und Entwicklungen in anderen Ländern einen ähnlichen Sinn unterzuschieben wie entsprechenden Phänomenen in einem vertrauten Land oder in einem geläufigen Kontext. Es ist das Ziel der folgenden Darlegungen, aufzuzeigen, daß reale parlamentarische Demokratien und kapitalistische Wirtschaftsverfassungen nicht unabhängig von ihrem kulturellen Umfeld erfaßt werden können: Kulturelle Unterschiede prägen gesellschaftliche Strukturen und Konflikte, auch in Ländern mit ähnlichen politisch-gesellschaftlichen Ordnungen, in besonderer Weise.

Als Kultur im Verständnis des im folgenden angestellten Systemvergleichs gelten die expliziten oder impliziten Leitvorstellungen, die sowohl Teile einer Gesellschaft als auch eine Gesellschaft insgesamt als verbindlich anerkennen. Diese Leitideen transportieren historische Erfahrungen und kollektive Lernprozesse und werden in ihrer gesellschaftlichen Bedeutung aus der historischen Rückschau deutlich. In der Politischen Wissenschaft werden sie u.a. auch als Bestandteile nationaler »politischer Kulturen« angesehen.

Die Auswahl der im folgenden verglichenen Länder bedarf einer Erläuterung. Auf der einen Seite ist von einzelnen Ländern, den U.S.A. und Japan, auf der anderen Seite von Westeuropa die Rede, also von einem geographisch-politischen Raum. Westeuropa zerfällt in eine Reihe von kleinen und mittleren Ländern, die sich durchaus voneinander unterscheiden. Hier wird davon ausgegangen, daß diese Unterschiede, verglichen mit den Unterschieden zwischen Westeuropa insgesamt und den U.S.A. und Japan gering erscheinen. Die Berücksichtigung der innereuropäischen Unterschiede darf und soll hier nicht entfallen, aber sie erfolgt lediglich skizzenhaft und bezieht sich ausschließlich auf die entwickelten westeuropäischen Industrieländer (Bundesrepublik, Großbritannien, Frankreich, Italien, Schweiz, Österreich, Skandinavien, Benelux-Länder). Die vereinheitlichende Schilderung der westeuropäischen Länder ist vertretbar, weil diese Teil eines gemeinsamen Raumes mit einer zwar national differenzierten, aber in den großen Zügen doch gemeinsamen Geschichte und Kultur darstellen.

Demgegenüber bestehen zwischen den U.S.A. und den europäischen Ländern zwar kulturelle Unterschiede und Gemeinsamkeiten. Im Verhältnis zu Japan dominieren aber sowohl in den »westlichen« europäischen Ländern als auch in den »westlichen« U.S.A. die Unterschiede zur »östlich« geprägten Kultur Japans. Als Alternative zur zusammenfassenden Betrachtung der westeuropäischen Länder hätte es sich angeboten, den Vergleich auf ein Land oder zwei Länder zu beschränken. Doch das wäre nur sinnvoll gewesen, wenn es irgendein europäisches Land gäbe, das als »pars pro toto« repräsentativ für alle übrigen wäre. Ein solches »repräsentatives« Land gibt es aber nicht. Die überblickshafte Darstellung der westeuropäischen Länder hat zudem gegenüber der Beschränkung auf ein einzelnes Land den Vorzug, Gemeinsamkeiten und Unterschiede deutlich werden zu lassen und dabei die Tatsache der europäischen »Multi-Identität«, der »Einheit in der Vielfalt«, und die politisch-territoriale Zersplitterung der westeuropäischen Industriegesellschaft vor Augen zu führen.

Die Darstellung gliedert sich in folgende Teile:

1. Entwicklungsgeschichte, Weltanschauungen, Verhaltensnormen;
2. Politische Parteien;
3. Ökonomische Interessenverbände und Arbeitsbeziehungen;
4. Regierungssystem.

In Teil A wird dargestellt, worin die industriegesellschaftlichen Wandlungen und die politische Entwicklung der verglichenen Länder voneinander abweichen und welche Konsequenzen daraus folgen. Ferner werden dort die wichtigsten in den politischen Bewegungen wirkenden Ideen und Konzepte betrachtet und schließlich wird die Frage näher erörtert, inwieweit sich politische Willensbildung und politische Auseinandersetzung in verbandlichen Formen, in partikularistisch-individueller Gestalt oder im Rahmen überkommener Sozialverbände vollziehen. Alle drei Schwerpunkte dieses Kapitels sollen die kulturelle Distanz zwischen den verglichenen Ländern aufschlüsseln.

Teil B befaßt sich mit den politischen Parteien. Politische Parteien bilden integrale Bestandteile repräsentativ-demokratischer Systeme. Die modernen

Parteien haben sehr unterschiedliche Erscheinungsformen, die von den als Organisationen kaum noch existenten amerikanischen Parteien bis hin zu den straff organisierten westeuropäischen Massenparteien reichen. Der Parteienvergleich bedarf deshalb einer breiten Perspektive, die unter anderem die Funktion der Parteien als Träger von Wählerpräferenzen und sozialen Interessen ins Auge faßt. Dieser Teil insgesamt soll die Relevanz politischer Parteien als Ausdruck sozialer und politischer Konfliktlinien und als Faktoren des Regierungsprozesses verdeutlichen.

Teil C behandelt die sozio-ökonomische Interessenstruktur demokratisch-kapitalistischer Gesellschaften. Konstitutiv für diesen Gesellschaftstyp sind die private Verfügung über Produktionsmittel und der Markt als Grundmodell der Wirtschaftsbeziehungen. Dabei ist einmal der Markt zu unterscheiden, auf dem die Produzenten mit Gütern und Leistungen auftreten, und zum anderen der Arbeitsmarkt, auf dem die Arbeitgeber und Gewerkschaften als die wichtigsten organisierten Akteure auftreten. Jenseits dieser Gemeinsamkeiten aller demokratisch-kapitalistischen Industriegesellschaften bestehen aber zahlreiche nationale Unterschiede, so etwa im Kräfteverhältnis und in den Organisationsformen der wichtigsten wirtschaftlichen Kollektivinteressen. Das Verhältnis von Arbeitgebern und Gewerkschaften erfaßt die konstitutiven ökonomischen Interessen dieser Gesellschaften und steht deshalb im Mittelpunkt dieses Teils.

Teil D geht auf die Regierungssysteme ein. Dabei gilt das Interesse im besonderen der Struktur und der Arbeitsweise der Parlamente als den wichtigsten Legitimationsorganen für politisches Handeln, dem Verhältnis von Parlament und Regierung in den parlamentarischen Regierungssystemen und dem Verhältnis von Kongreß und Präsident im präsidentiellen Regierungssystem der U.S.A., ferner der politischen Kontrolle der Verwaltungen sowie dem Einfluß der Verwaltungen auf Parlamente und Regierungen und schließlich der Frage nach der politischen Relevanz der Rechtsprechung.

Teil A
Entwicklungsgeschichte, Weltanschauungen, Organisationsnormen

I. Westeuropa

Die Entwicklung hin zu parlamentarischer Demokratie und modernem Kapitalismus in Westeuropa ereignete sich zuerst und modellhaft in Großbritannien, das aus diesem Grund in der sozialhistorisch-politischen und in der Modernisierungsliteratur vielfach als ein »Modellstaat« gilt, im besonderen hinsichtlich des liberalen Parlamentarismus, dessen Vorbild das europäische Bürgertum lange nacheiferte. Freilich ist die Modellqualität der britischen Entwicklung zweifelhaft und bringt noch die größten Erkenntnisse durch die Abweichungen von diesem Modell in den übrigen europäischen Ländern.

1) Historisch-politische Entwicklung

a) Parteien und soziale Kräfte

Liberalismus

Der politische und wirtschaftliche Aufstieg des liberalen Bürgertums in Europa erfolgte in einer mehr oder weniger erbitterten Auseinandersetzung mit den tragenden sozialen Kräften des absolutistischen Feudalsystems. Dies gilt exemplarisch für *Frankreich*, wo sich diese Auseinandersetzung zunächst in der »großen« Revolution von 1789 entlud und sich endgültig in der Revolution von 1830 zugunsten des Bürgertums entschied. In *Großbritannien* vollzog sich demgegenüber eine Liberalisierung im Rahmen einer vergleichsweise homogenen, kommerziell orientierten und durch ähnliche Erziehung geprägten Elite, die mit ihren liberalen Reformen, so exemplarisch mit der Wahlrechtsreform von 1832, auf die Herausforderungen des Bürgertums reagierte. Dabei ist freilich zu bedenken, daß dort bereits seit langem das feudale Agrarsystem von einer kommerziell betriebenen Landwirtschaft abgelöst worden war und daß die in Handel und Produktion tätigen bürgerlichen Mittelschichten größer waren als auf dem europäischen Kontinent. Ähnliche Bedingungen lagen in den kleinen Handelsnationen der Niederlande und

Belgiens vor, in denen sich die bürgerlich-liberale Bewegung ohne größere Mühe durchsetzen konnte. Recht spät faßte die liberale Bewegung in *Schweden* und *Dänemark* Fuß, nämlich erst im letzten Fünftel des 19. Jahrhunderts. Sie war dort aber nicht in erster Linie mit einer feudalen Agrarierschicht konfrontiert, sondern mit einer konservativen, dem monarchischen Prinzip verhafteten Beamtenschaft; die Bevölkerung setzte sich vorwiegend aus politisch vergleichsweise artikulationsunfähigen Klein- und Mittelbauern zusammen. Schwieriger war die Situation in *Preußen-Deutschland.* Hier traf die liberale Bewegung auf einen Staat, der im Kern die Interessen der feudalen Agrarier vertrat. Dieser verschloß sich zwar keineswegs den Zielen der Industrialisierung, trug aber den (verfassungs)politischen Forderungen der Liberalen keinerlei Rechnung. Unter Bismarck fanden Industrialismus und politische Herrschaft einer agrarisch-militärischen Oberschicht eine Synthese im »Wilhelminismus«, in der das Bürgertum seine wirtschaftlichen Ziele weitgehend verwirklichen konnte, die politische Liberalisierung aber preisgab. Erst nach dem Zusammenbruch der Weimarer Republik und des Dritten Reiches und nach der Periode des Wiederaufbaus nach 1945 konnte die abweichende deutsche Entwicklung durch eine durchgreifende Liberalisierung des politischen Systems korrigiert werden.

Allgemein bleibt festzustellen, daß die liberalen Bewegungen zwischen 1830 und 1880 wachsenden und letztlich maßgeblichen Einfluß in Staat und Politik gewannen, dabei die monarchischen Privilegien einschränkten und wirtschaftspolitisch der *Entfaltung des aufstrebenden Industrie- und Handelsbürgertums* Raum gaben. Verfassungspolitisch brachte der Aufstieg des Liberalismus die *Umwandlung der herkömmlichen ständischen Vertretungen in parlamentarische Körperschaften,* die mit wachsendem Erfolg, teils abgestützt durch neue Verfassungen oder Verfassungsänderungen, teils durch die praktische Verfassungshandhabung, für sich beanspruchten, Regierungen einzusetzen oder sie abzuberufen. Die *Wahlbestimmungen der liberalen Ära* waren darauf angelegt, das aktive und passive Wahlrecht an Vermögensqualifikationen zu binden, d.h. die exklusive politische Herrschaft des Bürgertums abzusichern.

Bürgerliche Gegenbewegungen zum Liberalismus

In den meisten europäischen Ländern hatten weder die politischen Reformen der Liberalen noch die Entfaltung des Industriekapitalismus die Konservativen vollständig verdrängt, obgleich sie den tragenden Kräften der früheren monarchischen Ordnungen bedeutsame Reformen abgerungen hatten. Bis zum Ende des Ersten Weltkriegs praktizierten die meisten europäischen Länder verschiedene Formen des Mehrheitswahlrechts, die lediglich den vermögenden Schichten Partizipationsrechte einräumten. Dies hatte zur Folge, daß

Kandidaten nicht-liberaler bzw. konservativer Prägung, die sich in traditionell-agrarischen oder kirchlich beeinflußten Umfeldern bewegten, stets eine politische Gegenkraft zu den Liberalen bildeten. Die Konservativen hatten sich zwar nach einiger Zeit mit den politischen Reformen der liberalen Verfassungsbewegung abgefunden und den wirtschaftlichen Vorrang industriekapitalistischer Interessen akzeptiert, verharrten aber doch in einer kulturellen Gegnerschaft zu den Liberalen.

Bürgerliche Antipoden der Liberalen waren in den rein oder überwiegend protestantischen Ländern konservative Parteien, namentlich in *Großbritannien* und in den *skandinavischen Ländern*, aber auch, wenngleich in geringerem Umfang, in Preußen und anderen Teilen des *Deutschen Reiches*. In den katholischen oder mit starken katholischen Bevölkerungsteilen besiedelten Ländern, so besonders in *Österreich*, in der *Schweiz*, in *Belgien* und in den *Niederlanden* sowie in *Teilen Deutschlands*, traten katholische Parteien als wichtigste politische Gegenkraft zu den Liberalen im Lager der bürgerlichen Parteien in Erscheinung. Lediglich in den *Niederlanden* organisierte sich auch in der protestantischen Bevölkerung eine konfessionell geprägte bürgerliche politische Kraft. Charakteristischerweise blieben in *Italien*, wo der Heilige Stuhl den Katholiken den Boykott der Einrichtungen des liberalen italienischen Nationalstaates verordnet hatte (Enzyklika »non expedit« [1874]), programmatisch nicht zu unterscheidende liberale Parteien konkurrenzlos, bis 1920 die Erlaubnis zur Bildung politischer Organisationen der Katholiken erteilt wurde.

Von strukturbestimmender Bedeutung sind die politischen Konfliktlinien im bürgerlichen Lager der einzelnen Länder bis heute geblieben; katholische bzw. später (nach dem Zweiten Weltkrieg umbenannte) christlich-demokratische Parteien sind in den katholischen Ländern die stärkste bürgerliche politische Kraft geworden, in den protestantischen Ländern aber konservative Parteien. Die konservativen Parteien wiederum, die anders als die katholischen Parteien über keine geschlossenen Weltanschauungen verfügen, nahmen in weitaus stärkerem Umfang (wirtschafts)liberale Ideen auf und trafen sich eher mit den Liberalen in der positiven Bewertung des sozialen Status quo als mit den katholisch-christdemokratischen Parteien. Mit den fortschreitenden Erweiterungen des Wahlrechts vor dem Ersten Weltkrieg und dem Übergang zu Verhältniswahlsystemen nach Ende dieses Krieges erwiesen sich die christdemokratischen Parteien als integrationskräftiger als die liberalen Konkurrenzparteien: Diese repräsentierten unverhohlen die Philosophie des Reichtums als Ausweis persönlicher Tüchtigkeit, jene konnten die Überlieferung traditioneller Sozialbeziehungen mit wechselseitigen Rechten und Pflichten für Arme und Reiche oder die Übereinstimmung mit einer mächtigen Institution wie der katholischen Kirche ins Feld führen, um auch Unterstützung bei neuen Wählern zu finden, die weder Reichtum noch andere soziale Privilegien genossen.

Arbeiterbewegung und Sozialismus

Die politische Ideologie der westeuropäischen Arbeiterbewegungen ist der Sozialismus in seinen verschiedenen Varianten. Lediglich in *Großbritannien* entwickelte sich im Labourismus eine bedeutende nicht-marxistische Variante des Sozialismus. Zwar wurde die sozialistische Weltanschauung marxistischer Provenienz zuerst am Beispiel Großbritanniens entwickelt, aber von der britischen Arbeiterbewegung selber nicht angenommen. Hier mag die Feststellung genügen, daß sich in den europäischen Arbeiterbewegungen zumeist die *reformistische Variante des Sozialismus* durchsetzte, die gesellschaftliche Veränderungen nicht auf dem Wege einer sozialen Revolution und des politischen Umsturzes, sondern auf dem Wege der Mitarbeit in den politischen Institutionen des bürgerlichen Staates anstrebte, und zwar mit dem Ziel schrittweiser sozialer Verbesserungen vermittels parlamentarischer Mehrheiten und parlamentarischer Kompromisse. Auf dem Hintergrund dieser Perspektive war es bereits gegen Ende des 19. Jahrhunderts das vordringliche Ziel der sozialistischen Bewegungen, das geltende eingeschränkte Wahlrecht zu demokratisieren. In engem Zusammenhang damit stand die Einführung von Verhältniswahlsystemen in den von Revolutionsfurcht geschüttelten kontinentaleuropäischen Industrieländern während des Ersten Weltkrieges und danach. Ein Grundmerkmal des reformistischen Sozialismus war mithin die *Annahme des Parlamentarismus* und dessen Umwandlung von einer oligarchisch-liberalen zu einer demokratisch-liberalen Herrschaftsform.

Ein weiteres wichtiges Faktum, das die reformistischen sozialistischen Arbeiterbewegungen, Gewerkschaften und Parteien, kennzeichnete, war das Bemühen um *kollektive Arbeitsrechte,* das zunächst grundlegend von den gegebenen Kräfteverhältnissen zwischen Kapital und Arbeit ausging, aber mit Hilfe der staatlichen Gesetzgebung bestmögliche Rahmenbedingungen für die Organisierung und Ausschöpfung gewerkschaftlicher Gegenmacht anstrebte. Der *revolutionäre Sozialismus* in der Art des orthodoxen Marxismus-Leninismus hatte sich in Westeuropa nicht durchzusetzen vermocht. Lediglich in *Frankreich* und *Italien* erlangte er ähnliche oder gar größere Bedeutung als der reformistische Sozialismus, und selbst dort in vollem Umfang erst nach 1945. Bezeichnenderweise hat aber auch die italienische Kommunistische Partei seit geraumer Zeit den Weg des Reformismus eingeschlagen (Eurokommunismus).

b) Rolle des Staates

Die wichtigsten politischen und sozialen Kräfte Westeuropas weisen dem Staat eine positive Rolle zu. Dabei ist zunächst zu bedenken, daß der moderne bürokratische Staat in seinen Ursprüngen wesentlich älter ist als sämtliche modernen politischen Bewegungen. Die Kontrolle über eine verzweigte Regierungsbürokratie diente historisch zum einen der Repression systembedrohender Kräfte: so setzten die restaurierten *Monarchien* den Regierungsapparat in der ersten Hälfte des 19. Jahrhunderts vor allem zur Unterdrückung liberaler Verfassungsbestrebungen ein; die *Liberalen* und *Konservativen* wiederum bedienten sich nach der Liberalisierung der politischen Systeme, die vielerorts spätestens in der zweiten Hälfte des 19. Jahrhunderts abgeschlossen war, des Staates, um die sozialistische Arbeiterbewegung niederzuhalten. Zum anderen galt die Staatsbürokratie als ein Instrument, mit dessen Hilfe man die eigenen politischen Ziele realisieren konnte. Den Liberalen ging es dabei um die *Übertragung der Schul- und Ausbildungsprivilegien* der Kirche auf den Staat, um die entsprechenden Aufgaben im Sinne eines »aufgeklärten« Erziehungsprogramms »neutral« und »fachlich kompetent« zu ordnen. Den Konservativen mit agrarischen Interessen lag daran, vom Staat positive *Hilfen in der Steuer- und Zollgesetzgebung* zu erhalten. Darüber hinaus maßen die liberalen Kräfte in den kontinentaleuropäischen Ländern dem Staat faktisch eine bedeutende Funktion bei der *Schaffung von Investitionsmöglichkeiten* zu (Eisenbahnen, Flottenbau, Telekommunikation, Elektrifizierung). Erst recht die *reformistischen Sozialisten betrachteten den Staat als das entscheidende Vehikel für die Nivellierung sozialer Unterschiede* bzw. für die Schaffung substantieller sozialer Gleichheit, so vor allem durch steuerliche Ressourcenverteilung und steuerlich vermittelte Einkommensumverteilung. Die Differenzen zwischen Liberalen, Konservativen und Sozialisten beziehen sich auf den Umfang der staatlichen Tätigkeit, aber nicht prinzipiell auf den Wert oder Unwert staatlicher Institutionen oder auf den Nutzen von Regierungseingriffen in gesellschaftliche Prozesse.

Rechtsgleiche Behandlung und *effiziente Aufgabenerledigung* sind die Angelpunkte der Leistungserwartungen an staatlich-administrative Tätigkeit in den europäischen Ländern. Die Unterhaltung stehender Heere im 17. und 18. Jahrhundert zog die Gründung von Steuerverwaltungen nach sich, die Mittel für das Militär eintrieben und sich später als Kern der Zivilverwaltung in andere Verwaltungszweige ausdifferenzierten. Die französische Verwaltung unter Napoleon wurde zum Vorbild für das übrige Europa, soweit sie spezielle Ausbildungen und Qualifikationen und einheitliche hierarchische Muster für das gesamte Verwaltungspersonal vorschrieb. Die liberale Verfassungsbewegung trug zur modernen Verwaltung die Vorstellung bei, daß diese nach Maßgabe der Gesetze handeln müsse und gegenüber jedermann gleiches Recht anzuwenden habe. Schließlich setzte sich das Prinzip durch, die staatliche Verwaltung solle die zugewiesenen Aufgaben fachlich nach bestem Wissen durchführen, aber den Primat parlamentarisch verantwortlicher Politiker akzeptieren. Auf diese Weise entstanden *politisch tatsächlich weitgehend*

»neutrale« Staatsverwaltungen, die in den meisten Ländern schwerlich als »Reservoir« bestimmter politischer Kräfte gelten können.

c) Parlamentarismus

Der Parlamentarismus ist die für Europa spezifische Regierungsweise: Kabinette amtieren mit der Zustimmung parlamentarischer Mehrheiten und können von diesen auch abgelöst werden. Im Zuge der Demokratisierung des Wahlrechts entstanden in den meisten Ländern (Ausnahme: *Großbritannien*) stark fragmentierte Parteiensysteme, d.h. in der Regel konnte keine einzelne Partei eine parlamentarische Regierungsmehrheit stellen; *Regierungen basieren auf Koalitionen mehrerer Parteien.* Damit wurden Verhandlungen und Kompromisse zwischen den Parteiführungen, die außerhalb des Parlaments ausgehandelt und von diesem nur mehr ratifiziert wurden, zu festen Bestandteilen des europäischen Parlamentarismus.

d) Politische Entwicklung und Industrialisierung

In *Großbritannien* gingen die politische Entwicklung zur Parlamentsherrschaft, die Umwandlung der Wirtschaft zum modernen Industriekapitalismus, die politische Organisierung der arbeitenden Klassen und die Demokratisierung der liberalen Parlamentsherrschaft Hand in Hand. Die politische und gesellschaftliche Modernisierung dieses ersten Industrielandes zeichnet sich durch einen organischen, bruchlosen und gewaltfreien Verlauf aus, den in dieser Weise kein kontinentaleuropäisches Land erlebte. Vielmehr war für die Modernisierung der übrigen westeuropäischen Länder die *Ungleichzeitigkeit von industriekapitalistischer und politischer Entwicklung* die Regel. So übernahm etwa *Frankreich* die zunächst in Großbritannien entstandenen industriellen Technologien und Produktionsweisen, so entstand dort auch in kurzer Zeit ein politisch selbstbewußtes Industrieproletariat, aber die Reaktion auf dessen politische Forderungen war keine schrittweise Integration in das politische System wie in Großbritannien (dort mit den Wahlrechtserweiterungen von 1832, 1867 und 1884), sondern die Preisgabe des liberalen parlamentarischen Systems im Bonapartismus, um dafür umso wirksamer die kapitalistische Eigentumsordnung und die wirtschaftlichen Aspirationen des Industriebürgertums abzusichern. Erst die militärische Niederlage des bonapartistischen Regimes im Krieg mit Preußen brachte die Wiedererrichtung der Parlamentsherrschaft, die freilich mit allen verfügbaren politischen und gesetzlichen Mitteln die Entfaltung einer französischen Arbeiterbewegung verhinderte. Dementsprechend radikalisierte sich die sozialistische Bewegung Frankreichs.

In *Preußen-Deutschland* vollzog sich die Industrialisierung gar ohne die politische Herrschaft des liberalen Bürgertums. Eine wirkliche Parlamentarisierung der politischen Verfassung ließ bis 1917 auf sich warten. Durch die Kombination staatlicher Repression der Arbeiterbewegung, Massenverelendung vorbeugender staatlicher Sozialpolitik und Gewährung eines allgemeinen, wenngleich für die Bestellung der Reichsregierung folgenlosen Wahlrechts konnte die agrarisch geprägte soziale Kaste ihre Herrschaft behaupten. Die aktive Förderung des Industrialisierungsprozesses neutralisierte die Opposition des Industriebürgertums, Sozialpolitik und legale oder halblegale politische Tätigkeit der Sozialdemokratie nährten in der Arbeiterbewegung die Überzeugung von der Möglichkeit eines Systemwandels durch politische Reformen. Als schließlich unter dem Zwang der militärischen Niederlage Deutschland nicht nur parlamentarisch wurde und die monarchische Staatsform aufgab, sondern gleichzeitig auch die zuvor mit dem Makel des sozialen Umsturzes behaftete Sozialdemokratie in die Regierung eintrat, wurde die Diskrepanz zwischen der Realität des politischen Pluralismus und den industriellen Konfliktlinien einerseits und den bislang geltenden, vorindustriellen sozialen und politischen Normen andererseits offensichtlich. Die Weimarer Republik litt bis zu ihrem Ende unter der Legitimitätsverweigerung weiter Kreise des Bürgertums, die schließlich dem Nationalsozialismus den Weg bereitete.

Deutschland ist ein krasses Beispiel einer europäischen Industriegesellschaft, die nicht spätestens zu Beginn der 20er Jahre dieses Jahrhunderts ihr politisches System nicht nur der Existenz bürgerlicher Schichten, sondern auch einer starken Arbeiterbewegung angepaßt hatte. Es war aber nicht das einzige. Auch in *Italien* (1922) und *Österreich* (1934) brachen parlamentarisch-demokratische Systeme wenige Jahre nach ihrer Gründung unter dem Ansturm faschistischer und kryptofaschistischer Kräfte zusammen. Die Ungleichzeitigkeit von politischer und industrieller Entwicklung ist nichtsdestoweniger auch für andere Länder charakteristisch, so etwa für *Belgien*, das als eines der am frühesten industrialisierten und parlamentarisierten Länder erst 1899 auch Arbeitern politische Partizipationsrechte zugestand, so auch für die *Niederlande* mit einer alten liberalen Verfassung, wo dies erst 1917 geschah.

Lediglich in *Schweden* war die Industrialisierung ähnlich bruchlos wie in Großbritannien von raschen Veränderungen des politischen Systems in Richtung auf Parlamentarisierung und Demokratisierung begleitet. Nicht später als in den südlichen Nachbarländern setzte sich in Schweden die parlamentarische Bestellung der Regierung sowie ein demokratisches Wahlrecht durch, das der schwedischen Arbeiterbewegung die volle politische Emanzipation brachte. Im Ergebnis bleibt für die politisch-historische Entwicklung der europäischen Länder als wichtig festzuhalten, daß sich ihre politischen

Strukturen in der Auseinandersetzung zwischen ähnlichen politischen und sozialen Kräften entwickelten und zu ähnlichen Ergebnissen führten.

2) Politische Ideen und Weltanschauungen

a) Liberalismus

Die wichtigsten Ideologien und Gegenideologien politischer Bewegungen in Westeuropa entfalteten sich mit dem Liberalismus und in der Auseinandersetzung mit dem Liberalismus. Der Liberalismus ist die klassische politische Ideologie der bürgerlichen Gesellschaft. Seine wichtigsten Begründungen und Postulate lassen sich auf den liberalen Klassiker *John Locke (Zwei Abhandlungen über die Regierung,* 1690) zurückführen. Die *spezifische Verknüpfung von Eigentum und Freiheit* bildet bis heute den Kern der liberalen Weltanschauung: Aufgabe und primäre Legitimation des Staates lägen darin, das Eigentum zu schützen und fördern, da Eigentum die Grundlage für persönliche Freiheit bilde. Der Staat beeinträchtige diese Freiheit, sofern er in Eigentumsrechte eingreife. Derjenige Staat bzw. diejenige Regierung handele nach der richtigen Maxime, die es den Menschen erlaube, sich durch eigene Initiative, Arbeit und Tüchtigkeit Eigentum zu erwerben. Die Tüchtigen werden aus den gesellschaftlichen Umständen das Beste machen, was sich darin zeige, daß sie mehr Reichtümer ansammeln als die anderen. Jene, die großen Reichtum nicht erarbeiteten, sondern ererbten, erbrächten den Beweis ihrer Tüchtigkeit, den Nachweis, daß sie ihre Freiheit verdienten, die ihnen das Eigentum verschaffe, indem sie es bewahrten und vermehrten. Die Unfähigen, die ihres Eigentums Unwürdigen, könnten weder Reichtümer erwerben noch diese, sofern vorhanden, auf Dauer behalten.

Der Liberalismus ist zutiefst unegalitär, weil er den Freiheitsbegriff aus dem Eigentum schöpft. Daraus resultieren die Ungereimtheiten und Widersprüche des zeitgenössischen Liberalismus: Der historische Liberalismus des 19. Jahrhunderts war politisch insofern konsequent, als er das politische System ganz nach den Bedürfnissen der Vermögenden konstruierte. Das Wahlrecht war an Eigentumsqualifikationen gebunden; im Parlament berieten die Vertreter einer Klasse mit den gleichen kollektiven Interessen. Das Kleinbürgertum und erst recht die arbeitenden Klassen verfügten über keine substantiellen politischen Rechte. Die allgemeinen politischen Rechte, Rede-, Versammlungs- und Pressefreiheit, boten keinen Ausgleich, da sie in keiner unmittelbaren Beziehung zum zentralen politischen Legitimationsorgan, dem Parlament, also zur Ausübung politischer Macht, standen. Aus der Sicht der liberalen Grundanschauung war diese Diskriminierung gerechtfertigt, weil die

Menschen und Schichten, bei denen sich kein Eigentum akkumuliert, offensichtlich unfähig seien, ihre wirtschaftliche Freiheit zu nutzen - und darum politische Freiheitsrechte nicht verdienten: sie beurteilten die Folgen ihres Tuns nicht aus persönlicher Betroffenheit (für das Eigentum) und brächten von daher nicht die gebotene Verantwortung für den klugen Gebrauch politischer Teilhaberechte auf.

Dem politischen System des Liberalismus geht die Geschlossenheit ab, die das von ihm überwundene Feudalherrschaftssystem des Absolutismus kennzeichnete. Dort hing die Zulassung zu politischen Rechten von der Geburt (Erbadel) oder von der Gnade des Monarchen (Erhebung in den Adelsstand, Gewährung von Privilegien an Korporationen oder Personen) ab. Nunmehr mußten politische Rechte durch den Nachweis erfolgreicher wirtschaftlicher Tätigkeit erworben werden. Demokratie und egalitäres Denken stehen dem klassischen Liberalismus diametral entgegen, weil sie wenigstens die Entkoppelung von Freiheit und Eigentum im Bereich der politischen Partizipationsrechte postulieren. In der Tat hatte der Liberalismus den Höhepunkt seines Einflusses überschritten, als er sich mit einem allgemeinen Wahlrecht abfinden mußte. Spätestens nach dem Ersten Weltkrieg begann der allgemeine Niedergang der liberalen Parteien, die heute sozialstrukturell im wesentlichen auf die Gebildeten, die Reichen und allgemein auf die Besserverdienenden beschränkt sind.

Zwar hat sich der *moderne Liberalismus* mit der staatsbürgerlichen Gleichheit abgefunden, aber er verteidigt in den liberalen Parteien Westeuropas nach wie vor zäh soziale und wirtschaftliche Ungleichheit, indem er sich vor allem der Einkommensumverteilung durch Steuern und Erweiterungen der unternehmerischen Mitbestimmung durch die Nichteigentümer, d.h. den Staat oder die Beschäftigten, widersetzt. Soziale Gleichheit als Voraussetzung für reale Freiheit lehnen die dominanten Strömungen des Liberalismus ab und manifestieren damit die ungebrochen inegalitäre Grundeinstellung des klassischen Liberalismus.

b) Konservatismus

Im Vergleich zum Liberalismus fehlen dem Konservatismus einfach zu bestimmende Konturen. Der Konservatismus entstand zunächst als Gegenideologie des Bestehenden gegen die Herausforderung des Liberalismus, wandte und wendet sich aber generell gegen jede radikale, erst recht gegen jede revolutionäre Veränderung der überlieferten Gesellschaftsordnung. In diesem allgemeinen Sinne kann noch heute *Edmund Burke (Betrachtungen über die Revolution in Frankreich,* 1790) als repräsentativ für die konservative Weltanschauung gelten.

Die ursprünglichen Differenzen des Konservatismus mit dem Liberalismus mögen aus heutiger Sicht gering erscheinen, aber sie geben doch Aufschluß darüber, was beide Ideologien bis heute, da die Differenz zwischen modernem Liberalismus und Konservatismus oft kaum noch wahrnehmbar ist, unterscheidet: Der Hauptunterschied zwischen beiden liegt darin, daß die Liberalen Staat und Gesellschaft ausschließlich nach Maßgabe optimaler Freiheit für die Reichen, die Tüchtigen und die Gebildeten gestalten und dabei alle kulturellen Einflüsse minimieren wollen, die für die Gewährleistung einer so verstandenen Freiheit nicht rational sind. Die Konservativen wenden sich *gegen die rationale Konstruktion von Staat und Gesellschaft,* wobei sie durchaus dem Reichtum eine positive Rolle in einer Ordnung nach ihren Vorstellungen beimessen. Sie wollen vielmehr eine *nach überkommenen Traditionen gestufte Gesellschaft* beibehalten, in der Religion, Klassenattribute (etwa im Bildungsbereich oder in Gestalt von Adelsprivilegien), die Verehrung geschichtlicher Vorbilder und überlieferte Gewohnheiten ihren Platz behalten sollen. Die Gesellschaft befindet sich nach konservativer Vorstellung, wie die Natur, in einer natürlichen Balance zwischen Kontinuität und Veränderung, die nicht durch widernatürliche Eingriffe gestört werden dürfe, die versuchten, den natürlichen bzw. überlieferten Gang der Dinge zu korrigieren.

Für den klassischen wie für den modernen Konservatismus ist Veränderung prinzipiell kein Problem, eher schon für den Liberalismus, für den das Eigentum die Grenze aller Veränderung zieht. Sieht man von der spezifischen deutschen Konservatismus-Variante im 19. Jahrhundert, einem romantischen und modernitätsfeindlichen Konservatismus, ab, so betonen fast alle Konservativen seit *Burke,* daß es gelte, bewährte Bräuche und Institutionen zu bewahren, aber Veränderung zuzulassen, wo immer Überliefertes seine Geltung verliere und Forderungen auf Wandel laut würden. *Flexibilität* ist das herausragende Merkmal des Konservatismus nicht nur als Weltanschauung, sondern auch als historische politische Kraft. Als die Liberalen unter dem Ansturm der von der Arbeiterbewegung genährten Demokratisierung die exklusiven politischen Rechte des Besitz- und Bildungsbürgertums preisgaben, begann ihr Abstieg als politische Kraft. An ihre Stelle als führende politische Kraft im bürgerlichen Lager traten die Konservativen, in anderen Ländern die christlichen Demokraten. Die Traditionsbindung der Konservativen erwies sich auch und gerade beim Kleinbürgertum und sogar in der Arbeiterschaft als integrationsfähiger als das rational konstruierte Weltbild des Liberalismus, der in der Regel geradezu »quer« zu den überlieferten Traditionen stand.

Die Traditionsbindung der Konservativen ist umso bedeutsamer, als sie im Kern historisch im wesentlichen das gleiche ökonomische Prinzip vertraten wie die Liberalen: die *Integrität des Eigentums und soziale Ungleichheit* gehören mit zu den gesellschaftlichen Strukturen, die überliefert sind und für bewahrenswert erklärt werden: wie es auch die Liberalen fordern, soll ererbtes Eigentum ebenso wie erworbenes gesichert werden; der Erwerb des Eigentums und somit die Chance, Reichtum zu erwerben und in den Genuß der besonderen Freiheiten, die Eigentum ermögliche, zu gelangen, sei frei und stehe theoretisch jedermann offen. Nach dem gleichen Grundsatz versteht es sich, daß bei aller prinzipiellen Anerkennung der staatsbürgerlichen Gleichheit die realen politischen Vorteile, die auch in einem offenen politischen System aus großen Vermögen und aus Kapitalbesitz resultieren, als politisch legitim akzeptiert, wenn nicht gar ausdrücklich gefördert werden. Bei alledem ist freilich zu bedenken, daß die Konservativen auch das Problem der sozialen Ungleichheit pragmatisch angehen. Gerade die erwähnte Traditionsbindung der Konservativen enthält oft ein Moment der sozialen *Verantwortung gegenüber den sozial Schwächeren*, das die Konservativen geradewegs auf eine aktive Sozialpolitik hinführen kann. Freilich kommt hinzu, daß sich um der Bewahrung der grundlegenden sozialen Ungleichheiten willen präventive sozialpolitische Konzessionen aufdrängen, um die Alternativen breiter Unzufriedenheit und in Reaktion darauf deren nackte Repression zu vermeiden.

c) Christliche Demokratie

Vornehmlich in den katholischen Ländern repräsentiert die christliche Demokratie, nicht der Konservatismus, die wichtigste bürgerliche Weltanschauung neben dem Liberalismus. Waren es bei den Konservativen in erster Linie Traditionsbindungen, die eine Gegenideologie zum Liberalismus auf den Plan riefen, so waren es bei den christlichen Demokraten aus dem Katholizismus begründete Widerstände. Der Liberalismus trat in seinen Anfängen nicht nur als entschiedener Vorkämpfer eines rationalen Weltbildes und Gegner christlich-religiös begründeter politischer Herrschaft auf, sondern auch als Protagonist der industriekapitalistischen Umwälzung von Wirtschaft und Gesellschaft, die ganz unverhohlen die Ausbeutung und Verelendung der arbeitenden Klassen in Kauf nahm und ihre kulturelle Entwurzelung im Zuge der raschen Landflucht geradezu voraussetzte. Beides, *Aufklärung und kapitalistische Ausbeutung, liefen den Überzeugungen und Interessen der katholischen Kirche zuwider.* Von daher war bereits eine Reaktion gegen eine starke säkulare Ideologie geboten. Den letzten Anstoß zur quasi-offiziellen Formierung einer christlich-katholischen politischen Kraft gab der Sozialismus, dessen Aufstieg in unmittelbarem Zusammenhang mit der kapitalistischen Ausbeutung stand. Die sozialistische Arbeiterbewegung trat in ihren Parteien und Gewerkschaften nicht nur atheistisch auf, sondern lehnte auch, jedenfalls anfänglich, eine wie auch immer geartete politische Herrschaftsordnung ab.

In der Auseinandersetzung mit Liberalismus und Sozialismus gewann die Anwendung der katholischen Soziallehre auf die »soziale Frage« an Bedeutung. Die Kernsätze der Soziallehre im Tenor der päpstlichen Sozialenzyklika *»Rerum Novarum«* (1891) können als Minimalprogramm der christlichen Demokratien in den katholischen Ländern gelten. Die Eckpfeiler der katholischen Soziallehre sind *Personalität, Solidarität* und *Subsidiarität.* Das Personalitätspostulat gebietet die Achtung vor der Person und ihren familiären und Vermögensverhältnissen, schließt also die Hinnahme sozialer Ungleichheit ein. Das Solidaritätsprinzip schränkt freilich die Folgen dieser sozialen Ungleichheit ein: der ökonomisch Stärkere soll dem Schwächeren helfen; Eigentum steht in einer sozialen Verantwortung. Wo die zwischenmenschliche Solidarität nicht genügt, um individuelle Not und ungerechte Verteilung zu korrigieren, entsteht für den Staat die Verpflichtung, helfend und bessernd einzugreifen. Der Staat darf aber keine soziale Nivellierung betreiben, die darauf abzielte, die sozialen Unterschiede und Ungleichheiten gänzlich zu beseitigen. Dies wäre ein Eingriff in die von Gott gesetzte Ordnung, die solche Unterschiede vorgesehen habe: die Allzuständigkeit des Staates würde die Einzelmenschen und die privaten Kollektive (Familien, Hausgemeinschaften, Betriebe, Vereine) der Notwendigkeit entheben, sich karitativ um ihre schwächeren und bedürftigen Mitmenschen zu kümmern und damit christliche Tugenden zu üben.

Inegalitäre soziale Verhältnisse bilden einen zentralen Bestandteil der katholischen Sozialdoktrin. Mit einigen Grundanschauungen des Liberalismus, so vor allem einer kapitalistischen Wirtschaftsordnung, ist sie ohne weiteres vereinbar. Die christliche Demokratie, die auf der Prämisse der katholischen Soziallehre basiert, stellt sich gleichzeitig, wie die Konservativen, in eine enge Traditionsbindung, indem sie nicht nur die überkommenen individuellen Ungleichheiten, sondern auch die traditionellen - ebenso wie die neu entstehenden - Sozialverbände für legitim erklärt, wenn auch stets in Verbindung mit dem Solidaritätsgebot. Ihre Besonderheit ist das Moment der sozialen Verantwortung, der *Sozialbindung,* das die tradierten Einrichtungen und Werte bzw. die Prinzipien der liberalen Demokratie und der kapitalistischen Wirtschaft christlich zu relativieren sucht. Die Ambivalenz dieser christlichen Weltanschauung räumt in der Auslegung und vor allem in der praktischen Anwendung sowohl die Sanktionierung einer liberalen - obgleich von sozialstaatlichen Strukturen ergänzten - kapitalistisch formierten Gesellschaft als auch die Forderung auf stärkeres sozialpolitisches Engagement und einschneidende Modifikationen der bestehenden Besitzstrukturen ein. Hier liegen die wichtigsten Ursachen für die politische Spannweite der nationalen christdemokratischen Parteien und für die Spannungen zwischen verschiedenen Richtungen in einzelnen christdemokratischen Parteien. Soweit das Weltbild der christlichen Demokratie aber im Prinzip soziale Ungleichheit, die sich auf Eigentum gründet, akzeptiert, stimmt es in einer grundlegenden Hinsicht mit den politischen Doktrinen des Liberalismus und des Konservatismus überein, mag es auch in seinen Begründungen weit von diesen entfernt sein.

d) Reformistischer Sozialismus

Der Sozialismus in seinen frühesten marxistischen Varianten hatte stark ökonomistisch geprägte Vorstellungen von der politischen Umwandlung kapitalistischer Gesellschaften hin zur Überwindung bürgerlicher Herrschaft und zur Verwirklichung einer sozialistischen Gesellschaft: Die Entwicklung des Produktionsniveaus, die Kapitalkonzentration und die Absatzkrisen des kapitalistischen Systems würden sich danach aus der Dynamik des Kapitalismus heraus zu einer gewaltigen Steigerung der Klassengegensätze zuspitzen, die sich schließlich in einer *Revolution* entladen und zum *Zusammenbruch des Kapitalismus* führen mußten. Aus dieser Sicht blieb den sozialistischen Bewegungen kaum mehr als ein beobachtendes Zuwarten, das sich allenfalls durch die politische Organisierung der arbeitenden Klassen und damit durch eine umso stärker geballte Artikulierung der Klassenwidersprüche abkürzen konnte. Freilich konnte nach diesem Denken die sozialistische Bewegung durch eigene Initiativen nicht die Dynamik der gesellschaftlichen Evolution ersetzen bzw. Politik die Produktivkräfte als Bewegkraft der sozialen Entwicklung hin zur sozialen Revolution verdrängen. Die frühen sozialistischen Bewegungen, Parteien und Gewerkschaften, verharrten so in einem Immobilismus, den allein die Gewißheit von der Unvermeidlichkeit der sozialistischen Umwälzung legitimierte.

Die Spaltung der sozialistischen Bewegung in einen revolutionären und in einen reformistischen Sozialismus wurzelt in diesem Problem, das umso schärfer als Problem empfunden wurde, als der erwartete Zusammenbruch des kapitalistischen Systems ausblieb. Die *revolutionären Sozialisten* zogen daraus die Konsequenz, durch den aktiven politischen Kampf auf einen Umsturz hinzuarbeiten, bezogen mithin eine grundsätzlich ablehnende Haltung zu den Institutionen des bürgerlichen Staates. Die *reformistischen Sozialisten*, die in den hochentwickelten westeuropäischen Industrieländern die Oberhand gewannen, bekannten sich zwar auch zum politischen Kampf, wollten diesen aber nur im Rahmen der legalen Ordnung führen und nahmen gegenüber dem Staat eine grundsätzlich positive Haltung ein.

Der reformistische Sozialismus speist sich aus praktischen und theoretischen Impulsen. Vor allem der gewerkschaftliche Teil der sozialistischen Bewegung suchte praktische Verbesserungen für die materiellen Nöte der Arbeiter, die nur in Arrangements mit den Kapitaleignern oder durch positive

Schutz- und Hilfsmaßnahmen des Staates erreicht werden konnten. Das weit, jedenfalls unbestimmt, in die Zukunft projizierte Ziel der sozialistischen Umwälzung verlor auf diesem Hintergrund zunehmend an praktischer Bedeutung. Die revisionistische Richtung in der sozialistischen Bewegung, beispielhaft repräsentiert durch *Bernstein* und *Hilferding*, begründete die reformistische Orientierung der sozialistischen Parteien mit einer Neufassung des bisher gültigen Weltbildes: der Zusammenbruch des kapitalistischen Systems, der sich trotz erheblicher Steigerung der Produktivkräfte nicht abzeichne, sei unwahrscheinlich geworden, weil der bürgerliche Staat durch bestimmte Steuerungsmechanismen existentielle Systemkrisen vermeide und durch Sozialpolitik und ähnliche Maßnahmen eine systembedrohende Verelendung verhindere. Der ökonomistische Automatismus mit dem unvermeidlichen Ergebnis einer Selbstzerstörung des kapitalistischen Systems, von dem bisher ausgegangen worden sei, habe sich als Fehleinschätzung erwiesen; damit habe sich auch der politische Attentismus der sozialistischen Bewegung erledigt. Auf eine revolutionäre Strategie zu setzen, sei sinnlos geworden, da sie zum einen die staatliche Repression auf den Plan rufe und zum anderen keinen Erfolg haben könne, weil, wie durch die Erfahrung erwiesen, keine revolutionären Bedingungen vorlägen.

Es kommt dem reformistischen Sozialismus darauf an, über die Mitarbeit in den Institutionen des bürgerlichen Staates politische Reformen zur praktischen Verbesserung der Lage der arbeitenden Menschen anzustoßen und schließlich auf demokratischem Wege den bürgerlichen Staat zu erobern, um mit seiner Hilfe soziale Gleichheit zu verwirklichen und die kapitalistischen Besitzverhältnisse aufzuheben. Der Staat ist der Schlüssel zur sozialen Umgestaltung der Gesellschaft: Schon der Kapitalismus könne in seinem fortgeschrittenen Stadium nicht ohne die sichernde und regulierende Funktion des Staates bestehen, vor allem seit der Verschmelzung zahlreicher kapitalistischer Unternehmen zu wenigen großen, bürokratisch organisierten Monopolen. Umso leichter werde es für sozialistisch beherrschte Regierungen sein, durch entsprechende staatliche Maßnahmen die kapitalistischen Eigentumsverhältnisse aufzuheben und die bürokratischen Unternehmensorganisationen zu vergesellschaften und nach sozialistischen Wirtschaftsprinzipien zu leiten. Der emanzipatorische Impuls des Sozialismus, die Aufhebung sozialer Ungleichheit durch Beseitigung des Privateigentums an Produktionsmitteln, blieb auch im reformistischen Sozialismus erhalten. Das entscheidende Vehikel ist aber nicht mehr der Klassenkampf, sondern der politische Kampf im Rahmen der parlamentarischen Demokratie. Die revolutionären Aspirationen der älteren sozialistischen Bewegung hat der reformistische Sozialismus preisgegeben.

Die wichtigsten Elemente des reformistischen Sozialismus sind im Revisionismus der *modernen Sozialdemokratien* und *Sozialistischen Parteien* erhalten geblieben: Demokratie als Chance zur Durchführung sozialer Reformen;

politische Mehrheiten als Voraussetzung für den Abbau kapitalistischer Privilegien. Wie diese Reformen im einzelnen aussehen sollen, auf welche Weise schließlich kapitalistische Strukturen sich verändern sollen - dies wird von den sozialistischen Bewegungen und Parteien in den einzelnen Ländern unterschiedlich beantwortet. Einige sozialistische Parteien sehen die Lösung in der Verstaatlichung der wichtigsten Unternehmen, andere in einem »gemeinwirtschaftlichen« Nebeneinander von staatlichen, genossenschaftlichen und privaten Unternehmen, wieder andere in Mitbestimmungsrechten für die Arbeitnehmer und in der systematischen Erweiterung öffentlicher Besitzanteile in privaten Unternehmen, einige begnügen sich mit der institutionalisierten Koordinierung des Staates, der Unternehmer und der Gewerkschaften in der Wirtschafts- und Sozialpolitik. Eines ist allen reformistisch-sozialistischen Bewegungen gemeinsam - das *Streben nach mehr sozialer Gleichheit*, d.h. Nivellierung der Bildungs- und Einkommensunterschiede, und die prinzipielle Infragestellung wirtschaftlicher Macht, die sich ausschließlich aus ererbten oder erworbenen Eigentumstiteln legitimiert und nicht aus dem Urteil politischer Mandatsträger oder der unmittelbar in den Unternehmen beschäftigten Menschen, die gemeinsam Güter und Leitungen produzieren. Allein dadurch wird der reformistische Sozialismus - angesichts der Schwäche des revolutionären Sozialismus - zum einzigen bedeutenden gemeinsamen Antipoden der Liberalen, der Konservativen und der christlichen Demokraten.

e) Revolutionärer Sozialismus

Der revolutionäre Sozialismus hat in Westeuropa, selbst wenn man die sowjetisch orientierten Kommunistischen Parteien darunter faßt, seit den 20er Jahren keine wichtige politische Rolle mehr gespielt. Durch den Kalten Krieg, den Stalinismus und die Unterdrückung der politischen Reformbewegungen in Osteuropa gerieten die Kommunistischen Parteien in *Frankreich* und *Italien*, die einzigen größeren Kommunistischen Parteien in entwickelten europäischen Industrieländern, in die Zwangsalternative, entweder dem Moskauer Vorbild treu zu bleiben und damit breite politische Ablehnung in Kauf zu nehmen, oder selber einen reformistischen Kurs einzuschlagen. Davon abgesehen, sind die Kommunistischen Parteien lange nicht mehr auf raschen politischen Umsturz aus, weder, soweit sie sich wie die »eurokommunistischen« Parteien im Grunde reformistisch verhalten, noch insoweit, als sie die Moskauer Führungsrolle anerkennen. Vom Impuls des früheren revolutionären Sozialismus gegen Ende des Ersten Weltkrieges und der 20er Jahre bleibt bei den orthodoxen Kommunistischen Parteien nicht mehr als der Vorsatz, in Zweckbündnissen mit anderen politischen Kräften den Staat zu erobern, um ihn anschließend umzugestalten, ohne auf »bürgerlich«-demokratische Prozeduren zu achten, also durch politisches Taktieren und Gewaltanwendung Sachverhalte zu schaffen, die weder aus der sozio-ökonomischen Entwicklung noch aus demokratisch-politischen Entscheidungen hervorgehen. Die Aussichtslosigkeit dieses Vorsatzes neutralisiert den moskauorientierten Sozialismus als bedeutende politische Kraft in Westeuropa.

3) Organisationsneigung der sozialen und politischen Kräfte

Verbände und straff organisierte Parteien prägen den politischen Prozeß der westeuropäischen Länder. Diese Organisationen entstanden meist als Folge ökonomischer und politischer Klassengegensätze, um entweder bedrohte Vorrechte durch kollektives Handeln wirkungsvoll zu verteidigen oder emanzipative Ziele durchzusetzen. Die besitzenden und herrschenden Klassen waren historisch häufig von politischen Kräften bedroht, die Grundbesitzer von industriellen Interessen, die Industriellen von der sozialistischen Arbeiterbewegung. Die wichtigsten, sich verbandsförmig organisierenden Interessen bedienten sich zur Legitimation einer entsprechenden Weltanschauung. Sowohl von der sozialen Basis her als auch unter dem Legitimationsgesichtspunkt ergab sich so von vornherein eine enge Affinität zwischen politischen Parteien, ökonomischen Verbänden und politischen Ideologien.

Charakteristisch ist die Verbindung unternehmerischer und freiberuflicher Verbandsinteressen mit den konservativen und liberalen Parteien sowie die enge Zusammenarbeit der Gewerkschaften mit den sozialistischen Parteien. In der Regel operieren die *Eigentümerverbände* auf dem gemeinsamen Nenner der liberalen, konservativen und christdemokratischen Parteien, ungeachtet dessen, worin sich diese Parteien und ihre Ideologien jenseits des Bekenntnisses zur eigentumsbegründeten sozialen Ungleichheit unterscheiden mögen. Der ideologische Pluralismus im Organisationsbereich der unternehmerischen Verbände ist minimal; es überwiegt der Typ des Einheitsverbandes für einen bestimmten Zweck. Die Existenz antikapitalistischer oder kapitalismuskritischer Verbände, Gewerkschaften und Parteien, ist der maßgebliche Anstoß für Unternehmer und Eigentümer, ein kollektives Interesse zu definieren und verbandsförmig zu organisieren. Umgekehrt speisen sich aber die Motive für die Kritik und Ablehnung der bestehenden unternehmerischen Rechte und Vorrechte aus unterschiedlichen Quellen: Die sozialistische und die christliche Arbeiterbewegung treffen sich zwar in der Suche und Forderung nach sozialen Reformen zugunsten der arbeitenden Bevölkerung, aber sie stellen diese in ganz unterschiedliche Perspektiven. Daher rühren die pluralistischen *Gewerkschaftsstrukturen* in einigen Ländern. Dort, wo der

Katholizismus eine bedeutende soziale Kraft darstellt, stehen christliche und sozialistische Gewerkschaften nebeneinander (so in Italien, Belgien, Schweiz, Niederlande, Luxemburg). In anderen Ländern (Frankreich, Italien) entfalten die Gegensätze zwischen reformistischem und revolutionärem Sozialismus ebenfalls nicht nur im Parteiensystem, sondern auch im Verbandsbereich organisationsbildende Kraft.

In einigen anderen Ländern, wo die sozialistischen Bewegungen als einzige Kräfte historisch für die politische und wirtschaftliche Emanzipation der Arbeiterschaft eintraten, entstanden sozialistisch orientierte Einheitsgewerkschaften (Großbritannien, Skandinavien). In Deutschland und Österreich entstanden nach 1945 Einheitsgewerkschaften aus dem Bemühen, die historische Spaltung der Arbeiterbewegung in christliche und sozialistische Gewerkschaften zu überwinden.

Ein wichtiger Faktor für die Struktur des politischen Prozesses in den europäischen Ländern ist die spezifische Synthese von sozio-ökonomischen Interessen und politischen Kräften in Gestalt weltanschaulich orientierter Großverbände. Ein anderer ist die in Europa verbreitete Regierungsform des *Parlamentarismus*, die auf dem Prinzip der Gewaltenverschränkung basiert, d.h. der Abhängigkeit der Regierungen vom Vertrauen parlamentarischer Mehrheiten und dem Parlamentsauflösungsrecht der Regierungen. Das parlamentarische Regierungssystem setzt unter den Bedingungen des demokratischen Wahlrechts *effiziente und disziplinierte Parteiorganisationen* voraus, die Ziele formulieren, Wähler mobilisieren, politisches Personal rekrutieren und diszipliniert eine Regierung unterstützen oder eine Oppositionslinie gegen die Regierung verfolgen. Die wichtigsten parlamentarischen Entscheidungen, Regierungsbildungen und -auflösungen, vollziehen sich in der Regel in außerparlamentarischen Abreden zwischen Parteiorganisationen oder in zwischenparteilichen Konflikten, die sich im parlamentarischen Geschehen widerspiegeln, aber dort selten ihren Ursprung haben.

Die starke »Organisiertheit« politischer Strukturen und Prozesse in Europa ist ein allgemeines Phänomen, das zwar von Land zu Land unterschiedlich ausgeprägt, aber doch allenthalben übermächtig vorhanden ist. Bereits *Max Weber (Wirtschaft und Gesellschaft*, 1922) und *Robert Michels (Zur Soziologie des modernen Parteiwesens*, 1911, 1925) haben dieses Phänomen beschrieben. Unvermeidlich bestimmen oder beeinflussen daher generelle Merkmale und Mechanismen jeglicher Großorganisation den Stil bzw. die Prozeßnormen und die Realität der Politik in den westeuropäischen Industrieländern. Die *Monopolisierung der parlamentarischen Gesetzgebungs-, Regierungs- und Legitimationsfunktionen durch die politischen Parteien* und in ähnlicher Weise die *Artikulierung ökonomischer und sozialer Interessen durch stark zentralisierte Großverbände* bewirken eine beträchtliche Hierarchisierung: die Masse der Bürger und Verbandsglieder bleibt passiv, faktische Entscheidungsbefugnisse konzentrieren sich bei einer relativ kleinen Schicht von politischen und verbandlichen Funktionsträgern. Zu einem erheblichen Teil besteht der politische Prozeß aus stark regularisierten, durch Einverständnis geregelten, Interaktionen zwischen Verbandsfunktionären und hohen und höchsten politischen Mandatsträgern und Verwaltungsbeamten. Vor diesem Hintergrund gewinnen die gegen das »Establishment« gerichteten politischen Bewegungen erst ihre Bedeutung, weil sie offen den Kontrast zu den dominierenden politischen Partizipationsformen hervorheben, indem sie etwa auf »Basisdemokratie«, breite Partizipation von »unten« u.ä. verweisen.

II. U.S.A.

1) Historisch-politische Entwicklung

Die amerikanische Gesellschaft kennzeichnet eine *urwüchsige kapitalistische Entwicklung ohne stärkere stützende Eingriffe des Staates*, die insoweit nur mit der Herausbildung des Industriekapitalismus in Großbritannien verglichen werden kann. Im Unterschied zu Großbritannien und erst recht zum kontinentalen Europa mußten in den U.S.A. aber weder ein liberales Wirtschaftssystem noch ein liberales und demokratisches Regierungssystem gegen die Widerstände einer Feudalaristokratie und eines autokratischen Monarchen erkämpft werden. Eine nach zeitgenössischen und gegenwärtigen Maßstäben liberale Gesellschaftsordnung und kapitalistische Wirtschaftsform in Landwirtschaft, Handel und Produktion bestanden bereits zum Zeitpunkt der Staatsgründung im späten 18. Jahrhundert.

Eine liberale politische Verfassung und eine kapitalistische Ordnung sind in den U.S.A. selbstverständlich, durch die Tradition sanktioniert. Die liberalen Ideen, die in Europa in der Auseinandersetzung mit Absolutismus und Feudalismus entstanden, wurden zwar rezipiert, allgemein anerkannt und in gewissem Maße auch praktiziert. Aber die konservativen sozialen und politischen Kräfte, namentlich Feudaladel und absolutistische Bürokratie, die in Europa den *Liberalismus* in politische Kämpfe verstrickten, diesem eine retardierende Gegenkraft gegenüberstellten, hatten in den nordamerikanischen Kolonien nie bestanden. In diesem Sinne war und ist der Liberalismus in den U.S.A. keine spezifische politische Kraft oder Weltanschauung, sondern allgemein akzeptiertes Gemeingut aller relevanten sozialen und politischen Kräfte. So wie sich Liberalismus und Kapitalismus von vornherein nicht gegen Widerstände durchsetzen mußten, so waren sie auch später niemals mit ernsthaften politischen Herausforderungen konfrontiert, die beides in Frage gestellt hätten. Verglichen mit dem klassengespaltenen, politisch und ideologisch stark zerklüfteten liberal-kapitalistischen Europa ragt die Kontinuität des politisch-institutionellen, des ideologischen und des wirtschaftlichen Rahmens heraus, innerhalb dessen sich Umwälzungen vollzogen, die im Zuge des Industrialisierungs- und Demokratisierungsprozesses auch in Europa stattfanden, dort aber häufiger den Rahmen der bestehenden Regierungsformen und herrschenden Ideologien sprengten.

Am deutlichsten zeigen sich die Eigenarten der U.S.A. in der von *W. Sombart (Warum gibt es keinen Sozialismus in den Vereinigten Staaten?,* 1906) bereits 1906 in Frageform gekleideten Beobachtung, daß es dort keine sozialistische Bewegung gebe, obgleich doch auch dort der Industrialisierungsprozeß in voller Blüte stand und ein großes Industrieproletariat erzeugt hatte. Im folgenden sollen einige Gesichtspunkte der historischen Entwicklung aufgezeigt werden, aus denen einige Ursachen für die besonderen Strukturen der amerikanischen Gesellschaft ersichtlich werden.

a) Frühe Demokratisierung

Die U.S.A. stellten in ihrer Gründungsphase zwar ein liberales, nach europäischen Maßstäben in dieser Hinsicht sogar das modernste politische System der Zeit dar, aber durchaus noch kein demokratisches. Das aktive und passive *Wahlrecht* besaßen in den Gründungsstaaten der amerikanischen Union lediglich Bürger, die ein bestimmtes Vermögen nachweisen konnten. Freilich höhlte der Beitritt neuer Staaten im Westen und Südwesten zur Union der Gründungsstaaten rasch die bestehenden Beschränkungen aus. Die neuen Staaten wurden von einer bäuerlichen Bevölkerung bewohnt und zum Teil erst besiedelt, die geringere soziale Unterschiede kannte als die ökonomisch stärker differenzierten, von Handel und manufakturieller Produktion bestimmten älteren Gründungsstaaten an der Atlantikküste. Aus der Praxis und den Erfordernissen des Pionierlebens heraus wurden Selbstverwaltungsaufgaben in den Staaten der nach Westen vorrückenden »Grenze« von allen Beteiligten und Betroffenen entschieden und ausgeführt; alle erwachsenen Bürger besaßen das Wahlrecht. Die demokratischen Impulse der »Grenze« wirkten auf die älteren Unionsstaaten zurück, wo Forderungen auf gleiches Stimmrecht für alle immer lauter wurden. Nach anfänglichen Widerständen gaben die herrschenden Oligarchien in den Gründungsstaaten nach. In den 20er und 30er Jahren des 19. Jahrhunderts waren in den meisten Unionsstaaten die Wahlrechtsbarrieren beseitigt, nach 1843 gab es diese nur noch für die schwarze Bevölkerung, vor allem in den südlichen Unionsstaaten. Auf diese Weise waren die U.S.A. eine demokratische Gesellschaft, lange bevor sie mit voller Vehemenz in den Industrialisierungsprozeß eintraten.

b) Parteienentwicklung aus sozio-ökonomischen Konflikten

Föderalisten und Jefferson-Republikaner (1789-1814)

Bis zum Beginn des 20. Jahrhunderts zog sich durch die amerikanische Politik der soziale Interessengegensatz zwischen bäuerlichen Produzenten einerseits und Handels- und Industrieinteressen andererseits. Die *amerikanische Verfassung von 1787* ging aus dem Kompromiß zwischen den kommerziell orientierten bürgerlichen Schichten Neu-Englands und den kommerziell wirtschaftenden Großgrund- und Plantagenbesitzern der sklavenhaltenden Südstaaten hervor. Beide hatten ein vitales Interesse an einem integrierten Markt der amerikanischen Staaten und vor allem an politischen Maßnahmen, die den Geldwert stabilisierten und Schuldenrückzahlungen ohne massive Schuldenwertverluste ermöglichten. Zu diesem Zweck traten sie dafür ein, die Autorität der Bundesregierung auf Kosten der Unionsstaaten, bei denen eine größere Sensibilität für Schuldnerinteressen zu erwarten war, zu stärken. Die Bundesregierung war eine nach Lage der Verfassung konservative Konstruktion, die darauf angelegt war, durch Gewaltenteilung die direkt gewählten »Volksvertreter« im Repräsentantenhaus (der Senat wurde bis 1913 von den gesetzgebenden Versammlungen der Unionsstaaten gewählt) in Schach zu halten, wenn sie sich zum Sprecher der Ärmeren, d.h. der Schuldner und der bäuerlichen Schichten, machen sollten.

In diesen Absichten der Verfassungsgeber wurzelt der erste Parteiengegensatz in den U.S.A.: die Erfinder und Nutznießer der Verfassung galten als *»Föderalisten«*, als Protagonisten einer starken Bundesgewalt, die im Interesse der Reichen handelte. Gegner der Föderalisten waren die »republikanischen« sog. *Jefferson-Demokraten* (benannt nach Präsident *Thomas Jefferson (1801-1809)*, die im wesentlichen die Interessen der ärmeren bäuerlichen Schichten artikulierten, denen eine Politik des »lockeren Geldes« eine Entlastung von ihren hohen Schulden versprach. Die Jefferson-Republikaner gingen von der Vorstellung einer bäuerlich-demokratischen Ordnung aus, in der es keine krassen Gegensätze zwischen Reichen und Armen geben sollte. Nichtsdestoweniger waren auch die Jefferson-Republikaner keineswegs Gegner einer liberalen Gesellschaft: Eigentum, wenngleich breit gestreut und ohne große Unterschiede, sollte die Basis persönlicher Freiheit sein. Die Föderalisten verloren in der politischen Auseinandersetzung zwar bald die Kontrolle des Kongresses und der Präsidentschaft, weil sie nicht gegen den populistischen Appell der Republikaner bestehen konnten. Aber im Obersten Bundesgericht unter dem Vorsitz des »föderalistischen« Bundesrichters *Marshall* (1801-1835) hatten sie eine starke Machtbastion hinterlassen, die, soweit es in ihrer Macht stand, das politische Programm der Föderalisten besonders im Hinblick auf das Verhältnis des Bundes zu den Unionsstaaten exekutierte.

Ära Jackson (1829-1837)

Der Populismus als Parteinahme für eine auf das Privateigentum gegründete Ordnung, die freilich die Massierung von Reichtum und Eigentum bei wenigen auf Kosten aller übrigen ablehnt, erreichte in der Präsidentschaft *Andrew Jacksons* (1827-1837) eine neue Qualität: *Jackson* war der erste Präsident, der seinen politischen Aufstieg der wachsenden *Demokratisierung des politischen Systems* verdankte. Die Entscheidung über die Nominierung des Präsidenten verlagerte sich mit *Jackson* aus den Parteifraktionen des Repräsentantenhauses in die von den Parteianhängern im Lande beschickten Delegiertenversammlungen der Parteien, die künftig als *Nationalkonvente* eine maßgebliche Rolle bei der Bestimmung der Präsidentschaftskandidaten spielen sollten.

Weit davon entfernt, Klassenfronten zwischen Armen und Reichen aufzureißen, ergriff *Jackson* die Partei der verschuldeten kleinen und mittleren Farmer, indem er sein Teil dazu tat, um eine entsprechende *Notenbankgesetzgebung* zur Verringerung der Schuldenlast der bäuerlichen Bevölkerung gegen die Interessen der großen Banken durchzusetzen. Er propagierte einen »Jedermann-Kapitalismus«, der jedem seine Chance eröffnen, aber keine Chancen durch staatliche Unterstützung der großen Geldvermögen verschütten sollte. Im Endeffekt verzögerte der demokratische Agrarpopulismus *Jacksons* für geraume Zeit die Akkumulation noch größerer Vermögen, die sogleich voll für eine beschleunigte Industrialisierung hätten eingesetzt werden können. Freilich konnte er diese angesichts des wachsenden Bedarfs an Industriegütern und modernen Transportleistungen, vor allem Eisenbahnen, nicht verhindern.

Im Jahr 1834 wurde die *Whig-Partei* gegründet, die konservative Bankeninteressen vertrat und seit dem Ende der Föderalistischen Partei die erste größere Konkurrenzpartei zu den Jefferson-Republikanern darstellte, für die sich in den 20er Jahren des 19. Jahrhunderts die Bezeichnung »Demokraten« einbürgerte. Präsident *Jackson* war der Kandidat der Demokratischen Partei, die bis zur Gründung der Whig-Partei über etwa 20 Jahre hinweg konkurrenzlos geblieben war. Die Whigs traten schon 1855 endgültig von der politischen Bühne ab und wurden in ihrer Eigenschaft als zweite bedeutende politische Kraft neben den Demokraten von der (1854 gegründeten) *Republikanischen Partei* abgelöst.

Populismus und Industrialismus (1880-1900)

Die letzte Konfrontation zwischen bäuerlich-kapitalistischen und industrie- und finanzkapitalistischen Interessen ereignete sich in den beiden letzten Jahrzehnten des 19. Jahrhunderts, als die U.S.A. sich auf dem Höhepunkt der industriegesellschaftlichen Transformation befanden. Die schon klassische starke Schuldenlast der Farmer wurde nun wesentlich verschärft durch die vollendete Kommerzialisierung der Landwirtschaft in den weiten West- und Mittelwestgebieten und die hohen Frachtraten der Eisenbahngesellschaften, die die Ernten in die Bevölkerungszentren und für den Export in die Seehäfen transportierten. Der wachsende Kapitaleinsatz in der Landwirtschaft (Mechanisierung, Lagerhaltung) bei gleichzeitig geringen Binnen- und Weltmarktpreisen für Agrarprodukte zwangen die Agrarbetriebe zu steigender Verschuldung bei den Banken. Es kam hinzu, daß es durch das Einstellen der Prägung von Silbergeld zu einer Verknappung des Geldes kam, da nach den ersten spektakulären Goldfunden der vergangenen Jahrzehnte nur noch wenig Gold geschürft werden konnte.

Die Golddeckung des Dollar führte zu einer merklichen Verringerung des in Umlauf gebrachten Geldes, unter der die Schuldner litten, vor allem die Farmer. Seit 1880 schlossen sich die Farmer zunehmend zur Wahrung ihrer Interessen zu Vereinigungen zusammen, die auf wirtschaftspolitische Veränderungen drängten. Die 1892 gegründete *Populistische Partei* (People's Party), erhielt bereits bei ihrem ersten Auftreten in einer Präsidentschaftswahl in den ländlichen Gebieten großen Zulauf. Sie erhob die Forderung, die Währung auf Silberbasis umzustellen, da Silber im Lande reichlicher vorhanden war und eine Vermehrung des Geldes die Schuldner entlasten mußte. Ihren Höhepunkt erreichte die populistische Bewegung in dem Präsidentschaftswahljahr 1896, als der von der Populistischen Partei unterstützte Kandidat der Demokratischen Partei, der selber stark populistisch orientierte *W.J. Bryan*, nur knapp gegen den Kandidaten der Republikanischen Partei unterlag.

Die Auseinandersetzung zwischen den Farmern und der am Goldstandard festhaltenden Industrie ging wie alle ähnlichen vorausgehenden Auseinandersetzungen nicht in erster Linie um währungstechnische Fragen, sondern um die jeweiligen Vorteile von »Gold« und »Silber« für landwirtschaftliche und industrielle Erwerbsgruppen in einer allseits akzeptierten Wirtschaftsordnung. Allerdings klangen im Gegensatz zu den Kämpfen zwischen Föderalisten und Jefferson-Republikanern sowie zwischen Jackson-Demokraten und den Banken in der Kontroverse um Gold- oder Silberwährung bereits die ersten Konturen der späteren, für das 20. Jahrhundert typischen, politischen Parteien an.

Die *Republikaner* waren die erklärte Partei des ungehemmten Industrialisierungsprozesses, der Banken, der Industrie und der wachsenden Großstädte. Die *Demokraten*, bis dahin als Partei der besiegten Südstaaten im Bürgerkrieg wahrgenommen und als »Rebellenpartei« im Norden diskreditiert, suchten 1896 im Bündnis mit dem agrarischen Populismus, der die ganzen westlichen Unionsstaaten mit ihrer Farmer-Bevölkerung erfaßt hatte, ihre Basis zu verbreitern, indem sie der armen, arbeitenden Bevölkerung in den Industriestädten klarzumachen versuchten, daß auch sie, wie unter anderen

Voraussetzungen die Farmer, Leidtragende der politischen Macht der Industriegiganten und der Großbanken wären. Diese Strategie verfolgte die Demokratische Partei eine Zeitlang mit der wiederholten Nominierung *W.J. Bryans*, des im Westen und im Süden populären »Silberdemokraten«, zum Präsidentschaftskandidaten der Demokratischen Partei (1896, 1900, 1908).

Es erwies sich freilich, daß die Konfrontation zwischen Stadt und Land, zwischen Agrarkapitalismus und Industriekapitalismus, in der Auseinandersetzung zwischen Republikanern und Demokraten zu stark dominierte, um die Industriearbeiterschaft und das städtische Proletariat für die Demokraten gewinnen zu können. Das Jeffersonsche und Jacksonsche Ideal der egalitären Farmer-Republik konnte den amerikanischen Arbeitern und europäischen Einwanderern in den Großstädten nichts bieten. Im Gegenteil: es band sie umso stärker an die industriekapitalfreundlichen und für weiter forcierte Industrialisierung eintretenden Republikaner. Zur politischen lebensfähigen Alternative einer industrialisierungsfreundlichen und kapitalismus-ablehnenden Sozialistischen Arbeiterpartei kam es jetzt wie auch später nie.

Plantagenökonomie und Industrialisierung

Auf dem Wege der U.S.A. zur Industriegesellschaft ergab sich ein weiterer Konflikt, der ebenfalls in ökonomischen Gegensätzen gründete, aber in der militärischen Auseinandersetzung des Bürgerkrieges entschieden wurde. Die amerikanische Volkswirtschaft um die Mitte des 19. Jahrhunderts erfaßte einen kontinentalen Wirtschaftsraum, der sich durch eine ausgeprägte Produktspezialisierung auszeichnete. Die sklavenhaltenden Südstaaten zeichneten sich dabei durch einige Besonderheiten aus: dort wurde hauptsächlich Baumwolle für den überseeischen, in der Hauptsache für den britischen, Exportmarkt angebaut, der Baumwolle in seiner Textilindustrie verarbeitete. Der Baumwollanbau wurde kommerziell auf großflächigen Plantagen betrieben, die zur damaligen Zeit in Ermangelung maschineller Erntemethoden Sklaven als billigen Arbeitsfaktor einsetzten. Die Plantangenwirtschaft unterhielt eine kleine, sozial beherrschende Pflanzeraristokratie, die sich an europäischer Kultur und Konsumgewohnheiten orientierte und dem Sozialgefüge der Südstaatenregion ein offeneres hierarchisches Gepräge gab als in den übrigen Staaten der Union. Die Weizenanbauzentren in den westlichen Unionsstaaten produzierten zwar auch für den Weltmarkt, basierten aber vorwiegend auf Familienbetrieben und besaßen eine vergleichsweise egalitäre Sozialstruktur.

In dem Ausmaß, wie die Industrialisierung der U.S.A. voranschritt und die Industrie Schutzzölle vor der billigen britischen Konkurrenz verlangte, um schneller zu wachsen und die Produktionsvorteile Großbritanniens einzuholen, entfaltete sich ein *wirtschaftlicher Interessenkonflikt zwischen den auf*

Industrialisierung bedachten Nordstaaten und den exportorientierten Südstaaten. Diese befürchteten durch Schutzmaßnahmen für die Industrie britische Repressalien gegen amerikanische Baumwollimporte und den Verlust ihres wichtigsten Absatzmarktes, auf dem sie ohnehin der Konkurrenz aus dem britischen Empire ausgesetzt waren. Der Zusammenbruch der südstaatlichen Baumwollwirtschaft hätte langfristig mit einiger Wahrscheinlichkeit der dort herrschenden Pflanzeraristokratie den wirtschaftlichen Ruin gebracht und eine überkommene Lebensweise zerstört. Diese galt nicht nur der Pflanzeroligarchie, sondern ebenso der übrigen weißen Bevölkerung im Süden als um jeden Preis bewahrenswert, da sie die schwarze Sklavenbevölkerung in enge Schranken verwies und die Überlegenheit der Weißen, rechtlich ohnehin festgeschrieben, auf ein festes wirtschaftliches Fundament stellte.

Die regionalen Gegensätze zwischen Norden und Süden erwiesen sich als politisch unlösbar. Zu Beginn der 60er Jahre des letzten Jahrhunderts artikulierten sie sich staatsrechtlich in der Weise, daß die Bundesgewalt, die politisch die wirtschaftlichen Interessen der sich industrialisierenden Nordstaatenregion vertrat, von den Südstaaten die Unterordnung unter die Bundespolitik und die Bundesgesetze verlangte, während die Südstaaten den Anspruch auf Nichtbeachtung der Bundesgesetze und sogar auf Ausscheiden aus der Union erhoben, falls die Union ihre regionalen Interessen vernachlässigte. Der Konflikt wurde im Bürgerkrieg (1861-1865) schließlich militärisch entschieden. Die Frage der Sklaverei hatte in dieser Auseinandersetzung für die Nordstaaten einen moralischen, mit Sicherheit einen hohen propagandistischen Wert, spielte politisch aber keine herausragende Rolle. Dies zeigte sich spätestens, nachdem die militärische Besetzung der Südstaaten aufgehoben wurde (1877) und die Südstaaten, ungehindert durch die Gerichte und die Regierung, die nunmehr »freien« früheren Sklaven politisch und rechtlich in jeder Hinsicht schlechter stellten als die Weißen - ein Zustand, der bis in die 50er und 60er Jahre dieses Jahrhunderts andauerte, als Rechtsprechung und Gesetzgebung die formellen Diskriminierungen beseitigten, ohne freilich die faktische soziale Schlechterstellung der Schwarzen aufheben zu können.

»Kontrollierter« und »Laisser-faire«-Kapitalismus (1901-1917)

Spätestens seit Beginn dieses Jahrhunderts bestimmt die Realität des modernen Industriekapitalismus die politischen Konfliktlinien in den U.S.A., obgleich auf eine ganz andere Weise als in Europa. Markant ist, wie bereits erwähnt, das Fehlen kapitalismusfeindlicher und kapitalismuskritischer politischer Strömungen. Politische Kritik am Wirtschaftssystem beschränkte sich, soweit sie überhaupt Breitenwirkung erzielte, auf die Konzentration wirtschaftlicher Macht und die sozialen und politischen Folgen eines ungehemmten Laisser-faire-Kapitalismus. »Demokratie und Kapitalismus« sind der Tenor der bislang versuchten Reformen der amerikanischen Gesellschaft.

Die erste Welle massiver Kritik am amerikanischen Kapitalismus, die nicht aus einem agrarischen Populismus motiviert war, kam in der sogenannten *»Progressiven Ära«* nach der Jahrhundertwende auf, als zahlreiche Politiker, Intellektuelle und Journalisten die Kartellisierung der Wirtschaft durch große Industrietrusts, die faktische Ausschaltung des Marktes und die Ohnmacht der Politik vor wirtschaftlichen Interessen, im besonderen die Schwäche der Bundesgewalt, beklagten. In dieser kritikreichen Phase des »Progressivismus« ergriffen mit *Th. Roosevelt* (1901-1909) und *W. Wilson* (1913-1921) profilierte republikanische und demokratische Präsidenten Initiativen, um die Autorität der Bundesgewalt gegenüber den von einigen Familien kontrollierten Wirtschaftsimperien zu stärken. In diese Zeit fielen die wichtigsten Anti-Trust-Gesetze; das Federal-Reserve-System als geldpolitische Zentrale wurde eingerichtet; etliche Trusts mußten im Zuge von Entflechtungen Firmen oder Firmenteile verkaufen; erste bescheidene Arbeitsschutzgesetze wurden in den Unionsstaaten verabschiedet. Die »progressive period« brachte aber noch keine Ansätze aktiver staatlicher Steuerung des Wirtschaftsprozesses. Auch für das Parteiensystem blieb sie ohne Wirkung: die progressiven Reformen wurden von Republikanern und Demokraten gleichermaßen getragen und abgelehnt; die Ablehnung blieb stark, wie die Spaltung der Republikanischen Partei zeigte, von der sich 1912 der »progressive« Flügel trennte und gegenüber dem dominierenden, großindustriefreundlichen und regulierungsfeindlichen Flügel verselbständigte. Die Progressive Partei erlangte aber nur für einige Zeit im Mittelwesten regionale Bedeutung und verschwand gegen Mitte der 20er Jahre als relevante politische Kraft.

»Sozialer Kapitalismus« und Demokratie (1933-1981)

Die Weltwirtschaftskrise von 1929/30 sollte zu einer gänzlichen Neudefinition der Regierungsrolle im Verhältnis zu den unternehmerischen Wirtschaftsinteressen führen. Der *»New Deal«* des Präsidenten *F.D. Roosevelt* war der Versuch, den tief in der Krise steckenden amerikanischen Kapitalismus mit politischen Remeduren so zu reformieren, daß er unter anderen Rahmenprämissen, vor allem aktiver staatlicher Sozial- und Wirtschaftspolitik, weiterhin von der Masse der Amerikaner in den mittleren und unteren Schichten akzeptiert werden konnte. Das soll nicht heißen, dem »New Deal« wäre es nicht, was bei seinen Initiatoren gewiß der Fall war, um die Not der verarmten und zum erheblichen Teil arbeitslosen Arbeiter, Angestellten oder Farmer gegangen, die *Roosevelts* Politik unterstützten. Es muß aber bedacht werden, daß alle amerikanischen Regierungen bislang – erfolgreich – versucht hatten, wirtschaftliche und gesellschaftliche Krisen im Rahmen der überkommenen demokratischen Ordnung und des liberalen kapitalistischen Wirtschaftssystems zu lösen. Dies erklärt einerseits, warum selbst auf dem Höhepunkt der Wirtschaftskrise der 30er Jahre, der bislang größten Herausforderung an die amerikanische Gesellschaft, die U.S.A. nie auch nur annähernd in Gefahr standen, die Probleme auf dem Wege einer autoritären oder faschistischen Regierungsform lösen zu wollen. Das gleiche gilt auch für die wirtschaftlichen Rahmenbedingungen: für keine relevante politische Strömung gab es in der amerikanischen Vergangenheit andere Anknüpfungspunkte als kapitalismusadäquate Lösungswege.

Was Präsident *Roosevelt* an *wirtschaftspolitischen Steuerungspraktiken* bis 1938 durchsetzte und an *sozialpolitischen Reformen* vollzog (Arbeitsbeschaffung, Altersversicherung, Börsenaufsicht, Anerkennung der Gewerkschaften) brachte zusammen mit der allgemeinen Erholung der Weltwirtschaft auch den U.S.A. die ökonomische Gesundung. Durch die Reformen des New Deal wurde einerseits die Regierung zum regulären Teilhaber am Wirtschaftsprozeß (Keynesianische Wirtschaftspolitik), der für sich die Rolle des »ordnenden« Parts beanspruchte. Auf der anderen Seite gab er der amerikanischen Variante des kapitalistischen Systems eine über die Regierung vermittelte soziale Variante. Beides ist heute Gemeingut der amerikanischen Politik, obgleich der »New Deal« lange massiven Anfeindungen und dem Vorwurf des »Sozialismus« ausgesetzt war. Sozialistisch war aber keine einzige New-Deal-Reform, weil der »New Deal« privaten Besitz und private Verfügung über Eigentum jedweder Art nie in Frage stellte. Soziale und ordnende Korrekturen am kapitalistischen System bzw. an der Macht der großen Unternehmen sind aber ein bis heute durchlaufender Strang in der politischen und Gesellschaftskritik der U.S.A. Sie bilden ein entferntes Äquivalent für die reformistischen Alternativen der Sozialdemokratien in den westeuropäischen Industriegesellschaften. Nach dem »New Deal« stellten das am Streben nach größerer sozialer Chancengleichheit und einer Verbesserung der sozialen Sicherung aufgehängte innenpolitische Reformprogramm der *»Great Society«* unter Präsident *Johnson* (1964–1968) und die *Forderungen liberaler privater Bürgergruppen* (so die Nader-Organisation oder die landesweit operierende Bürger-Lobby »Common Cause«), die in den 70er Jahren stärker mit Forderungen nach Erweiterung der Verbraucherrechte und des Umweltschutzes hervortraten, die jüngsten Beispiele reformistischer Impulse in der amerikanischen Politik dar.

Mit dem »New Deal« begann eine markante *Neuformierung des amerikanischen Parteiensystems.* Die *Republikanische Partei,* die für lange Zeit die ganze Richtung des »New Deal« ablehnte, verlor ihren Status als dauerhafte Regierungspartei mit den Präsidentschafts- und Kongreßwahlen des Jahres 1933, die überhaupt die Voraussetzungen für die Verwirklichung der Rooseveltschen Reformen schufen. Sie repräsentierte bis in die 50er und 60er Jahre hinein vornehmlich jene Bevölkerungsgruppen, die materiell bessergestellt und besser abgesichert waren - Bauern, Selbständige, Gewerbetreibende, Angestellte und leitendes Personal in der Privatwirtschaft. Die *Demokraten* repräsentierten demgegenüber die ökonomisch Schwächeren, die städtische Bevölkerung, Subsistenzbauern, Arbeiter, kleine Angestellte, Intellektuelle, ethnische und rassische Minderheiten, die sämtlich von den sozialpolitischen Reformen des »New Deal« bzw. des Demokraten *Roosevelt* begünstigt wurden. Die schließliche Anerkennung des geordneten und sozialpolitisch modifizierten Kapitalismus durch die Republikaner ebnete die Unterschiede zwischen den beiden Parteien seit Beginn der 50er Jahre ein. Anhaltende Prosperität und schwerpunktmäßige Konzentration ökonomischer und sozialer Probleme wie Armut und Arbeitslosigkeit auf randständige Minoritäten, im besonderen auf die schwarze Bevölkerung, lockerten die Verbindungen zwischen den wichtigsten tragenden Schichten der früheren »New-Deal«-Wählerkoalition und der Demokratischen Partei. Die gegenwärtige amerikanische Gesellschaft setzt sich aus Angehörigen der Mittelschichten zusammen, die nur noch zum geringen Teil stabile politische Präferenzen besitzen und ähnliche Erwartungen und Vorstellungen von der geeigneten Rolle des Staates im Verhältnis zu seinen Bürgern hegen.

c) Einwanderung und Industrialisierung

In den U.S.A. hat weder eine politische Gegenideologie zum liberalen Kapitalismus Fuß fassen können noch hat sich dort selbst in Zeiten ökonomischer Krisen in der arbeitenden Bevölkerung bzw. in den unteren sozialen Schichten ein spezifisches Klassenbewußtsein ausgebildet. Die U.S.A. sind ursprünglich eine *Einwanderergesellschaft.* Speziell die letzten Einwanderungswellen zwischen 1880 und 1920 standen in engem Zusammenhang mit dem Industrialisierungsprozeß. Die ersten größeren Einwanderungsbewegungen zwischen 1820 und 1880 wurden von den weiten Gebieten der nach Westen vorrückenden »Grenze« absorbiert. Die deutschen, britischen und skandinavischen Einwanderer dieser ersten Masseneinwanderungsschübe hatten nicht nur ethnisch eine relativ große Affinität zu den ersten englischen Siedlergenerationen, sie waren wie diese auch Protestanten und wandten sich landwirtschaftlicher oder selbständiger gewerblicher Tätigkeit zu. In beider Hinsicht waren lediglich die irischen Einwanderer eine Ausnahme. Demgegenüber unterschieden sich die späteren Einwanderer in vieler Hinsicht: sie kamen hauptsächlich aus Ost- und Südeuropa, waren in feudalen oder halbfeudalen Verhältnissen aufgewachsen und waren im Gegensatz zur eingesessenen und vor ihnen zugewanderten Bevölkerung *Katholiken* oder *Juden.* Nur wenige Einwanderer aus diesen ethnischen Gruppen gingen in die Landwirtschaft, wobei zu beachten ist, daß im letzten Fünftel des letzten Jahrhunderts bis zum Ersten Weltkrieg, als die Einwanderung aus Süd- und Osteuropa stattfand, die »Grenze« nach Westen geschlossen wurde und damit »freier Boden« nicht mehr zur Verfügung stand. Wie lange vor ihnen nur die eingewanderten Iren, so blieben jetzt Polen, Russen, Italiener, Ukrainer und osteuropäische Juden in den Industriestädten der Atlantikküste und des Mittleren Westens »hängen«, wo sie einen Großteil der an- und ungelernten Industriearbeiterschaft stellten.

Die Einwanderung hat in vieler Hinsicht die Entstehung eines politisch relevanten Unterschichtbewußtseins verhindert: Die bei Beginn des 19. Jahrhunderts in den U.S.A. schon ansässige Bevölkerung und das Gros der deutschen und skandinavischen, englischen und schottischen Einwanderer verschmolzen zu einer breiten bäuerlichen und städtischen Mittelschicht, die ein gutes materielles Auskommen hatte und sich durch eine positive Identifikation mit der amerikanischen Gesellschaft auszeichnete, in der sie die politische Unfreiheit oder die wirtschaftliche Not, die sie in ihren Ursprungsländern erfahren hatte, für sich selber überwunden sah. Die süd- und osteuropäischen Einwanderer bildeten zwar eine städtische Unterschicht, hatten aber ebenfalls Grund zu einer positiven Bewertung der amerikanichen Gesellschaft, weil sie in ihren Ursprungsländern - wie die Juden - unter rassischer und religiöser Verfolgung, nationaler Unterdrückung - wie Ukrainer und Polen -und generell unter der Not des überbevölkerten europäischen Ostens und Südens gelitten hatten. Insofern brachten alle Einwanderer der amerikanischen Gesellschaft von vornherein einen großen Vertrauensvorschuß entgegen.

Ein weiterer Umstand, der die Einwandererbevölkerung bis in spätere Generationen hinein differenzierte, lag in kulturellen und sprachlichen Besonderheiten. In den Städten bildeten die des Englischen nicht mächtigen Einwanderer nach Nationalitäten besondere Gruppen, bewohnten dieselben Bezirke, in denen sie ihre Herkunftssprache pflegen und nach überkommener Weise leben konnten. Selbst nach erfolgreicher sprachlicher und kultureller Assimilierung blieben die ethnischen Gemeinschaften vielfach bestehen. *Ethnische Solidarität trat dabei in unmittelbare Konkurrenz mit volksgruppenübergreifenden Kollektivinteressen,* die etwa im Berufsleben oder am Arbeitsplatz eine Rolle spielten. Die »Segmentierung« nach Nationalitäten kapselte ethnische Gruppen voneinander ab und konservierte nationale und kulturelle Besonderheiten.

Ein weiterer Faktor, der die Entfaltung politischer Kräfte mit einem Repräsentationsanspruch für die Masse der abhängig beschäftigten Bevölkerung behinderte, war die latente und bisweilen offene Fremdenfeindlichkeit in Teilen der amerikanischen Gesellschaft. Politischer Widerstand gegen die Einwanderung von Seiten der eingesessenen und schon seit einer oder mehreren Generationen eingewanderten Bevölkerung ist so alt wie die Geschichte der amerikanischen Einwanderung. Er speiste sich im wesentlichen aus dem *Ressentiment gegen amerikanische Neubürger*, die auf dem Arbeitsmarkt als billige Konkurrenten auftraten. Masseneinwanderungen sind in den U.S.A. seit den 20er Jahren praktisch zum Stillstand gekommen, die Segmentierung der ethnischen Gruppen freilich besteht noch teilweise unverändert fort. Wenn diese Segmentierung bereits zur Zeit der großen Einwanderungsschübe ein gemeinsames Statusbewußtsein in den amerikanischen Unterschichten verhinderte, so konnte sich dieses in den folgenden Jahren und Jahrzehnten erst recht nicht entfalten. Heute ist die Segmentierung insoweit abgeschwächt, als es nur mehr Einwanderer in der zweiten, dritten oder gar noch späteren Generation gibt, sprachliche Hemmnisse keine sowie kulturelle Besonderheiten nur noch eine beschränkte Rolle spielen und weil schließlich in gewissem Maße eine *Integration* in die politischen und kulturellen Normen des angelsächsisch geprägten Amerika stattgefunden hat. Schließlich ist dabei zu berücksichtigen, daß in den Prosperitätsphasen der amerikanischen Wirtschaft in den 20er, 50er und 60er Jahren auch die meisten ethnischen Gruppen süd- und osteuropäischer Provenienz in die Mittelschichten aufgestiegen sind. Das Gros der Unterschicht stellen heute die Schwarzen sowie Hispano-Amerikaner aus der Karibik. Die individuellen und kollektiven Aufstiegserfahrungen in zwei oder drei Generationen summieren sich aber in der weißen Bevölkerung zu einem gewaltigen Loyalitätsbonus für das politische und gesellschaftliche System.

d) »Nationalisierung« des Rassenproblems

Ein grundlegendes Merkmal der amerikanischen Gesellschaft ist die faktische, wenngleich auch seit mehr als 20 Jahren nicht mehr rechtliche, *Diskriminierung der schwarzen Bevölkerungsminderheit.* Bis in die 20er Jahre dieses Jahrhunderts waren die Schwarzen im wesentlichen ein Problem der vormals sklavenhaltenden Südstaaten. Die Drosselung der europäischen Einwanderung zusammen mit dem Voranschreiten des industriellen Wachstums hielt in den nordöstlichen und mittelwestlichen Industriestaaten einen hohen Arbeitskräftebedarf aufrecht, der aus dem großen Reservoir der Schwarzen in den Südstaaten gedeckt wurde; die Reduzierung des Baumwollanbaus und die Mechanisierung der arbeitsintensiven Baumwollerntemethoden setzten zu dieser Zeit in den Südstaaten viele - in der Regel schwarze - Landarbeiter frei. Im Zuge einer gewaltigen Binnenwanderungsbewegung bevölkerten sich die industrialisierten nördlichen Unionsstaaten zusehends mit Schwarzen, die sich, wie zuvor die europäischen Einwanderer aus Süd- und Osteuropa, vor allem in den großstädtischen Zentren ansiedelten. Waren die Schwarzen in den Südstaaten *rechtlicher Diskriminierung* im Rahmen sehr traditioneller agrarischer Sozialbeziehungen ausgesetzt, so wurden sie im Norden vor allem zum Objekt *sozialer Diskriminierung:* zum einen weckten sie soziale Ressentiments bei den ärmeren weißen Bevölkerungsgruppen, die jetzt mit den - meist schlecht bezahlten - Schwarzen um gering qualifizierte Arbeitsplätze konkurrierten. Zum anderen waren die wirtschaftlichen und sozialen Aufstiegsmöglichkeiten der Schwarzen gering, weil gut bezahlte, qualifizierte Tätigkeiten zum größten Teil von Weißen ausgeübt wurden. Ferner mußten zahlreiche Schwarze in kürzester Zeit von ländlicher Lebensweise ins Stadtleben überwechseln, für das sie in keiner Weise vorbereitet waren: Kriminalität und familiärer Zerfall waren die Folge.

Arbeitslosigkeit war und ist am höchsten in der schwarzen Bevölkerung, ebenso Kriminalität und Inanspruchnahme der Sozialhilfen. Das Ressentiment gegen die Schwarzen speist sich heute vornehmlich aus *rassischen Vorurteilen,* die die soziale Lage der Schwarzen nicht objektiven Faktoren zurechnen, sondern angeborenen Unfähigkeiten, etwa Arbeitsunlust und Kriminalitätsneigung. Die schwarze Bevölkerung stellt ein Großteil der amerikanischen Unterschichten: die rassischen Attribute und die Vorurteile gegen diese Unterschicht wirken zweifelsohne in Richtung auf die Isolierung des Unterschichtproblems - in dem Sinne, daß es die amerikanischen Mittelschichten nicht als ein Problem betrachten, mit dem sie etwas gemeinsam hätten und das ihrer Solidarität bedürfte.

Die 25,5 Millionen (1979) Schwarzen in den U.S.A. haben zu keiner politischen Organisationsform gefunden, obgleich bei aller Differenzierung die Mitglieder dieser Bevölkerungsgruppe sich doch viel stärker als die Weißen darin gleichen, daß sie zum größten Teil ökonomische und soziale Benachteiligung erfahren. Eine Regionalisierung des Diskriminierungsproblems bietet keine Lösung, da seit dem Zweiten Weltkrieg die Diskriminierung ein nationales Problem geworden ist, das sich schon lange nicht mehr auf die Südstaaten beschränkt, sich aber im Norden in mancher Hinsicht anders darstellt als im Süden. Faktisch versuchen die politischen Führer der schwarzen Minderheit, sofern diese nach den Bürgerrechtsauseinandersetzungen der 50er und 60er Jahre überhaupt noch Repräsentativität beanspruchen können, die soziale Emanzipation und Besserstellung auf dem gleichen Wege wie alle Amerikaner vor ihnen: durch individuelle Initiative, die durch die Beseitigung ungleicher Startchancen mit den weißen Amerikanern freigesetzt werden soll, etwa durch soziale Diskriminierungsverbote im Bildungswesen, im Beruf und im Wohnungssektor.

Die in den U.S.A. lebenden knapp 1 Million *Indianer* bilden eine weitere, krass diskriminierte Bevölkerungsgruppe, von der über die Hälfte noch in Reservaten lebt, in denen sie einen besonderen Rechtsstatus besitzt, der sie von den übrigen amerikanischen Bürgern unterscheidet. Sie leben sehr verstreut in verschiedenen Teilen der U.S.A. und meist fern der Industrie- und Bevölkerungszentren und werden als Opfer der amerikanischen Siedlungsgeschichte von den Medien und der Masse der Amerikaner nur bei spektakulären Protestaktionen wahrgenommen, mit denen die Indianer bisweilen auf ihre Lage aufmerksam machen.

Eine weitere sozial benachteiligte Minderheit sind 12 Millionen Hispano-Amerikaner, vor allem die von der amerikanischen Karibik-Besitzung *Puerto Rico* zugewanderten *Spanisch-sprechenden Amerikaner*, die vor den kargen Verhältnissen auf der ländlich geprägten, überbevölkerten Karibikinsel flohen und sich vornehmlich in den Großstädten der nordöstlichen Atlantikküste ansiedelten, wo sie neben den Schwarzen die soziale Unterschicht bilden und wie diese stärker als die weißen Amerikaner von Arbeitslosigkeit und Armut betroffen sind. Schließlich sind als größere hispano-amerikanische Minderheit noch die sog. *»Chicanos«* zu erwähnen, legale und illegale Einwanderer aus *Mexiko*, die sich zum großen Teil zu ausbeuterischen Bedingungen als Wanderarbeiter in den amerikanischen Obstanbaugebieten verdingen und vor allem in Kalifornien und den an Mexiko angrenzenden Unionsstaaten leben.

e) Gerichtsbarkeit und politisch-sozialer Wandel

Eine herausragende Rolle spielen in der amerikanischen Politik die Gerichte. Bis heute sind die U.S.A. mit nur wenigen Ergänzungen ihrer alten Verfassung von 1789 ausgekommen. Wie die Verfassung und das nach dieser Verfassung konstruierte Regierungssystem dennoch bis heute bestehen konnten, ist nur durch die Tätigkeit der Gerichte zu verstehen. Die Rechtsprechung des Obersten Bundesgerichts garantiert im wesentlichen die Kompetenzschöpfung für bundesgesetzliche Regelungen ohne eigens eingeführte Verfassungsänderungen; die Gerichte sanktionierten das *allgemeine Wahlrecht* in der ersten Hälfte des 19. Jahrhunderts; schließlich bedurfte es gerichtlicher Entscheidungen, um die *Organisationsrechte der Gewerkschaften* und die *rechtliche Gleichstellung von Schwarzen und Weißen* durchzusetzen. Bei aller Bedeutung der Gerichte in diesen Prozessen war ihre Rolle doch unterschiedlich: oft verzögerte die Rechtsprechung politische Reformen, die der Kongreß entschieden verlangte, bis sie schließlich doch nachgab - so exemplarisch bei der Anerkennung zahlreicher New-Deal-Gesetze; bei anderen Gelegenheiten ergriff praktisch das Oberste Bundesgericht die Initiative, wo die politischen Instanzen, Präsident, Kongreß und Unionsstaaten, unfähig schienen, ein empfindliches Problem in Angriff zu nehmen - so exemplarisch bei der Rassendiskriminierung.

Das komplizierte Regierungssystem, das eine enge Zusammenarbeit von Präsident und Kongreß erfordert, aber beide Institutionen auf sehr unterschiedliche Bezugsrahmen fixiert, die nationale Wählerschaft zum einen, regionale und lokale Wähler zum anderen, und das keinerlei förmliche Klammern zwischen beiden kennt, wie etwa politische Parteien mit einem organisatorischen Apparat und fest umrissenen Programmen, räumt Minderheiten an zahlreichen Punkten im politischen Entscheidungsprozeß die Möglichkeit ein, ein Veto gegen politische Vorhaben durchzusetzen. Die letzte und letztinstanzliche, zugleich aber auch die am stärksten vom einzelnen Bürger instrumentalisierbare, Möglichkeit, einen Widerspruch gegen einen politischen Beschluß zu artikulieren, liegt in der Verfassung, die über dem Mehrheitswillen steht. Die *Verfassungsgläubigkeit* in der politischen Folklore der U.S.A. äußerst sich in der politischen Praxis oft als »Vertrauen in den Rechtsweg«, der jedem offensteht. Zahlreiche, historisch epochemachende, Gerichtsentscheidungen gehen in der Tat auf Klagen einzelner Bürger zurück, so daß die Gerichte zu Recht als zuverlässige Garanten individueller Freiheits- und Gleichheitsrechte eine originäre Popularität besitzen, die in diesem Ausmaß in den europäischen Ländern nicht bekannt ist.

f) Späte Entwicklung staatlicher Bürokratien

Die Regierungsbürokratie war stets das Stiefkind der politischen Entwicklung in den U.S.A. Zahlreiche Aufgaben, die in anderen Ländern bereits von bürokratischen Institutionen geleistet wurden, fielen in den U.S.A. historisch entweder nicht an oder sie wurden im Rahmen der bestehenden *Selbstverwaltungen* oder *Laienverwaltungen* erledigt, die überwiegend von *Wahlbeamten* geleitet wurden. Die geringen Ausgaben für die Streitkräfte und die kleine Bundesverwaltung konnten bis 1913 aus den Zolleinkünften bestritten werden. Erst danach wurde eine bescheidene Einkommensbesteuerung eingeführt. Aufwendige Sozialverwaltungen gab es bis zum Anbruch der »New-Deal«-Periode Anfang der 30er Jahre nicht. Erst der »New Deal« brachte mit der Anerkennung einer Reihe von öffentlichen Aufgaben im sozialen Bereich einen größeren Regierungsapparat mit sich, dem bald auch ein Aufbau größerer Regierungsbehörden in den Unionsstaaten und Großstädten folgte. *Bürokratie hat in den U.S.A. nie den Status der »hoheitlichen« Regierungsverwaltungen in den europäischen Ländern erreichen können.*

Im Prozeß der Nationwerdung, der Assimilierung der zahlreichen Einwanderer in die amerikanische Gesellschaft, selbst im Industrialisierungsprozeß spielten Regierungsinstanzen keine sichtbare Rolle (sieht man beim letzteren von der Schutzzollgesetzgebung im 19. Jahrhundert ab). Die gegenwärtige amerikanische Gesellschaft entstand bei einem historisch einzigartigen Minimum von Regierungsaktivität. Regierungsbürokratien traten erst im 20. Jahrhundert auf den Plan, meist im Zusammenhang nationaler Krisen, des

Ersten und des Zweiten Weltkrieges und der Weltwirtschaftskrise. In »normalen« Zeiten werden viele Regierungsbehörden nach einem verbreiteten Vorurteil als überflüssig empfunden. Alle Regierungsbehörden, im besonderen die des Bundes, galten und gelten als Einrichtungen, die aus ihrer Distanz zum Bürger heraus kaum imstande sind, die wirklichen Probleme zu erkennen und anzufassen. Sie bilden den Gegenstand eines populären Mißtrauens, das freilich nur ein Aspekt einer allgemeinen Haltung ist, die Reglementierungen des individuellen Verhaltens für nicht unmittelbar erkennbare Zwecke als Eingriffe in die persönliche Freiheit auffaßt.

g) Gewalt und politischer Protest

Wo weder die Politik noch die Gerichte noch die Verwaltungen imstande sind, sozialen Übelständen abzuhelfen, die bestimmte Gruppen benachteiligen, zeigt sich der Mangel an politischen Gegenideologien zum übergreifenden Liberalismus darin, daß die Betroffenen entweder *resignieren* oder ihren Protest durch *Gewalt* äußern. Die frühe amerikanische Gewerkschaftsbewegung, zu der die wenigen amerikanischen Sozialisten nie einen passenden Zugang fanden, führte regelrechte bewaffnete Auseinandersetzungen mit Polizei, Militär und bewaffneten Privatpolizeien der Arbeitgeber, um ihre Forderungen durchzusetzen. Immerhin besaß sie klare Ziele in der Anerkennung der Gewerkschaften als kollektive Interessenvertretung. Die Aufstände der schwarzen Bevölkerung in den »Ghettos« der Großstadtmetropolen in den 60er Jahren wirkten demgegenüber richtungslos; bei nichtigen Anlässen entwickelten sich Brandschatzungen, Plünderungen, Schießereien, deren tiefere Ursachen in der aussichtslosen sozialen Lage der schwarzen Amerikaner begründet liegen. Heute überwiegt in der schwarzen Bevölkerung die Resignation vor einer Lage, die heute im Vergleich zu den 60er Jahren eher noch schlechter geworden ist. In bezeichnender Weise lenkten die Indianer zum ersten Mal seit dem Ende der Pionierzeit öffentliche Aufmerksamkeit auf ihre Probleme, als sie 1973 bewaffnete Zusammenstöße mit den Ordnungskräften riskierten, um ihre Ansprüche auf ehemaliges Stammesgebiet zu untermauern.

2) Politische Ideen und Weltanschauungen

Verschiedene Varianten liberalen Denkens beschreiben den politischen Ideenhorizont in den U.S.A., der relevante politische Gegenideologien, etwa eine konservative Doktrin oder eine christdemokratische oder sozialistische Weltanschauung wie in Europa, nicht kennt. Damit sanktionieren die herrschenden bzw. anerkannten politischen Werte die politische und vor allem die ökonomische individuelle Freiheit. Ganz in Übereinstimmung mit dem klassischen *Liberalismus* Lockeschen Zuschnitts ist das private Eigentum der zentrale, vom Staat und von den einzelnen zu respektierende soziale Wert. Soziale Ungleichheit durch ungleiche Vermögens- und Einkommensverteilung gilt als unausweichliches Ergebnis der ökonomischen Freiheit und als Ausweis und gerechter Lohn für Tüchtigkeit, für die kluge Nutzung der Chancen auf den Erwerb, die Erhaltung und die Vergrößerung privaten Eigentums.

Soziale Ungleichheit als Resultat politischer und wirtschaftlicher Freiheit wird allgemein akzeptiert. Sie gibt keinesfalls Anlaß für politische Ideologien, die soziale Gleichheit als Ergebnis individuellen und kollektiven Handelns anstreben. Dieser Umstand birgt zwei wichtige Implikationen für das politische Verhalten: zum einen bedarf es nach dieser Auffassung keiner aktiven Regierung, die durch ihr Handeln die Ergebnisse des Wirtschaftsprozesses und persönlicher Wirtschaftsfreiheit korrigieren und soziale Gleichheit als gesellschaftliches Ziel herstellen soll; zum anderen gibt die Hinnahme sozialer Ungleichheit als Ergebnis gesellschaftlicher Prozesse keinen Anlaß zu solidarischem Handeln: für die Starken und Reichen entfällt aus der gemeinhin akzeptierten Werteordnung jeglicher Grund, den Schwächeren und Armen zu helfen. Die Gesellschaft konstituiert sich zu einer amorphen Masse von Individuen, die jedes für sich ihren größten persönlichen Vorteil im Rahmen der bestehenden Ordnung zu realisieren versuchen. In dieser Grundeinstellung wurzelt die relative Schwäche der dagegen in Europa geschlossenen und wirkungsvoll auftretenden Großverbände.

Der amerikanische Liberalismus hatte neben seiner inegalitären ökonomischen Philosophie stets eine starke demokratische Komponente, die in einiger Hinsicht in Widerspruch mit liberalen Wirtschaftspostulaten geraten kann. In dem historisch sehr früh realisierten Prinzip des »one man, one vote« ging der amerikanische Liberalismus von vornherein weiter als seine Pendants in Westeuropa, die lange politische Freiheiten lediglich für die Besitzenden reservierten. Demokratisch-egalitäre Korrekturen an der Ergebnisungleichheit der sozialen Verhältnisse, wie sie in den U.S.A. verlangt werden, gründen sich auf das Postulat, *soziale Ungleichheit sei nur zu rechtfertigen, wenn gleichzeitig soziale Chancengleichheit gewährleistet sei.* Die Dimension der zumindest von Teilen der amerikanischen Gesellschaft nicht akzeptierten Ungleichheit beschränkt sich somit auf die sozialen Startchancen. Auf diesem Hintergrund sind die Bemühungen zu verstehen, formale Rechtsgleichheit zu wahren und gleichen Zugang zu den Bildungseinrichtungen zu gewähren und bestehende rassische und ethnische Diskriminierungen auch im privaten Bereich zu unterbinden. *Chancengleichheit* ist die Plattform der amerikanischen Bildungs- und Sozialpolitik. Im Prinzip ist Chancengleichheit von allen politischen Richtungen als Postulat akzeptiert. Streitig ist freilich der Katalog der gesellschaftlichen Bereiche, in denen es Chancengleichheit zu realisieren gilt. Seit dem »New Deal« *Roosevelts,* dem Beginn einer aktiven Sozialpolitik in den U.S.A., hat sich zur Kennzeichnung der betreffenden Positionen die Unterscheidung von *»Liberalen«* und *»Konservativen«* eingebürgert. Die Bezeichnungen sind unscharf, weil sie im Kern beide liberal sind. Richtiger wäre die Kennzeichnung für die progressive Position als »sozialliberal« und für die andere Position als »liberalkonservativ«.

Die »Liberalen« hegen die Auffassung, Chancengleichheit unter den Bedingungen einer kapitalistischen Marktwirtschaft dürfe sich nicht nur auf die formalen bürgerlichen Rechte beziehen, sondern gelte auch für das soziale Milieu und die wirtschaftlichen Verhältnisse: Danach habe die Regierung die Pflicht, durch Sozialhilfen für arme Familien dafür zu sorgen, daß Kinder nicht unter den schlimmsten materiellen Entbehrungen aufwüchsen, daß unverschuldete Not und Krankheit Menschen nicht ruinieren und damit unfähig machen dürften, gesellschaftliche Chancen zur Selbstbehauptung wahrzunehmen. Hier liege für die Regierung die Legitimation, Reichtum zu besteuern und aus den öffentlichen Mitteln Transferzahlungen zu leisten sowie Verwaltungen zu bezahlen, die konkrete Dienstleistungen erbringen. Eine Umverteilung aus Prinzip, um soziale Gleichheit im Ergebnis zu erzielen, wollen die »Liberalen« keineswegs. Das »liberale« Anliegen gleicher Chancen findet dort seine Schranken, endet also an den Grenzen eines sozialen Status quo, der die eigentliche Ursache der Chancenungleichheit ist. Die »liberale« Position reduziert sich damit auf eine klassische, die gröbsten sozialen Unterschiede abschleifende Sozialpolitik.

Die »Konservativen« machen demgegenüber geltend, daß es der Regierung nicht zukomme, die naturwüchsigen ungleichen Chancen korrigieren zu wollen. Bürgerliche Gleichheit, d.h. im wesentlichen die Ausstattung aller mit gleichen Rechten, müsse die Basis für die Verteilung sozialer Chancen sein. Reale Schlechterstellung oder gar Not sei für jeden, gerade für den Ärmsten, eine Herausforderung, sich kraft eigener Anstrengung aus seiner Lage zu befreien. Aktive sozialpolitische Eingriffe des Staates verschlimmerten nur die Lage der Armen, weil sie ihnen den Anreiz nähmen, sich selbst zu helfen. Wirtschaftliche Initiative und Eigenverantwortung seien die Triebfedern des durch seine Erfolge bewährten kapitalistischen Systems und der amerikanischen Gesellschaft. Schließlich benachteilige eine aktive Sozialpolitik in diesem Sinne recht eigentlich die wirtschaftlich Schwächeren durch Minderung der Leistungsmotivation; sie bestrafe gleichzeitig die Tüchtigen, die erfolgreichen, erfinderischen Menschen, indem sie ihnen durch Steuern die Hauptlast der staatlichen Fürsorge für die Armen aufbürde. Damit behindere und lähme sie unternehmerischen Geist und Leistung dort, wo er der Gesellschaft den größten Nutzen bringe, bei den Sparern und Investoren, deren Entscheidungen maßgeblich den Wirtschaftsprozeß lenkten und so überhaupt erst die wirtschaftlichen Chancen auch für andere bereitstellten.

Die »liberale« und »konservative« Auffassung setzen ebenfalls unterschiedliche Akzente in der Bewertung der *Grenzen persönlicher wirtschaftlicher Freiheit.* Beide Auffassungen stimmen - insofern beide gleichermaßen »klassisch« liberal - in der Anerkennung des Prinzips der freien Unternehmensführung (»free enterprise«) überein. Bis zum »New Deal« wurde »free enterprise« von allen politischen Kräften als Interventionsverbot für die Regierung verstanden, als Selbstregulierung des Marktes allein durch die Beschlüsse der am Wirtschaftsprozeß beteiligten Unternehmen und Konsumenten.

Die Weltwirtschaftskrise versetzte dem Credo in das freie Spiel der Marktkräfte einen heftigen Stoß. Von 1933 an schaltete sich die Regierung aktiv in das Marktgeschehen ein - von den Unternehmern als Bruch mit dem heiligsten Prinzip der Marktwirtschaft kritisiert. Die »Liberalen«, die sich mit der aktiven Wirtschaftspolitik der Regierung identifizierten, verfolgten freilich nicht die Absicht, die unternehmerischen Freiheiten zu beseitigen. Sie wollten vielmehr den kollektiven Interessen sowohl der Unternehmer als auch denen der Arbeitnehmer und der Verbraucher gerecht werden, indem sie sich im wesentlichen an den Zielmarken der Geldwertstabilität und der Vollbeschäftigung orientierten. Die Regierung soll allein dann tätig werden, wenn die Unternehmen nur ihr eigenes, vielfach zersplittertes und weder koordiniertes noch ohne weiteres koordinarbares ökonomisches Interesse ins Auge fassen und unfähig sind, ihre übergreifenden Eigeninteressen zu erkennen, geschweige denn gesamtwirtschaftliche Überlegungen anzustellen. Den Unternehmen wird keineswegs ihre Gewinnorientierung vorgeworfen; diese ist auch für die »Liberalen« völlig legitim. In Frage steht lediglich deren Kapazität, einen sehr kompliziert gewordenen Wirtschaftsprozeß aus eigener Kompetenz an den schwierigsten volkswirtschaftlichen Krisenpunkten vorbeizusteuern. Diese Haltung der »Liberalen« steht voll im Einklang mit der in den kapitalistischen Ländern Westeuropas heute selbst bei Liberalen und Konservativen verbreiteten Vorstellung von der minimalen wirtschaftspolitischen Steuerungsfunktion der Regierungen. Die amerikanischen »Konservativen« lehnen zwar schon lange nicht mehr grundsätzlich eine *aktive Wirtschaftspolitik der Regierung* ab, aber sie haben noch große Vorbehalte: Die Unternehmen müßten am besten wissen, was sie tun sollen, um Gewinne zu machen. Wenn die Unternehmen ausreichende Gewinne erzielten, kämen auch keine Geldwert- oder Beschäftigungsprobleme auf. Das eigentliche Problem stecke darin, daß die Regierung sich klüger dünke als die Unternehmen, wo es um deren ureigenen Belange gehe. Die Regierung sei zu angemessenen Beurteilungen unternehmerischer und wirtschaftlicher Sachverhalte nicht fähig und treffe daher falsche Entscheidungen, weil sie nach politischen

Gesichtspunkten entscheide, die von zahlreichen Interessenvertretern und Verbänden eingebracht würden, die nichts von Gewinnen verstünden und die Regierung zum Vehikel ihrer Subventionswünsche und Weltverbesserungsvorstellungen machten. Daher sei es nur angemessen, wenn die Regierung sich aus dem Wirtschaftsprozeß so weit wie möglich heraushalte.

Die »liberale« und die »konservative« Position konvergieren überwiegend zum einen mit der Politik der Demokratischen und zum anderen mit jener der Republikanischen Partei. Freilich hat keine der beiden Parteien die jeweiligen Positionen exklusiv für sich »gepachtet«. Auch zahlreiche Republikaner sind heute - anders als zur Zeit des »New Deal« - Liberale.

3) Organisationsneigung der sozialen und politischen Kräfte

Verbände und verbandsähnliche Organisationen spielen ebenso wie Parteiorganisationen in der amerikanischen Politik eine geringe Rolle. Die historischen Erfahrungen der U.S.A. und ihre liberalen Ideologien bieten kaum Ansatzflächen für eine den europäischen Ländern vergleichbare Bedeutung der Verbände im politischen Prozeß. Die politischen Konfliktlinien verlaufen zwischen Berufs- und Erwerbsgruppen, zwischen Firmen und Branchen, aber weitaus weniger als in Westeuropa zwischen sozialen Klassen und Schichten. Die amerikanische Gesellschaft war zu keinem Zeitpunkt - sieht man vom Bürgerkrieg ab, in dem es um andere Fragen ging - mit einer wirklichen, bedrohlichen Herausforderung konfrontiert, die etwa die Grundsätze der liberalen Eigentumsideologie oder die grundsätzliche Verteilung von Reichtum und gesellschaftlicher Verfügungsmacht in Frage gestellt hätte. Die wirtschaftlich Schwächeren und Benachteiligten strebten nie eine rigorose Umverteilung oder gar politischen Umsturz an, sondern eiferten dem Vorbild der Privilegierten nach, orientierten sich an erfolgreichen Nachbarn und Vorbildern.

Unter diesen Umständen bildeten sich viele der zahlreichen bestehenden *Berufsverbände* nicht mit der vorrangigen Absicht, die kollektiven wirtschaftlichen Interessen ihrer Mitglieder zu repräsentieren, weil diese sich etwa zu schwach wähnten, ihre Interessen im Alleingang zu vertreten. Vielmehr strebten sie eine fachliche *Kommunikation* zwischen den Mitgliedern, Informationsaustausch, Entwicklung und Respektierung professioneller Standards an. Die amerikanische Anwältevereinigung ist für die Zielsetzungen der meisten wichtigen Verbände typischer als der Gewerkschaftsbund AFL/CIO. Bezeichnenderweise kennen die amerikanischen Unternehmer *keinen Arbeitgeberverband*, sondern nur *Branchenvereinigungen in Handel und Industrie*. Die *Gewerkschaften* verkörpern die einzige größere wirtschaftliche Organisation, die repräsentativ und bindend für die ihr angeschlossenen Mitglieder und Verbände handelt. Die größeren Verbände verstehen sich im allgemeinen nicht als »politisch«. Bezeichnenderweise gehen die Ziele sogar der amerikanischen Gewerkschaften nicht einmal perspektivisch über Arbeitsmarktfragen hinaus. Unternehmer, Banken und Inhaber großer Vermögen bedürfen in den U.S.A. keiner schlagkräftigen Organisation, die ihre partikularen Interessen auf dem allgemeinen Nenner eines Verbandskonsens' bündelte, weil ihre Kollektivinteressen bereits in den allgemeinen, auch bei Arbeitnehmern und ärmeren Bevölkerungsteilen akzeptierten, liberalen Wertehorizont mit eingehen.

Das Selbstverständnis und die Arbeitsweise des Regierungssystems begünstigen die Individualisierung und *Partikularisierung politischer Einflußnahme auf Gesetzgebung und Verwaltung.* Die Richtung des Regierungshandelns zielt auf Regulierung, ordnende Verwaltung und Lenkung gesellschaftlicher Prozesse, nicht etwa auf Vermögensumverteilung, soziale Gleichheit, Veränderung der Beziehungen zwischen Gewerkschaften und Arbeitgebern u.ä. Selbst die Leistungsverwaltungen dienten in den Regierungsperioden der »liberalen« Demokratischen Partei lediglich dem eng begrenzten Zweck, in einigen Bereichen (Fürsorge, öffentlicher Wohnungsbau, Lebensmittelsubventionierung für Bedürftige) soziale Härten abzubauen. In Anbetracht des relevanten gesellschaftspolitischen Alternativenbestandes erscheint die Feststellung keineswegs übertrieben, daß, welche Partei oder welche wie auch immer akzentuierte politische Richtung regiert, die Regierung doch stets in allererster Linie als ein Apparat mit regulierenden Funktionen, aber nicht als ein Instrument zur Verwirklichung neuer, über das bestehende gesellschaftliche System hinausführender politischer Perspektiven verstanden wird. In den westeuropäischen Ländern mobilisieren – etwa sozialistische – Regierungen, die auf die Realisierung alternativer gesellschaftspolitischer Entwürfe abheben, die verbandliche Aktivität der Gegner ebenso wie der Förderer des sozialen Status quo, die beide handfeste Vorteile zu gewinnen oder zu verlieren haben. Demgegenüber haben amerikanische Regierungen, die sich so oder so hauptsächlich mit regulierenden Aufgaben befassen, meist mit einzelnen Interessenten, Firmen, Bürgern oder lokalen Vereinen, zu tun, die für sich günstige Sonderregeln oder Ausnahmen von allgemeinen Regeln anstreben. Verbände mögen in Gesetzgebungsprozessen an der Aufstellung allgemeiner Regeln mitwirken. Sie treten zurück, wo es darum geht, die Anwendung dieser Regeln im Einzelfall zu beeinflussen. Hier wurzeln die für die U.S.A. einzigartigen *»private laws«*, d.h. Einzelfallgesetze, oder die vielfältigen *»amendments«* in Gesetzeswerken, die Vorbehalte und Ausnahmeklauseln formulieren, die offenkundig auf einen oder wenige Interessenten gemünzt sind. Hier liegt ebenfalls der Ursprung für die Professionalisierung des *Lobbyismus* bei Kongreßausschüssen und Regierungsbehörden. Die »Lobby«

als private politische Dienstleistungskapazität, die sich teilweise verselbständigt hat und von wechselnden Klienten in Anspruch genommen wird, ist ein »Geschäft mit Beziehungen« zu einflußreichen Politikern, das in dieser besonderen amerikanischen Variante nur aus individueller bzw. nichtverbandlicher Einflußsuche zu verstehen ist.

Neben diesen historischen und funktionalen Momenten für die schwache »Organisiertheit« der gesellschaftlichen Interessen bleibt ein weiteres Moment zu erwähnen, das eher kulturell verursacht ist. Offenbar scheuen sich viele Amerikaner, die Wahrung ihrer individuellen Interessen und Meinungen Organisationen anzuvertrauen, die sie nicht überblicken können. Der private Rechtsanwalt und der Rechtsweg oder das Gespräch mit einem Abgeordneten, also individualisierte Interessenwahrnehmungsformen, haben anscheinend weitaus höheren Wert als Mitarbeit oder Mitgliedschaft in Organisationen, wo zahlreiche individuelle Interessen zusammenkommen und koordiniert und solidarisch vertreten werden müssen. Die sprunghafte Erweiterung der Vorwahlen zur Präsidentschaft seit Beginn der 70er Jahre, die es dem einzelnen Parteianhänger ermöglichen, sich ohne Vermittlung durch eine Parteiorganisation oder ein Delegiertensystem direkt für einen Kandidaten zu entscheiden, weist in die gleiche Richtung. Partizipation heißt nach allem Anschein zuerst unmittelbare Teilhabe des oder der Interessenten, mag es sich dabei um Individuen oder Kollektive, Firmen oder Vereine handeln.

III. Japan

1) Historisch-politische Entwicklung

Wie die westeuropäischen Industrieländer und die U.S.A. stellt Japan eine parlamentarisch-demokratisch regierte kapitalistische Industriegesellschaft dar. Stehen aber Europa und die U.S.A., deren Sozialgeschichte, Weltanschauungen und politische Prozeßnormen sich bereits erheblich voneinander unterscheiden, immerhin noch in der Tradition gemeinsamer liberaler, von der Aufklärung überkommener Ideen vom Menschen, vom Staat und von der Gesellschaft, so verbindet Japan, eine »östliche« Gesellschaft, und die »westlichen« Gesellschaften lediglich ein formal ähnlicher Regierungsaufbau und eine ähnliche Wirtschaftsordnung. Sogar diese haben im Kontext einer der ältesten und integriertesten modernen asiatischen Gesellschaften eine andere Bedeutung gewonnen. Dies gilt es zu berücksichtigen, wenn im folgenden Japan unter den gleichen Gesichtspunkten betrachtet wird wie die »westlichen« Industriegesellschaften.

a) Politische Öffnung und Modernisierung

Die Modernisierung Japans oder besser: die Prozesse, die in Japan Industrialisierung und Anlehnung an eurpäische Vorbilder in Politik, Wirtschaft und Verwaltung brachten, gingen ohne vorausgehende oder begleitende soziale Auseinandersetzungen vonstatten. Angestoßen wurde sie durch Konflikte in der kleinen feudalen Führungsschicht und geleitet durch eine kleine, modernisierungswillige Gruppe von Politikern. Die Konfrontation des sich seit der sog. *Tokugawa-Periode* (Beginn 1603) jahrhundertelang von Kontakten mit dem Westen abschottenden japanischen Reiches mit den militärisch überlegenen U.S.A. (sog. »Öffnung Japans« 1853 durch den Amerikaner *Perry*) und den europäischen Großmächten gab den Ausschlag für die Entscheidung, der de-facto-Kolonialisierung des Landes nach dem Vorbild Chinas durch die *Übernahme westlicher Technologie und Wissenschaft* zuvorzukommen. Dieser Übernahme- und Anpassungsprozeß setzte in aller Intensität mit der Entmachtung der Adelsfamilie der Tokugawa (1868) ein, deren Oberhäupter bis dahin die politischen Geschicke Japans gelenkt hatten.

Die tragende Schicht der politischen und wirtschaftlichen Modernisierung waren die im Staatsdienst stehenden Schichten des Adels. Ein Handels- und Industriebürgertum entstand erst als Folge der staatlich initiierten gesellschaftlichen Veränderungen (war also im Unterschied zu Europa nicht selber maßgeblicher Verursacher dieser Veränderungen). Der Verkauf der vom Staat gegründeten Industrien an private Interessenten (1880) glich freilich die Eigentumsverhältnisse denen in den »westlichen« Industrieländern an. Der gesamte gesellschaftliche Anpassungsprozeß blieb absichtsvoll instrumentell, d.h. auf die *Selbstbehauptung Japans mit allen seinen nationalen und kulturellen Eigenheiten* abgestellt; Kultur und soziale Institutionen der westlichen Länder hatten nur insofern vorbildhafte Bedeutung, als sie in einem sachlich zwingenden Zusammenhang mit moderner Verwaltung und industrieller Produktion standen.

Ein zweiter, ebenfalls krasser historischer Bruch, der zu einer erneuten intensiven Anpassung an den Westen zwang, war die *militärische Niederlage Japans im Zweiten Weltkrieg.* Nunmehr, und zwar bezeichnenderweise infolge einer zweiten Konfrontation mit der Überlegenheit der westlichen Nationen, übernahm Japan formell die demokratischen Einrichtungen und Legitimationsprinzipien des Westens, vor allem unter dem massiven *Einfluß der amerikanischen Militärregierung,* die bis zum Ende der amerikanischen Besatzung (1951) die gewählte japanische Regierung »beaufsichtigte«. Der Kaiser trat nach 1945 nur noch als Staatsoberhaupt, aber nicht mehr als »Gottheit«, als religiöses Oberhaupt der Japaner, auf. Das Schulsystem und die Universitäten wurden auf die ausschließliche Vermittlung säkularer Inhalte umgestellt. Eine von der amerikanischen Militärregierung betriebene Landreform

(1947) teilte den vorhandenen Großgrundbesitz unter Bauern und Pächter auf und beseitigte damit die im Gegensatz zur modernen Industrie archaischen Besitzverhältnisse und Bewirtschaftungsmethoden in der Landwirtschaft, die für die Überbevölkerungsprobleme der Vorkriegszeit mitverantwortlich waren.

In wirtschaftlicher Hinsicht äußerte sich die erneute Anpassung nach 1945 darin, daß Japan auf die In- und Auslandsmärkte der westeuropäischen Industrieländer und der U.S.A. drängte. Aber trotz aller weiteren Orientierung auf den Westen hin blieb Japan auch nach 1945 im Kern eine Gesellschaft, die zwar stärker noch als die japanische Vorkriegsgesellschaft westliche Einflüsse - bis in das Konsumverhalten hinein - übernahm, aber kulturell keineswegs danach strebte, die westlichen Gesellschaften zu kopieren. Anpassung, Schritthalten und Überholen des Westens in wirtschaftlicher Hinsicht einerseits und andererseits eine breite, nur von wenigen Gruppen nicht akzeptierte Kulturbindung, die aus den überkommenen Bräuchen und Sozialverbänden lebt, stehen in einer engen Wechselbeziehung. Das »Management« der Anpassung und des »Schritthaltens« erscheint als eine professionalisierte Aufgabe von wenigen Wirtschaftsführern, Beamten und Politikern, die diese Aufgabe offensichtlich in einer Art Arbeitsteilung oligarchisiert haben.

b) Kontinuität und Wandel im Herrschaftssystem

Dem japanischen Herrschaftssystem wohnt bei allen Veränderungen, die 1868 mit der sog. Meiji-Restauration und 1946 mit der Verfassungsrevision und dem Besatzungsstatut stattfanden, eine große Kontinuität inne. Im mittelalterlichen Japan war es üblich, daß eine der mächtigen konkurrierenden Adelsfamilien das *Shogunat* ausübte: faktisch übertrug der Kaiser als Herrscher und religiöses Oberhaupt alle Regierungsbefugnisse auf den Shogun, eine Art Kanzler, dessen Handlungen durch Mandat und Siegel des Kaisers selber kaiserliche Autorität bekamen. Die Kaiser hatten aber keine freie Wahl in der Übertragung des Shogunats, sondern befanden sich als »Gefangene im goldenen Käfig« in der physischen Gewalt des Shoguns, dessen Amt sich regulär auf seine Nachkommen vererbte. In den Kriegszügen, die Shogune mit konkurrierenden Familien und rebellierenden Feudalklans führten, kam es vor, daß ein Shogun eine Niederlage erlitt und sein Amt an eine andere Familie überging, die für sich ebenfalls den »Besitz des Kaisers« reklamierte.

Im letzten *Shogunat der Tokugawa*, das über dreihundert Jahre (1603-1868) regierte, entstanden in Japan - ganz ohne westliche Einflüsse - bereits Anfänge einer modernen Zentralverwaltung, die sich anschickte, das in zahlreiche praktisch unabhängige Feudalherrschaften zersplitterte japanische

Reich nach einheitlichen Grundsätzen zu verwalten. Die sog. *Meiji-Restauration* von 1868, die von Historiographie und Modernisierungsliteratur gern als Schwelle für Japans Eintritt in die moderne Zeit bewertet wird, geschah im Kontext der Auseinandersetzung um die Öffnung Japans für den Westen. Der amtierende Kaiser der *Meiji-Dynastie* ergriff in der Öffnungs-Auseinandersetzung Partei und zerstörte damit die Grundlage des Shogunats, das auf der ex-post-Zustimmung des Kaisers für die Entschlüsse des Shoguns aufbaute. Kaiser *Meiji* schaffte schließlich das Shogunat ab und stellte damit einen Zustand her, der etwa 700 Jahre vorher bestanden hatte, als der Kaiser wirklich noch regierte (daher die Bezeichnung »Restauration«).

Das politische Engagement Kaiser *Meijis* war tatsächlich kaum mehr als eine Initialzündung und eine Starthilfe für eine bestimmte Gruppe in der feudalen Oberschicht, ihr politisches Programm für die wirtschaftlich-technische Anpassung Japans an den Westen in Angriff zu nehmen. In Japan entstand zwar kein neues, in Einklang mit dem »Westkurs« gebrachtes Shogunat, aber Kaiser *Meiji* traf seine Entscheidungen keineswegs allein. Vielmehr pflegte er auch nach Einführung einer - nach dem Vorbild des Deutschen Reiches von 1871 gestalteten - *Verfassung* (1889), die ihm völlige Freiheit in der Bestimmung der Regierung einräumte, mit den sog. *»genro«*, älteren, erfahrenen Mitgliedern der reformerischen Fraktion des früheren Feudaladels, Regierungsangelegenheiten zu erörtern. Vor allem frühere Premierminister wurden in den Kreis der genro einbezogen. Es bürgerte sich die Gewohnheit ein, daß der Kaiser seine Entschlüsse nach Konsultation der genro und im Sinne ihrer Ratschläge faßte. Darin zeigte sich bereits wie heute, wenngleich unter anderen Bedingungen, die Neigung auch der höchsten politischen Funktionsträger, verschiedene Personen zu konsultieren, Meinungen anzuhören, einen Konsens herausbilden zu lassen und diesen abschließend zu exekutieren.

Die genro verloren ihre Bedeutung nach der Jahrhundertwende, als Japan sich politisch und wirtschaftlich bereits unter dem Einfluß der Industrialisierung so stark differenziert hatte, daß es ohne wirtschaftlichen Sachverstand und die Rücksichtnahme auf wirtschaftliche Interessen und die Aufgaben einer modernen Verwaltung nicht mehr regiert werden konnte. Dennoch änderte sich die Regierungspraxis nicht grundlegend, als zwischen 1918 und 1932 die Parteien, die Regierungsbürokratie, das Militär und die Großunternehmen an die Stelle der genro traten. Zu dieser Zeit war Japan bereits keine noch überwiegend agrarische Übergangsgesellschaft mehr, sondern näherte sich schon dem wirtschaftlichen Stand der größeren westeuropäischen Industrieländer. Der Adel hatte sich jetzt als politische Kraft überlebt. An seine Stelle traten moderne Organisationen als maßgebliche politische Akteure.

Unter einer unveränderten Verfassung wurden nunmehr die modernen, aus dem Anpassungsprozeß an den Westen überhaupt erst hervorgegangenen

Institutionen zu maßgeblichen Gestaltern eines Elitenkonsens', der vom Kaiser sanktioniert und damit zur Richtschnur für die Regierung wurde. Die einzelnen Teileliten waren eng miteinander verbunden: die wenigen großen *Industriekonzerne* (zaibatsu) dominierten die beiden größeren *Parteien*, die im wesentlichen Honoratiorenparteien ohne politische Bindungen in der Bevölkerung darstellten; die *Bürokratie* definierte ihre Interessen weitgehend im Einklang mit beiden. Allein das *Militär* nahm eine Sonderstellung ein; es stand oft in Opposition zu den übrigen Teileliten. Das Militär war darüber hinaus selber in wichtigen Fragen geteilter Meinung: die Oberkommandierenden vertraten nach Auffassung chauvinistischer jüngerer Offiziere nicht entschieden genug die Interessen von Heer und Marine; zwischen 1932 und 1936 kam es zu mehreren - erfolglosen - blutigen Militärrevolten der ultraradikalen Militärfraktion.

Es war das Dilemma Japans zur Zeit der *Weltwirtschaftskrise*, zunehmend bedrohlicher angesehener *Überbevölkerung* und der Schwäche des benachbarten, von inneren Konflikten gelähmten *China*, daß die Parteien und die Industrie ihren mäßigenden Einfluß, besonders in der Außenpolitik, verloren. Heer und Marine steigerten demgegenüber ihren politischen Einfluß kontinuierlich. Sie suchten eine Lösung der Wirtschafts- und Bevölkerungsprobleme in äußerer Expansion, zunächst mit der Besetzung der zu China gehörenden Mandschurei, die zum japanischen Satellitenstaat umgeformt wurde, später mit der Invasion Zentralchinas, schließlich nach Eintritt in den Zweiten Weltkrieg (1941) mit der Unterwerfung ganz Ost- und Südostasiens. *Gegen den Willen des Militärs konnte Japan nach 1932 nicht mehr regiert werden.* Damit wurde Japan praktisch zum Militärregime, wenn auch die Verfassungsorgane beibehalten und die förmlichen Verfassungsprozeduren beachtet wurden. Die Militärs, die alle wichtigen Kabinettspositionen besetzten, versuchten eine an faschistisch-europäische Vorbilder angelehnte nationale Sammlungsbewegung aufzubauen und förderten den *shintoistischen Kaiserkult* für die Mobilisierung der Bevölkerung zum Kriegseinsatz. Weder inhaltlich noch in den Organisationsformen kann die Militärherrschaft jedoch als faschistisch bezeichnet werden. Sie war und blieb autoritär und chauvinistisch. Die Kriegspolitik der Militärs mündete 1945 in die militärische Niederlage ein, die den zweiten scharfen Bruch in der politischen Entwicklung Japans in weniger als hundert Jahren bewirkte. Japan wurde zum ersten Mal in moderner Zeit von fremden Truppen besetzt und mußte sich für mehrere Jahre der politischen Kontrolle durch die amerikanische Siegermacht unterwerfen. Bezeichnenderweise endete auch der Krieg damit, daß der Kaiser nach den Atomwaffenangriffen auf Hiroshima und Nagasaki aus seiner durch die Tradition bestimmten passiven Rolle zum ersten Mal seit 1868 spektakulär heraustrat und gegen den Willen des Militärs die Kapitulation durchsetzte.

Formell hat der Kaiser nach der *japanischen Verfassung von 1946* nur mehr zeremonielle Befugnisse. Bereits 1945 verzichtete er auf seinen Status als Oberhaupt der shintoistischen Staatsreligion, die als Staatsreligion ebenfalls aufgehoben wurde. Nichtsdestoweniger ist der Kaiser als moralische Autorität, als »Legitimitätsreserve« nach wie vor vorhanden. Das Parlament stellt nach dieser Verfassung die höchste politische Autorität nach dem nunmehr souveränen Volk dar. Es wählt den Premierminister, der aus dem Parlament heraus vorgeschlagen wird. In der Verfassungspraxis ist das Parlamentsauflösungsrecht, das vor 1945 allein dem Kaiser zustand, auf den Premierminister übergegangen. Wichtig für die politische Bewertung der neuen Verfassung ist die Tatsache, daß bereits unter der älteren Verfassung, die dem Kaiser weitreichende Befugnisse zusprach, die politischen Entscheidungen in einem oligarchischen Kartell ausgemacht wurden, dem die Industrieführer, die Parteispitzen, die Regierung, die höchsten Regierungsbeamten und das Militär angehörten. Das japanische Militär hat nach 1945 keine Bedeutung wiederzuerlangen vermocht, wohl aber alle übrigen Teile dieser Oligarchie, deren fortdauernde Herrschaft die förmlichen Veränderungen des Herrschaftssystems in vieler Hinsicht überlagert und ausgleicht. Zwar wurde bereits 1925 ein allgemeines Männerwahlrecht eingeführt, das 1945 auf alle erwachsenen Japaner ausgedehnt wurde. Die Masse der japanischen Bevölkerung spielte in der japanischen Politik vor 1945 nur eine geringe Rolle, die seither gewiß größer geworden ist, aber unter der seit 35 Jahren andauernden Regierung der konservativen Regierungspartei LDP nur selten - und dann meist im Zusammenhang mit originären Massenprotesten - erkennbare Impulse auf die Regierungspolitik ausstrahlt. Die *oligarchische Herrschaftsstruktur Japans hat sich durch die Zäsur von 1945 nicht entscheidend geändert*, wenn auch Demokratie, Entmilitarisierung und vermehrte Kontakte mit dem Westen Bedingungen und Ziele dieser Herrschaft verändert haben.

c) Politische und soziale Kräfte

Nach europäischen Maßstäben erstaunt das geringe Maß an Klassenkonflikten, die den Industrialisierungsprozeß in Japan begleiteten. Es entstanden zwar schon um die Jahrhundertwende illegale, 1912 auch offiziell geduldete Gewerkschaften, die sich zu kämpferischen Organisationen entwickelten, obgleich sie starken rechtlichen Beschränkungen unterworfen wurden. Nichtsdestoweniger blieben soziale Auseinandersetzungen aus, die ein ähnliches Ausmaß gewonnen hätten wie in Westeuropa oder in den U.S.A. oder mit ähnlicher Erbitterung geführt worden wären wie dort. Die Erklärung für dieses Phänomen liegt im kulturellen Erbe Japans, das auf einem *holistischen Weltbild* basiert und dem das individualistische Denken des Liberalismus ebenso fremd ist wie das klassendichotomische Weltbild der sozialistischen Ideologien. Es gelang den herrschenden politischen und sozialen Kräften Japans erfolgreich, allen Japanern den Einruck zu vermitteln, alle Anpassung und Imitation des Westens diene dem Zweck, unter den Bedingungen der modernen Welt zu erreichen, daß Japan seine Eigenheiten einer »östlichen« Gesellschaft bewahren könne.

In Japan besitzt die *Opposition* den Charakter einer system- und kulturablehnenden Opposition, weil die tradierten Sozialnormen auf Konsens abstellen bzw. auf Unterordnung abweichender Meinungen unter die Auffassung der Mehrheit. Dauerhaftes Beharren auf Dissens aus Überzeugungsgründen, wie es im Konzept der politischen Opposition zum Ausdruck kommt, wurzelt in den aufklärerischen abendländischen Philosophietraditionen. In Teilen der japanischen Gesellschaft faßten »westlich« hergeleitete politische Konzepte zwar Fuß. Aber gerade deshalb gelten die betreffenden Gruppen als nicht nur politisch, sondern auch kulturell im Grunde »fremd«, als »unjapanisch«. Zur Zeit der Beherrschung Japans durch die Streitkräfte (1932–1945) wurde jede Opposition unterdrückt und verfolgt. Betroffen waren in erster Linie die wenigen Sozialisten und Kommunisten und linksorientierten Gewerkschaften. Unter dem breiten Dach der japanischen *sozialistischen Bewegung*, die praktisch seit dem Beginn des modernen Japan (sieht man von einer kurzen Episode eines sozialistischen Kabinetts (1949) ab) in der Opposition blieb, sammeln sich die verschiedenen Varianten »westlicher«, keineswegs nur sozialistischer, Weltanschauungen. Die herrschenden politischen Kräfte identifizierten sich vor 1945 und danach mit dem System des japanischen Kapitalismus. Nach europäischen Begriffen sind sie als *konservativ*, aber keineswegs als liberal einzuschätzen, weil die überlieferte japanische Kultur Denken und Verhalten auf den Nutzen für bestimmte Kollektive, die Familie, die Firma, die Kollegen oder Japan als Nation orientiert. Auf diesem Hintergrund gewinnt Privateigentum an Produktionsmitteln einen anderen Akzent als in den westlichen Ländern.

2) Politische Ideen und Weltanschauungen

Japan kennt im Gegensatz zu den »westlichen« Industriegesellschaften keine genuinen politischen Ideologien außer jenen, die Teile der japanischen Gesellschaft vom Westen übernommen haben. Die *überkommenen Sozialnormen und Verhaltensweisen* zeigen an, was der japanischen Gesellschaft in ihrer Gesamtheit als bewahrenswert erscheint. Den Organisationsnormen der japanischen Gesellschaft, d.h. den politisch relevanten Formen sozialer Interaktion, kommt deshalb eine ähnlich große Bedeutung zu wie politischen Ideen in den westlichen Ländern. *Für Japan als eine »östliche« Kultur ist es kennzeichnend, daß die Trennung zwischen »privater« und »öffentlicher« oder »politischer« Sphäre nicht geläufig ist und nicht verstanden wird.* Im alten wie im modernen Japan bedeutet die »private« Absonderung abweichendes, sozial zu mißbilligendes Verhalten. Der einzelne begreift sich als Teil einer größeren Lebensgruppe, an deren sozialen und wirtschaftlichen Aktivitäten er ebenso teilhat wie er sich an die in Gruppen vorherrschenden politischen Auffassungen anschließt. Mag diese *»Gruppenorientierung«* eigentümlich für asiatische Denkweisen sein, die in einer Jahrhunderte alten Kultur geprägt wurden, so trifft dies auf den Mangel an allgemein akzeptierten, philosophisch hergeleiteten moralischen Grundsätzen schon nicht mehr zu. Im alten Japan spielten der *Buddhismus* und die von China übernommene *konfuzianische Ethik* lange eine bedeutende Rolle. Im Zuge der Modernisierung Japans haben beide ihre Wirkung entscheidend eingebüßt (ungeachtet der Tatsache, daß in Japan eine starke buddhistische Sekte, die Sokka Gakkai, operiert, die aber gerade deshalb von sich reden macht, weil sie als so »unjapanisch« gilt). Freilich war Japan historisch zu keinem Zeitpunkt »konfuzianisch« oder »buddhistisch«. *Vielmehr ist für Japan stets eine synkretistische religiöse Haltung charakteristisch gewesen.*

Bis 1945 war der *Shintoismus,* ein originäres Kulturmerkmal Japans, Staatsreligion. Er basiert auf der Verehrung von Natur- und Hausgeistern, die sich auch als Ahnenkult äußert. Der Shintoismus begründet die göttliche Abstammung der Japaner und die göttliche Bestimmung Japans, dessen gesellschaftliche Ordnung damit selber als gottgewollt erscheint. Bis zum Ende des Zweiten Weltkrieges genoß der Kaiser als Verwalter einer göttlichen Ordnung im Volk eine herausgehobene, gottgleiche Verehrung. Religiöse Dogmen oder eine Sittenlehre kennt der Shintoismus nicht. Religion und Staatsphilosophie verschmilzen im Shintoismus, der im Lauf der Jahrhunderte zwar buddhistische und konfuzianische Elemente aufnahm, seinen Charakter aber nicht entscheidend veränderte.

Lange waren der Wille des Kaisers und der soziale Status quo die Maßstäbe jeglicher Moral. Japan konnte sich in wenigen Jahrzehnten ohne große soziale Erschütterungen von einer spätmittelalterlichen Feudalgesellschaft zum modernen Industriestaat wandeln, weil bei allen Veränderungen die *moralische Autorität des* Kaisers ungebrochen blieb. Das Ziel, durch *Aufholen und Überholen des Westens* Japan den westlichen Ländern gleichwertig zu machen, ist seit Kaiser Meiji ein nationales Ziel, das Bestandteil eines nationalen, allenthalben geteilten Willens ist. Die Zerschlagung des japanischen Militarismus und die »Entmachtung« des Kaisers haben an diesem Ziel nichts geändert. Das Messen mit den westlichen Nationen findet nicht mehr militärisch oder mit dem Erwerb von geopolitischen Einflußzonen statt, sondern wirtschaftlich, auf dem Felde des Außenhandels.

Nach Meinung kritischer japanischer Beobachter (z.B. *Shintaro,* The Japan Interpreter, 9. Jg., 276 ff.) herrscht eine Logik vor, fast alles im Hinblick auf die Industrialisierung und den Gleichstand mit dem Westen zu rechtfertigen. Die Ökonomie werde zum Maßstab der praktischen Moral, woraus der Fetischismus wirtschaftlichen Wachstums im gegenwärtigen Japan zu erklären sei. Voraussetzung wie auch Resultat der »Aufholmentalität« sei ein tiefsitzendes Minderwertigkeitsgefühl im Verhältnis zu den westlichen Industrieländern. Das »Aufholen« motiviert aber nicht nur die herrschende politische Position, die auf den Grundlagen des Status quo auf hohes Wachstum und industrielle Produktivität um jeden Preis setzt. Es motiviert genauso die Kräfte, die im modernen Japan die politische Opposition stellen, vor allem die Sozialisten.

Freilich stecken die Sozialisten ihre Aufholziele ganz anders. Nach dem Vorbild des Sozialismus in Westeuropa wollen die *Sozialisten* die japanische Sozialpolitik »westlichen« Standards angleichen, die Gewerkschaftsrechte wie in Europa und in den U.S.A. ausweiten, die Verfügung über Produktivkapital unter öffentliche Kontrolle stellen. Das Dilemma der oppositionellen Aufholziele steckt nur darin, daß das Aufholen in handelspolitischer Hinsicht, wie es die Konservativen betreiben, lediglich Anpassungen in technologischer und produktionsorganisatorischer Hinsicht erfordert, dabei aber das überkommene Verhältnis des einzelnen zum Kollektiv, das als harmonisch gefaßt wird, nicht angreift; demgegenüber faßt die politische Opposition Japans Aufholziele ins Auge, die den Bruch mit den harmonistischen Sozialnormen geradezu voraussetzen: der Kampf für gewerkschaftliche Rechte oder für eine wirklich umverteilende Sozialpolitik verlangt ein keinesfalls gering anzusetzendes Minimum sozialen Konfliktbewußtseins und sozialer Konfliktbereitschaft wenigstens bei den wirtschaftlich Schwächsten und Benachteiligten. Beides scheint in Japan im Vergleich mit anderen Industriegesellschaften schwach entwickelt.

3) Organisationsneigung der sozialen und politischen Kräfte

Das vorherrschende Organisationsmodell der japanischen Gesellschaft ist das Vorbild der *ländlichen Gemeinde.* Die Gemeindemitglieder empfinden sich als integrale Bestandteile eines überschaubaren Kollektivs, das für sie sorgt und dem sie persönlichen Einsatz schulden. Die einzelnen Japaner definieren ihre Identität durch die Zugehörigkeit zu Gruppen und Kollektiven. Dabei muß es sich keineswegs nur oder vorwiegend um die traditionellen Sozialverbände der Großfamilie und der Kleingemeinde handeln, die auch im modernen Japan eine immer geringere Rolle spielen. Die Verschmelzung von individueller und Kollektividentität bezieht sich genauso auf moderne Großorganisationen, vornehmlich Firmen und Verwaltungen. Allerdings gilt die Gruppenloyalität meist Gruppen am Arbeitsplatz oder der ganzen Firma, die anders als in den westlichen Ländern zugleich Lebensgruppen darstellen, in denen nicht nur gearbeitet wird, sondern in denen viele Japaner auch ihre Freizeit verbringen. Die Trennung der beruflichen von der privaten oder freizeitlichen Sphäre ist in Japan unüblich. Gruppenzugehörigkeit begrenzt den Horizont vieler Japaner; es stehen Gruppen neben Gruppen bzw. Kollektive neben Kollektiven. *Gruppenidentifikation* verbietet persönliche Konkurrenz in derselben Gruppe und Organisation. Wettbewerbs-, Aufstiegs- und Überlegenheitsstreben verlagern sich auf das Verhältnis zwischen Kollektiven, charakteristischerweise auf den Firmenwettbewerb.

Die »Gruppenidentität« der Japaner hat weitere Aspekte: *die Dominanz vertikaler Strukturen* und Konfliktlinien in der japanischen Gesellschaft. Freiwillige Organisationen spielen in Japan keine bedeutende Rolle. Solche Organisationen, Freizeitvereine, Mitgliederparteien oder karitative Vereinigungen, sind in ihrer überwiegenden Mehrzahl Organisationen, die in der Regel nicht die berufliche Existenz tangieren. Als »horizontale« Organisationen stehen sie »quer« zu der umfassenden Identifikation vieler Japaner mit den Organisationen, in denen sie arbeiten.

Die Präferenz der meisten Japaner für die Identifikation mit beruflich vorgegebenen Kollektiven trägt maßgeblich dazu bei, sie voll und ganz, beruflich und privat, in den Einfluß hierarchisch gegliederter Organisationen mit ihren eigentümlichen Unterordnungsverhältnissen zu stellen. Allein die Tatsache der umfassenden Eingliederung in Organisationen zeigt an, daß hierarchische Sozialbeziehungen eine wichtige Komponente der sozialpsychologischen Sicherheit bilden, die viele Japaner in der engen Organisations- und Arbeitsgruppenbindung suchen. Es kommt allerdings ein weiteres Moment hinzu, das die Gruppenbindung fördert und dem hierarchischen Prinzip in der japanischen Gesellschaft eine besondere Wendung gibt. Entscheidungen in japanischen Großorganisationen, Regierungsbürokratien, Industrieverwaltungen und in den Produktionsabteilungen großer Betriebe werden auf breitester Ebene bis hinunter zu den Organisationsmitgliedern mit gering bewerteten Funktionen auf Konferenzen diskutiert. Eine andere, noch wichtigere Entscheidungspraxis trägt in Japan die Bezeichnung »ringi-sei«: Vorschläge werden auf den unteren Organisationsebenen erarbeitet, an die nächsthöhere Instanz weitergegeben, dort gebilligt oder kommentiert und weitergereicht. Blickt aus der Behandlung eines Vorschlags ein wesentliches Bedenken durch, so wird der Entwurf von den Initiatoren neugefaßt und zirkuliert von neuem so lange in der Hierarchie, bis Konsens hergestellt ist. Diese Verfahren, die viel Zeit in Anspruch nehmen, vermitteln allen Beteiligten das Gefühl wirklicher Partizipation, ungeachtet der hierarchischen

Unterschiede, und tragen maßgeblich zur Stärkung des harmonistischen »Wir-Bewußtseins« bei. Die Anerkennung der Organisationsführer (bzw. Unternehmensleitungen) wird leichter und läßt weniger Spannungen aufkommen, je stärker sie ihre Absichten mitteilen und zur Stellungnahme auffordern.

Alle Ansätze in Richtung auf eine Dichotomisierung im Verhältnis von Organisationsspitzen und übrigen Organisationsmitgliedern können unter diesen Umständen nicht weit führen. Dies macht es militanten Gewerkschaftsführern und der sozialistischen Opposition schwer, die Masse der japanischen Wähler bzw. der japanischen Arbeiter zu gewinnen. Beide sind Ausdruck der einzigen japanischen Institutionen, die »westliche« Werte vermitteln und »westliche« Sozialverhaltensweisen propagieren, der *sozialistischen Gewerkschaften* zum einen und der *Universitäten* zum anderen. Die politische Opposition Japans, die als weithin sozialistische Opposition auch gegen kulturelle Überlieferungen opponiert, rekrutiert sich in ihren Führungsorganen aus Intellektuellen und sozialistischen Gewerkschaftern. Gegen die in den modernen Großgruppen und Großorganisationen vermittelten konsensualistischen Verhaltensweisen und harmonistischen Erwartungsmuster haben sie einen schweren Stand. Für die domierenden sozialen Organisationsnormen in der japanischen Gesellschaft bleibt zu resümieren, daß dort im wesentlichen vertikale Einheiten, Verwaltungen oder Firmen, agieren, die für sich beanspruchen (können), repräsentativ für alle Angestellten und Beschäftigten der betreffenden Organisation zu sprechen. Der Dissens, soweit er sich in horizontalen Interessenverbänden, insbesonders in den Gewerkschaften artikuliert, ist zu schwach, um dem eine überzeugende Alternative oder auch nur ein Gegengewicht entgegenzusetzen.

Teil B
Politische Parteien

I. Westeuropa

Für den engeren Regierungsprozeß, die Mobilisierung der Wählerschaft, die Repräsentation sozialer Interessen und die Artikulierung der wichtigsten politischen Ideologien besitzen die politischen Parteien Schlüsselfunktionen, und dies in ganz besonderem Maße in Westeuropa.

1) Programmatik

Die wichtigsten politischen Parteien sind aus größeren gesellschaftlichen Interessen entstanden, die sich mit bestimmten Weltanschauungen, gesellschaftspolitischen Interpretationen und Zielkatalogen legitimierten. Ganz grob können die Parteien in zweierlei Hinsicht verschiedenen »programmatischen« Lagern zugeordnet werden:

1. Sämtliche bürgerlichen, d.h. liberalen, konservativen und christdemokratischen Parteien, sowie die reformistischen Sozialisten stimmen in der Anerkennung einer repräsentativ-demokratischen Regierungsweise überein. Lediglich einige kommunistische Parteien lehnen die parlamentarische Demokratie grundsätzlich als »Form bürgerlicher Herrschaft« ab.

2. Sämtliche bürgerliche Parteien bekennen sich zu privatkapitalistisch organisierten marktwirtschaftlichen Ordnungen, wenn auch mit unterschiedlichen Akzenten und Einschränkungen. Darin folgen ihnen einige sozialistische Parteien im Prinzip durchaus, wollen diese Ordnungen aber auf unterschiedlichen Wegen und in unterschiedlichem Umfang durch Mitbestimmungsregelungen oder verstärkte staatliche Wirtschaftslenkung modifizieren. Wieder andere sozialistische Parteien und die kommunistischen Parteien streben aber durch Verstaatlichungen wichtiger Industrien und Unternehmen oder durch die Verdrängung privater Eigentumsformen durch genossenschaftliches Eigentum in der Tat tiefgreifende Veränderungen der gesellschaftlichen Verfassungen an.

Tabelle 1: Durchschnittliche Wählerstimmenanteile und parlamentarische Mandatsanteile (*in Klammern*) der Parteien zwischen 1965 und 1981 (in v. H.)

	Kommunisten/ Linkssozialisten	Sozialisten	Christ-demokraten	Konservative	Liberale	bäuerliches Zentrum	andere
Bundesrepublik		SPD 43 (44)	CDU/CSU 46 (47)		FDP 8 (8)		3 (-)
Großbritannien		Labour 41 (49)		Konservative 41 (47)	Liberale 13 (2)		5 (2)
Schweden	VpK 5 (4)	SAP 45 (47)		M 15 (15)	Fp 13 (13)	Cp 21 (21)	1 (-)
Norwegen	SV* 5 (3)	DNA 41 (45)	Krf 10 (11)	H 23 (24)	V 6 (5)	Sp 9 (11)	6 (1)
Dänemark	SF* 7 (9)	S 34 (36)		KF 13 (14)	RV 9 (10)	V 16 (17)	21 (14)
Finnland	SKDL 18 (19)	SDP 25 (27)		KOK 18 (18)	LKP 5 (4)	KEPU 18 (20)	16 (12)
Niederlande	CPN 3 (5)	PvdA 28 (29)	CDA 35 (37)		VVD 14 (15)		20 (14)
Belgien	PCB/BCP 3 (2)	PSB/BSP 27 (27)	PSC/CVP 34 (35)		PLP/PVV 17 (18)		22 (18)
Österreich	KPÖ 1 (-)	SPÖ 48 (49)	ÖVP 44 (46)		FPÖ 6 (5)		1 (-)
Schweiz	PdA 2 (2)	SPS 24 (25)	CVP 21 (22)	SVP 11 (11)	FDP 23 (25)		19 (15)
Frankreich	PCF 18 (13)	PS 27 (27)		RPR und UDF 42 (56)			13 (4)
Italien	PCI 30 (31)	PSI/PSDI 14 (13)	DC 39 (43)		PLI/PRI 6 (5)		11 (8)

* Linkssozialisten

a) Liberale Parteien

Die liberalen Parteien treten für eine möglichst ungehinderte Entfaltung der Marktkräfte und der individuellen wirtschaftlichen Initiative ein. Der Staat soll sich mit Eingriffen in das Wirtschaftsgeschehen zurückhalten. Vor allem soll er sich im Hinblick auf die Besteuerung großer Vermögen und Einkommen mäßigen und auf eine Einkommensumverteilung aus politischem Prinzip, etwa um über die Sozialpolitik mehr Gleichheit und soziale Gerechtigkeit herzustellen, verzichten. Dem *ökonomischen Konservatismus* der Liberalen steht ihre »*progressiv-aufklärerische*« Haltung in Fragen der Kulturpolitik gegenüber. Vor allem in der *Bundesrepublik*, in den *Benelux-Ländern*, in *Italien* und in *Frankreich* stehen die Liberalen für die Verminderung konfessionell-kirchlicher Einflüsse im Bildungswesen, für liberale Eheschließungs-und Scheidungsgesetze und für die rechtliche und ökonomische Gleichberechtigung der Geschlechter. Hier zeigt sich noch die historische Wurzel der liberalen Parteien, die Auseinandersetzung vor allem mit der katholischen Kirche. In den meisten kulturpolitischen Fragen konvergiert die liberale Position mit derjenigen der sozialistischen Parteien. Dort freilich, wo der reformistische Sozialismus lange und prägend die Regierungsarbeit bestimmen konnte, vor allem in den *skandinavischen Ländern* und in *Österreich*, haben die Liberalen mit ihren kulturpolitischen Zielen kaum noch Bedeutung, wobei aber zu bedenken ist, daß diese Ziele in den protestantischen skandinavischen Gesellschaften generell auf geringere Widerstände trafen als in den überwiegend katholischen Ländern. Eine weitere Besonderheit der liberalen Programmaussagen liegt darin, daß sie im Verhältnis von Bürger und Staat die *persönlichen Freiheitsrechte* und den Persönlichkeitsschutz betonen. Freilich gilt dies etwa für die Liberalen in *Belgien* und in den *Niederlanden* nicht, die in dieser Hinsicht eine dezidiert etatistische Haltung einnehmen.

b) Konservative Parteien

Konservative Parteien gibt es erklärtermaßen nur in *Großbritannien* und in den *skandinavischen Ländern*. Das Wirtschaftsprogramm der Konservativen gleicht weithin dem der Liberalen. Ein Gegensatz zwischen Liberalen und Konservativen tritt hauptsächlich in der Kulturpolitik auf, in der die Konservativen *hergebrachte Bildungsprivilegien* oder Erziehungsinstitutionen verteidigen. Die größte Differenz zu den Liberalen zeigt sich meist in Fragen des Verhältnisses zwischen Bürger und Staat. Hier treten die Konservativen für einen »starken« Staat ein, der durch relativ *weitgesteckte Rechte für Justiz, Verwaltung und Polizei* staatlichen und Gemeinschaftsbelangen bei der Abwägung gegen persönliche Freiheitsrechte tendenziell den Vorrang gibt. Die konservativen Parteien Europas können im Detail nicht auf einen gemeinsamen programmatischen Nenner gebracht werden, weil sich die spezifische Beharrungshaltung der Konservativen auf die jeweiligen Eigenheiten der betreffenden Länder bezieht, wie z. B. auf die Förderung des »public-school«-Wesens in *Großbritannien.* Auf alle Fälle beibt festzuhalten, daß die konservativen Parteien weniger ein Programm verkörpern als daß sie vielmehr eine traditionsgebundene beharrende Haltung gegenüber sozialem und politischem Wandel manifestieren.

c) Christdemokratische Parteien

So fließend die Konturen der konservativen Programmatik erscheinen, so deutlich sind die Gemeinsamkeiten der christdemokratischen Parteiprogramme. Die christdemokratischen Parteien *Belgiens*, der *Niederlande*, *Italiens* und der *Bundesrepublik* bekennen sich grundsätzlich zum System der (kapitalistischen) *Marktwirtschaft*, die sie freilich durch eine soziale Inpflichtnahme der Produktionsmitteleigner in ihren Konsequenzen für die wirtschaftlich Schwächeren mäßigen wollen. *Staatliche Sozialpolitik* soll im besonderen die Lage der Schwächeren bessern und ihre Interessen schützen. Durch Befürwortung einer *Mitbestimmung* der Beschäftigten in den großen Unternehmen soll nicht am Prinzip des Privateigentums im produktiven Bereich gerüttelt werden (daher ein Übergewicht der Kapitaleigner in den unternehmerischen Aufsichts- und Entscheidungsgremien), wohl aber soll Mitbestimmung erreichen, daß privatwirtschaftliche Unternehmen von den Managern als gesellschaftliche Einrichtungen mit einer Verantwortung nicht nur gegenüber den Eignern und Aktionären, sondern auch gegenüber den Beschäftigten begriffen und geführt werden. Im kulturpolitischen Bereich legen die christdemokratischen Parteien naturgemäß großen Wert auf den politischen Schutz der großen *Religionsgemeinschaften*, im besonderen auf die Förderung des kirchlichen Engagements im Bildungssektor und im Wohlfahrtsbereich (konfessionelle Schulen, Krankenhäuser, Sozialeinrichtungen). In der *Familien- und Rechtspolitik* stehen eine sozial- und steuerpolitisch begünstigte Familienförderung, weitgefaßte Elternrechte und Schutz christlich verstandener Ehegrundsätze im Vordergrund. Die christdemokratischen Parteien unterscheiden sich somit programmatisch besonders deutlich von den liberalen und sozialistischen Parteien.

Dabei sei betont, daß die Unterschiede sich bei etlichen Parteien nur auf die Programme beziehen, nicht auf die reale Politik, die diese Parteien in der Regierung betreiben oder die sie in politischen Auseinandersetzungen um bestimmte Themen befürworten. In dieser letzten Hinsicht verschwimmen die

Unterschiede zwischen konservativen und christdemokratischen Parteien bis zur Unkenntlichkeit. Schließlich muß bedacht werden, daß christdemokratische Parteien nach dem Umfang ihrer Wählerschaft und nach ihrer Position im Parteiensystem einiger Länder einen Platz einnehmen, den in anderen Ländern konservative Parteien besetzen. Das gilt exemplarisch für die Bundesrepublik, wo die CDU/CSU im Parteiensystem ein ähnliches Bild darbietet wie die Konservativen in Großbritannien.

d) Sozialistische Parteien

Die sozialistischen Parteien Westeuropas gleichen sich darin, daß sie grundsätzlich für soziale Gleichheit und Einschränkungen der privaten Verfügungsgewalt über Produktionsmittel eintreten. Die sozialistischen Parteien der »sozialdemokratischen Variante«, vornehmlich jene in der *Bundesrepublik*, *Österreich*, *Skandinavien* und in den *Niederlanden*, streben eine Wirtschaftsverfassung an, die auf zentrale Wirtschaftslenkung staatlicherseits verzichtet und sich an *Marktwirtschaftsmodellen* orientiert. Freilich sollen *Reformen der Unternehmensverfassung* und *Industrievermögensumschichtungen* langfristig den volkswirtschaftlichen Stellenwert von ganz oder überwiegend privat kontrollierten Unternehmen abbauen. Diesem Zweck dient die Forderung auf gewerkschaftliche und Belegschaftsmitbestimmung in den Unternehmen und Betrieben (*Bundesrepublik*, *Niederlande*, *Österreich*, *Schweden*, *Dänemark*). Mit der gleichen Zielsetzung haben die sozialdemokratischen Parteien Konzepte zur Unterstellung des Bankensektors unter öffentlichen Kontrolle durch Mitsprache der Gewerkschaften und öffentlicher Mandatsträger (*Norwegen*) oder zur Bildung unternehmensübergreifender Fonds entwickelt, die von Gewerkschaften, Unternehmern und Politikern verwaltet werden und in die alle gewinnbringenden Unternehmen einen Teil ihrer Gewinne als Aktienkapital einbringen sollen (*Schweden*, *Dänemark*, *Niederlande*). Sie wollen damit die private Eignerschaft in den strategisch bedeutenden Produktionszweigen allmählich aufheben oder verdrängen. Die einschlägigen Vorstellungen der sozialistischen Parteien wurden stark von den nahestehenden Gewerkschaftsbünden beeinflußt. Generell heben die »gemäßigt« sozialistischen bzw. die sozialdemokratischen Parteien in ihren Programmen auf Reformen der Wirtschaft durch die evolutionäre Umwandlung der bestehenden wirtschaftlichen Institutionen ab.

Die sozialistischen Parteien der »radikaleren« Variante unterscheiden sich von den »Sozialdemokraten« im wesentlichen durch ihre Nuancierung der wirtschaftspolitischen Ziele. Es handelt sich um die sozialistischen Parteien *Frankreichs*, *Italiens* und *Belgiens* sowie um die *britische Labour Party*, bei denen der Vorsatz im Vordergrund steht, durch *Verstaatlichung* der größten Unternehmen und Banken sowie durch eine mehr ode weniger zentralisierte *Investitionslenkung* die Wirtschaft von der privaten Gewinnorientierung auf gesellschaftliche Bedarfsdeckung umzustellen. Die Konzeptionen variieren dabei im einzelnen; so begnügen sich die britischen Sozialisten mit der Verstaatlichung großer Unternehmen; die französischen und belgischen Sozialisten sehen Verstaatlichungen als ersten Schritt beim Übergang zu genossenschaftlicher Selbstverwaltung der Unternehmen durch die Beschäftigten an.

Die Programme der sozialistischen Parteien zeichnen sich durch die Forderung nach *optimaler Chancengleichheit im Bildungsbereich* und nach einer *umfassenden staatlichen Vorsorge* für Krankheit, Alter und Erwerbslosigkeit aus. Weniger im Bereich der Bildungspolitik als in dem der »klassischen« Sozialpolitik bestehen hier nur geringe Unterschiede zu den Christdemokraten.

e) Kommunistische Partei

Die kommunistische Parteien *Frankreichs* und *Italiens*, die beiden größten kommunistischen Parteien Westeuropas, haben sich mehr oder weniger von der kruden programmatischen Anlehnung an die orthodoxe Moskauer Partei abgekehrt. So akzeptieren beide Parteien, vor allem die italienische Partei, den Parlamentarismus als Regierungsform. Allerdings verbindet im Gegensatz zur französischen Schwesterpartei die italienische KP dieses Bekenntnis mit einem vorbehaltlosen Bekenntnis zur Parteienpluralismus westeuropäischer Prägung und zu den tradierten bürgerlichen Freiheiten. Die französischen Kommunisten bleiben in beider Hinsicht bei doppeldeutigen Aussagen stehen. Die französische KP stellt sich wie die französischen Sozialisten auf den Standpunkt, es gelte zur *sozialistischen Umgestaltung der Wirtschaft* zunächst alle größeren Unternehmen zu verstaatlichen. Demgegenüber toleriert die italienische KP ohne weiteres - angesichts eines in Italien ohnedies großen öffentlichen Wirtschaftssektors - das Nebeneinander privater und öffentlicher Betriebe. Auch im Hinblick auf staatliche Wirtschaftslenkung bezieht die französische KP einen rigoroseren, zentralistischeren Standpunkt als die italienische KP.

Die kommunistische Partei *Finnlands*, eine weitere große kommunistische Partei, ist in einigen Punkten von der Anlehung an die KPdSU abgerückt, aber keineswegs so weit in Richtung auf eine eurokommunistische Position vorangeschritten wie die Kommunistische Partei Italiens.

f) Funktion der Parteiprogramme

Die Bedeutung der Parteiprogramme liegt zum einen darin, daß diese die Parteien im Hinblick auf ihre Ziele voneinander abgrenzen, indem sie ihren allgemeinen weltanschaulichen Standort als liberale, konservative usw. Parteien verdeutlichen. Zum zweiten besitzen Programme eine wichtige binnenstrukturelle Funktion: Programme zeigen im Grundsätzlichen wie im Detail an, was die Parteien zu tun erklären, falls sie mit dem Rückhalt entsprechender Wählermandate die Regierung stellen. Programmdebatten, wie sie sporadisch in europäischen Parteien stattfinden, bringen Übereinstimmung und Dissens unter den aktiven Parteimitgliedern und Funktionären zum Ausdruck. Programme besitzen in diesem Zusammenhang die Aufgabe, einen Identifikationskern für die Parteimitglieder, vor allem für die aktiven Parteimitglieder, anzubieten. Aus dieser Perspektive üben die aktiven Parteimitglieder eine Programmkontrolle aus bzw. führen einen Programm-Praxis-Vergleich durch, der ggf. in innerparteiliche Kritik am Programm, an der Parteiführung oder an einer Regierung ausmünden kann. Rege Programmdebatten finden vor allem in den linken Parteien statt. Nichtsdestoweniger sind grundlegende Programmdiskussionen im allgemeinen selten.

Wenn programmatische Grundsatzdebatten stattfinden, handelt es sich oft darum, Wandlungen in der praktischen Politik einer Partei im Nachhinein oder auf dem Vorwege zu sanktionieren. Ein markantes Beispiel ist die Auseinandersetzung in der SPD um das Godesberger Programm. *Für die meisten Parteimitglieder und erst recht für die Wähler sind Programme irrelevant. Die eigentliche Bedeutung der Programme steckt darin, daß sie von aktiven Politikern und Mitgliedern als Legitimationsgrundlagen für praktisches Handeln und Kritik genommen werden.* Im hohen Rang, der Programmen verbal und argumentativ zugemessen wird, dringt der historische Ursprung der europäischen Parteien in unterschiedlichen Weltanschauungen durch. Bezeichnenderweise spielen sie für Interessenparteien wie die *Bauernparteien* in Skandinavien oder für *Regionalparteien* wie in Großbritannien und Belgien keine so große Rolle: das zentrale Anliegen dieser - meist kleineren - Parteien ist evident; es leitet sich nicht aus Weltanschauungen, sondern aus singulären materiellen und kulturellen Interessen her. Allerdings stehen diese Parteien an der Peripherie der betreffenden Parteiensysteme.

2) Repräsentation

Die modernen politischen Parteien Westeuropas sind aus Parteien hervorgegangen, die singuläre soziale Interessen vertraten - die Liberalen die gebildeten und vermögenden bürgerlichen Schichten, die Konservativen die Großlandwirte und Staatsbeamten, die Christdemokraten bzw. katholische Parteien weltliche Kircheninteressen, die sozialistischen Parteien die Arbeiterschaft. Als »*Klassenparteien*« existieren die entsprechenden politischen Kräfte heute nicht mehr. Sie sind aber auch *nicht*, wie sie vielfach von sich behaupten, zu »*Volksparteien*« geworden (vgl. Tabelle 2 auf S. 69). Vielmehr lassen die größeren Parteien *fest umrissene sozialstrukturelle Grundlagen* erkennen: in ihrer Wählerschaft sammeln sich Angehörige verschiedener Schichten, Erwerbsgruppen und Konfessionen; die Dominanz bestimmter soziologischer Komponenten bleibt aber in allen Parteien zu beobachten, obgleich diese Dominanz sich in den letzten Jahren und Jahrzehnten abgeschwächt hat. Die europäischen Parteiensysteme werden nach wie vor von den größeren Parteien der klassischen Richtungen bestimmt, auf die die große Mehrheit aller Wählerstimmen entfällt (vgl. *Tabelle 1* auf S. 62).

a) Liberale Parteien

Die liberalen Parteien befinden sich faktisch noch auf derselben schmalen sozialen Basis wie vor 60 Jahren, d. h. seit der Beseitigung der letzten Wahlrechtsbeschränkungen in Westeuropa. Sie werden hauptsächlich von gewerblichen Selbständigen, Freiberuflern, höheren und leitenden Angestellten, Absolventen der höheren Bildungseinrichtungen sowie von Bürgern mit hohen und höchsten Einkommen gewählt. Getreu dem klassischen Erbe des Liberalismus konzentrieren sich unter den liberalen Wählern Atheisten und Christen, die ihre Konfession nicht mehr paktizieren. Die liberalen Parteien erreichen in Westeuropa zwischen 10 und 20 % der Wählerstimmen, in den meisten Ländern weit unter 20 %. Nirgends ist es ihnen gelungen, die übrigen größeren bürgerlichen Parteien an Wählerstimmen zu erreichen oder gar zu übertreffen. Vielfach haben sie schmerzhafte Schrumpfungsprozesse nicht verhindern können. Im besonderen in *Italien* hat der anhaltende Wählerschwund die liberalen Parteien an den Rand der Bedeutungslosigkeit gebracht. In den *Niederlanden*, in *Belgien* und *Luxemburg* haben die Liberalen einen festen, relativ stabilen Platz an der rechten Peripherie des bürgerlichen Parteienspektrums erobert. In der *Bundesrepublik* war die Situation wechselhafter: Die FDP fungierte bis 1966 als »Mehrheitsbeschafferin« für die CDU/CSU, seit 1969 in der gleichen Funktion für die SPD. Aus der Perspektive der beginnenden 80er Jahre erschien es freilich so, als ob die FDP in dieser Eigenschaft von den Wählern nicht mehr honoriert wurde, weil sie in einigen Regionen bereits von den ökologischen Parteien als drittstärkste politische Kraft verdrängt wurde.

Größeren Umfang besitzen liberale Parteien lediglich in *Frankreich:* die historische Ablehnung von Sozialismus und politischem Katholizismus in Frankreich brachte dort eine breite Sympathie für die Liberalen bis hinein in

Tabelle 2: Simmanteile der Parteien in den Berufsgruppen der *gewerblichen Selbstständigen/leitenden Angestellten/Angestellten/Arbeiter* (in v. H.)

		Kommunisten	Sozialisten	Christdemokr.* bäuerl. Zentrum**	Konservative	Liberale
Bundesrepublik	(1976)		28/28/44/62	62/58/45/36*		10/14/10/ 2
Großbritannien	(1970)		23/18/37/54		69/76/54/35	
Schweden	(1976)	3 / 5/ 5	21 /43/68	*18 /24/17***	39 /13/ 3	19 /16/ 5
Norwegen	(1969)	-/ -/ -/ 1	26/23/45/63	*9/ 7/ 5/ 6***	39/36/20/ 5	7/15/13/ 7
Dänemark	(1977)		10/ /54	*13/20/12/ 8***	17/ / 1	4/ / 7
Niederlande	(1977)		16 /23/32	27 /24/28*	17/ / 1	/27/12/ 9
Belgien	(1968)		12 /26/45	28 /38/35*		37 /18/ 9
Österreich	(1973)		25 /46/71	69 /45/25*		6 / 9/ 4
Schweiz	(1979)		15/15/33/25	19/22/17/16*	14/ 7/ 8/10	34/36/27/16
Finnland	(1975)	10/20	21/21/39/24	*12/ 7/ 7/ 9***	24/43/10/ 4	
Frankreich	(1978)	8 /16/32	22 /30/27		25 /17/12	14 /12/ 6
Italien	(1975)	5 / 8/26	8 / 7/ 6	30 /35/27*		12 / 3/ 1

* Christdemokraten

** die *kursiv* gesetzten Zahlen beziehen sich auf die Zentrumsparteien der skandinavischen Länder (vormalige Bauerparteien)

Quellen: An der Stelle der zahlreichen Einzelstudien, aus denen die oben angegebenen Daten entnommen wurden, seien hier nur einige Sammelwerke genannt, die diese Daten für die meisten der aufgeführten Länder nachweisen: Joachim Raschke (Hrsg.), *Die politischen Parteien in Westeuropa*, Reinbek 1978; Richard Rose (Hrsg.), *Electoral Behavior: A Comparative Handbook*, New York und London 1974; Peter H. Merkl (Hrsg.), *Western European Party Systems*, New York 1980.

das Kleinbürgertum und in die Kleinbauernschaft hervor. Der Umstand, daß die Liberalen in zahlreiche, programmatisch kaum voneinander zu unterscheidende Parteien zersplittert waren, tat dem keinen Abbruch. Im Frankreich der V. Republik sammeln sich die Liberalen um den früheren Staatspräsidenten *Giscard d'Estaing*, der eine Partei anführt, die zusammen mit den Neo-Gaullisten Frankreich bis 1981 regierte. Allerdings unterscheiden sich diese Liberalen weder programmatisch noch sonstwie von den »konservativen« Neo-Gaullisten. In *Skandinavien* haben die liberalen Parteien heute kaum noch Bedeutung. Sie waren und sind wie die *britischen* Liberalen Mittelschichtenparteien mit einer sozial unspezifischen, stark fluktuierenden Wählerschaft, die in den letzten Jahren in der Konkurrenz mit Konservativen, Sozialdemokraten und kleineren Protestparteien große Teile ihrer Wählerschaft verloren. Sie wurden damit Opfer einer Entwicklung, die auch in der *Bundesrepublik* (1982) möglich erscheint und die Existenz der Liberalen als relevante politische Kraft in Frage stellen könnte.

b) Konservative Parteien

Die nach ihrem erklärten Selbstverständnis konservativen Parteien Westeuropas beschränken sich auf *Großbritannien*, *Frankreich* und die *skandinavischen Länder*. Sie bilden ein sehr heterogenes Ensemble, das nach seiner wählerspezifischen Struktur auch CDU/CSU und ÖVP, also auch die deutschen und österreichischen Christdemokraten, umfassen könnte. Das weist bereits auf die fließenden Übergänge zwischen Konservativen und Christdemokraten hin, die hier aus Darstellungsgründen aber nicht in ihren Einzelheiten ausgebreitet werden sollen.

Die *britischen Konservativen* verbinden die Eigenschaften einer Partei der, soziologisch gesehen, großen Vermögen, Bezieher hoher Einkommen, der leitenden Angestellten und der akademisch gebildeten Schichten des Landes, besitzen also ein ähnliches Wählerprofil wie die oben gekennzeichneten liberalen westeuropäischen Parteien. Sie verbinden diese Merkmale aber mit den Eigenschaften einer Massenpartei, die darüber hinaus Wähler in den kleingewerblichen Schichten, unter einfachen Angestellten und sogar unter Arbeitern anspricht. Die Konservativen gelangen durch die Kultur- und Traditionsbindung in allen Bevölkerungsschichten zu ihrer Stellung als große Wählerpartei. Demgegenüber wirken die konservativen Parteien der *skandinavischen Länder* wie Schwesterparteien etwa der niederländischen oder der belgischen Liberalen: sie repräsentieren vor allem die oberen Mittelschichten, Gewerbetreibende aller Art, leitende Wirtschaftsfunktionäre, höhere Angestellte, Bürger mit überdurchschnittlichen Bildungsniveaus, Vermögen und Einkommen. Wie unscharf die länderübergreifende soziologische Abgrenzung der wichtigsten politischen Kräfte sein kann, zeigt sich gerade am Beispiel der skandinavischen Konservativen, die praktisch nicht nur eine ähnliche soziale Basis besitzen wie die Liberalen in den übrigen Ländern, sondern auch eine ähnlich scharf pointierte Anschauung von Wirtschaft und Gesellschaft vertreten. Es fehlt den skandinavischen Konservativen freilich - anders als den betont laizistischen Liberalen auf dem Kontinent - die antiklerikale Stoßrichtung der westeuropäischen Liberalen.

Die *französischen Konservativen* existieren als eigene politische Kraft, je nach Anschauung, entweder überhaupt nicht oder in zwei verschiedenen Varianten. Die Partei *Giscard d'Estaings*, die ebenso wie die Neo-Gaullisten unter verschiedenen Namen operierte, hat zwar ihren Ursprung in den früheren liberalen Parteien Frankreichs in der IV. und V. Republik, aber sie hat eine ähnliche soziale Wählerstruktur wie die »konservativen« Neo-Gaullisten, zu denen darüber hinaus kaum programmatische Unterschiede bestehen. Beide Parteien repräsentieren das Gros der oberen Mittelschichten, ähnlich wie die Liberalen in den benachbarten Ländern, aggregieren aber darüber hinaus noch Wählerstimmen aus den Schichten der Bauern, Angestellten und der in Frankreich noch zahlreichen Kleingewerbetreibenden. In ihrer breit gefächerten Wählerschaft ähneln sie den britischen Konservativen stärker als den skandinavischen Konservativen.

Schon der flüchtige Überblick zeigt, daß konservative und liberale Parteien durchweg die oberen sozialen Schichten repräsentieren. Die Konservativen unterscheiden sich allenfalls, so in Großbritannien, dadurch, daß sie wesentlich größere Wählerschichten (in anderen Erwerbs- und Statusgruppen) erreichen als die erklärt liberalen Parteien. Wie sich bereits in programmatischer Hinsicht zeigte, erweisen sich auch unter wählersoziologischen Aspekten die Unterschiede zwischen den liberalen und den konservativen Parteien als gering.

c) Christdemokratische Parteien

Die meisten christdemokratischen Parteien unterscheiden sich sozialstrukturell deutlich von den anderen bürgerlichen Parteien. Dabei sei vorweg erwähnt, daß diese Parteien (abgesehen von *Norwegen*) ausschließlich in Ländern mit starken katholischen Bevölkerungsteilen operieren, also in *Italien*, *Belgien*, *Niederlanden*, *Luxemburg* und der *Bundesrepublik*. Im Ursprung sind die christdemokratischen Parteien katholische Parteien. Lediglich in den *Niederlanden*, wo es seit 1976 nur mehr eine einzige große christdemokratische Partei, den CDA, gibt, existierten bis vor kurzem auch protestantische Konfessionsparteien. Die Besonderheit der christdemokratischen Parteien besteht darin, daß diese Parteien an Glaubensbekenntnisse, an Kirchenmitglieder, appellieren, um alte Wähler an sich zu binden und neue Wähler zu gewinnen. Der programmatische und gesellschaftliche Zugang christdemokratischer Parteien zu den Wählern basiert nicht ausschließlich auf christlichen Glaubensgrundsätzen, sondern ebenso auf Positionen, die auf die ökonomischen und Statusinteressen bestimmter Zielgruppen abheben. Nichtsdestoweniger bleibt festzuhalten, daß die christdemokratischen Partein einen breiteren Querschnitt durch die wichtigsten Erwerbsgruppen repräsentieren als andere Parteien. In diesem Sinne werden sie häufig als »interklassistisch« bezeichnet.

Die christdemokratischen Parteien der *Bundesrepublik* und *Österreichs*, die sich soziologisch am wenigsten von den großen konservativen Parteien in Frankreich und Großbritannien unterscheiden, operieren entweder, so in der Bundesrepublik, in Ländern mit großen protestantischen Bevölkerungsteilen, oder, so in Österreich, in weitgehend säkularisierten katholischen Gesellschaften. Beide Parteien, vor allem die deutschen Christdemokraten, wurden als interkonfessionelle Parteien gegründet, die von ihren protestantischen Gründern und Anhängern konservatives und teilweise auch liberales Gedankengut übernahmen.

Das wichtigste wählerstrukturelle Merkmal der christdemokratischen im Vergleich mit allen anderen Parteien ist die *relativ starke Kirchenbindung der christdemokratischen Wähler.* Neben Wählern aus den oberen Einkommensgruppen, den gewerblichen Selbständigen, Freiberuflern und höheren Angestellten, die in den christdemokratischen Parteien stark vertreten sind, wenden sich diesen Parteien in beträchtlichem Umfang Angehörige der gewerblichen Mittelschichten, der kleinen und mittleren Angestellten und der Industriearbeiterschaft sowie die Landwirte zu. Die Loyalität zu den christdemokratischen Parteien ragt mithin vergleichsweise weit in die Arbeiterschaft und in das gehobene Bürgertum hinein, die jeweils mit die wichtigsten Basen für die liberalen und sozialistischen Flügelparteien darstellen.

d) Sozialistische Parteien

Die sozialistischen Parteien repräsentieren als politische Kraft in erster Linie die abhängig beschäftigte Bevölkerung. Sie können aber schon lange nicht mehr als Arbeiterparteien gelten. Das trifft vor allem auf die sozialistischen Parteien *Frankreichs* und *Italiens* zu, die im allgemeinen vergleichsweise wenige Arbeiterwähler gewinnen. Allerdings basiert die Stärke der sozialistischen Parteien in *Skandinavien*, in *Großbritannien*, *Österreich*, *der Schweiz*, *der Bundesrepublik* und *in den Benelux-Ländern* immer noch zu einem erheblichen Teil auf Arbeiterwählern, vor allem auf gewerkschaftlich organisierten Arbeiterwählern. Daneben spielen seit langem Wähler aus den Angestelltenberufen eine wachsende Rolle. Generell hat die Integrationsfähigkeit der sozialistischen Parteien nachgelassen. In *Dänemark* und *Norwegen* sind im Lager der Linken konkurrierende linkssozialistische Parteien entstanden, die vor allem Jugendliche, Studenten und Intellektuelle als Wähler gewannen; in *Großbritannien* kam es 1981 zur Gründung der Sozialdemokratischen Partei (SDP), die von früheren Labour-Politikern des »gemäßigten« Flügels gegründet wurde und trotz des für kleine Parteien hinderlichen britischen Wahlrechts zu einer Herausforderung für die Labour-Partei werden kann, vor allem bei unzufriedenen ehemaligen Labour-Wählern in den unteren Mittelschichten.

Die Stagnation des Industriearbeiteranteils in der Erwerbsbevölkerung der westeuropäischen Industriegesellschaften ist die Ursache für die wachsende Bedeutung der Angestelltenwähler. Daher wenden die sozialistischen Parteien ihr Augenmerk diesen Angestelltenwählern zu, die allenthalben in stärkerem Umfang für die bürgerlichen Parteien optieren als die Arbeiterwähler. Lediglich in der *Bundesrepublik*, in *Schweden*, in *Österreich* und in *Großbritannien* gelingt es den sozialistischen Parteien, das Stimmenreservoir der Angestellten häufiger in annähernd ähnlichem Umfang zu erschließen wie es die bürgerlichen Parteien ausschöpfen. Die meisten sozialistischen Parteien bleiben in dieser Hinsicht hinter den genannten Ländern zurück. Die *französischen* und *italienischen Sozialisten* finden die größte Unterstützung unter den Angestelltenwählern, denen sich in Frankreich in der Regel auch etliche Arbeiterwähler zugesellen, in Italien aber kaum. Angestellte und Beamte aus den Bildungsberufen prägen das Auftreten beider Parteien, die sich ihren Führungsgruppen hauptsächlich aus Intellektuellen zusammensetzen. Strukturell ist es keineswegs zufällig, daß in Frankreich und Italien die »sozialstrukturellen« Arbeiterparteien von den Kommunisten gestellt werden.

e) Kommunistische Parteien

In den industriell entwickelten westeuropäischen Gesellschaften operieren größere kommunistische Parteien lediglich in *Frankreich* und *Italien.* Beide stützen sich weitgehend auf gewerkschaftlich organisierte Industriearbeiter, neben denen nur wenige Angestelltenwähler, umso mehr aber Angehörige der intellektuellen Berufe, eine Rolle spielen.

f) Andere Parteien

Als Besonderheit der skandinavischen Parteiensysteme sind noch die ehemaligen *Bauernparteien* bzw. die *bäuerlichen Zentrumsparteien* hervorzuheben, die traditionell ausschließlich an die bäuerliche und ländliche Bevölkerung appellierten. Angesichts der Wandlungen in der Erwerbsstruktur, als deren Folge die bäuerliche Bevölkerung immer mehr schrumpfte, vollzogen die Bauernparteien einen Richtungs- und Programmwandel. Sie benannten sich um und warben besonders um die wachsenden städtischen Angestelltenwähler. Darin hatten sie unterschiedlichen Erfolg, in *Schweden* und *Dänemark* größeren, in *Finnland* und *Norwegen* geringeren. Nichtsdestoweniger blieben Bauern und Landbewohner der elektorale Rückhalt auch der nunmehr reformierten Bauernparteien.

Schließlich treten in einigen Ländern größere und dauerhafte *Protest- und Regionalparteien* auf, namentlich die wallonischen, flämischen und Brüsseler Regionalparteien in *Belgien*, die Schottische Nationalpartei in *Großbritannien* und die Fortschrittspartei in *Dänemark*. Den Regionalparteien geht es um die kulturellen und ökonomischen Belange bestimmter Sprach- und Volksgruppen, der dänischen Protestpartei um die Ablehnung des Sozialstaates und des Besteuerungsniveaus. Beide Parteientypen besitzen keine sozialspezifische Wählerschaft.

In den 70er und 80er Jahren traten in verschiedenen Ländern (*Bundesrepublik Deutschland, Frankreich, Belgien, Skandinavien) ökologische Parteien* auf, die vor allem aus der Besorgnis um die Schonung der natürlichen Ressourcen, um Überindustrialisierung und aus dem Bemühen heraus entstanden, umweltfreundlichere Lebensweisen zu propagieren. Vor allem in der Bundesrepublik nahmen die ökologischen Parteien einen raschen Aufstieg. Bereits 1982 hatten sie die Liberalen in etlichen Landtagswahlen als drittstärkste politische Partei überflügelt.

g) Schlußfolgerung

Die Sozialstruktur der Wähler größerer Parteien in den europäischen Industrieländern zeigt starke Ähnlichkeiten zwischen Parteien derselben politischen Richtungen. Ebensowenig wie die programmatischen Grundpositionen dürfen die sozialstrukturellen Grundmuster der Parteien vernachlässigt werden. Mag es sich auch bei allen größeren Parteien um »offene« Parteien handeln, die sich bemühen, eine breite Wählerschaft zu gewinnen, so bleibt doch festzustellen, daß Tradition, sozio-ökonomische Struktur und Konfessionsbindungen der Wähler faktisch gewisse Grenzen abstecken, jenseits derer die Parteien mit ihrem Repräsentationsanspruch nicht durchdringen können oder wollen.

Allerdings sind die europäischen Parteiensysteme in eine Bewegung geraten, die auch die größeren Parteien nicht verschont. In der Bundesrepublik zeichnete sich 1982 der möglicherweise entgültige Niedergang der FDP in der Wählerschaft ab, die SPD gerät an ihrer linken Flanke unter den Konkurrenzdruck der ökologischen Bewegung. Auch in Großbritannien gab es zu Beginn der 80er Jahre Anzeichen für eine tiefgreifende Unzufriedenheit mit den traditionellen Parteien, die sich in überraschenden Anfangserfolgen der sozialdemokratischen SDP manifestierten. Vor allem in den skandinavischen und in den Benelux-Ländern verloren die traditionellen größeren Parteien Stimmen an kleine ökologische, linkssozialistische oder christlich-fundamentalistische Parteien, die oft ausgesprochenen Protestparteiencharakter besitzen. Es gibt heute zahlreiche Antriebe und Bewegungen, die zum Ausgangspunkt von Veränderungen in den Parteiensystemen werden könnten, weitaus mehr als etwa vor 15 oder 20 Jahren. Nichtsdestoweniger konnten sich bis heute die oben betrachteten größeren Parteien der überkommenen weltanschaulichen Grundrichtungen als die wichtigsten tragenden Strukturen der nationalen Parteiensysteme behaupten.

3) Parteiorganisation und innerparteiliche Gruppenstruktur

a) Mitglieder und Funktionäre

Die größeren und wichtigeren westeuropäischen Parteien stellen hochentwickelte Organisationen dar. Die Relevanz der Parteien bemißt sich nach ihren Wählerstimmen und der Anzahl der Mandate, die sie in den Vertretungskörperschaften auf sich vereinigen. Die Partei als Organisation hat die Aufgabe, ihre Wähler und Sympathisanten zu mobilieren und zu motivieren. Die Wähler einer Partei sind zwar kein Bestandteil der Partei als Organisation, aber sie bestimmen ihr Umfeld. Die Partei als Organisation im engeren Sinne gliedert sich in einfache Mitglieder und Funktionäre, wobei sich der Funktionärskörper wiederum in ehrenamtliche und hauptamtliche Funktionsträger unterscheidet. Das Vorhandensein eines größeren *hauptamtlichen Funktionärskörpers*, der - sogar in den Parteien der kleineren europäischen Länder - über einen Mitarbeiterapparat aus Parteiangestellten verfügt, ist ein charakteristisches Merkmal der europäischen Parteienstruktur.

Die *einfachen Parteimitglieder* nehmen in der Regel nur begrenzt an den Aufgaben der Parteien teil. Meist handelt es sich dabei um technische Hilfen, z.B. in Wahlkämpfen. Auch mögen sie auf kommunaler Ebene Parteikandidaten mitnominieren und dort über lokale Probleme diskutieren. Regionale und überregionale Parteifunktionen werden aber nahezu ausschließlich im Zusammenwirken und in der Auseinandersetzung zwischen Parteifunktionären wahrgenommen.

Die Nominierung der Parlamentskandidaten und häufig auch die Nominierung der Delegierten für die nationalen Parteikongresse obliegt *Delegiertenversammlungen*, die sich aus Vertretern der lokalen und regionalen Parteigliederungen zusammensetzen. Dem demokratischen Urwahlprinzip in der Legitimationskette der Parteifunktionäre und Vertretungskörperschaften, das sich in der Verantwortlichkeit gegenüber Mitglieder- und Delegiertenversammlungen niederschlägt, steht die hierarchische Stufung des Organisationswissens und eine argumentative Routine auf den höheren Funktionsrängen gegenüber, die den Funktionären eine klare Überlegenheit vor den Parteimitgliedern und einfachen Delegierten zuweisen. Dies bedeutet aber keineswegs, daß die hauptamtlichen Parteifunktionäre in den zentralen Vorständen gänzlich innerparteiliche Entscheidungsprozesse kontrollierten. Die Vorstände geben oft den Ausschlag, wenn es darum geht, Regierungsbündnisse mit anderen Parteien zu schließen oder aufzulösen oder repräsentativ für die Partei Stellung in politischen Kontroversen zu beziehen. Ihre Macht reicht selten aus, um zu bestimmen, welche Personen für die betreffende Partei in bestimmten Wahlkreisen kandidieren, oder zu verhindern, daß die lokalen Parteigliederungen die Vorstandspolitik kritisieren.

Die Informationsvorteile der Funktionsträger vor den Mitgliedern vertragen sich ohne weiteres mit *innerparteilicher Auseinandersetzung*, ja sogar mit *innerparteilicher Opposition*. Solche Auseinandersetzungen wären kaum denkbar ohne das Engagement der mittleren Parteifunktionäre, d.h. derjenigen Amtsträger und Delegierten, die darauf hinarbeiten, Einfluß auf die Vorstands- oder auf die Regierungspolitik oder auf die Programmgestaltung einer Partei zu nehmen, dabei aber die Auffassungen der Mitglieder oder Delegierten beachten müssen, denen sie ihr Amt verdanken. Die Bindung an eine wie auch immer beschaffene Basis, einfache Mitglieder oder Delegierte, bestimmt die »mittleren« und »unteren« Funktionäre zu erstrangigen »Transporteuren« innerparteilicher Kritik an einem vorherrschenden politischen Kurs.

Das Phänomen innerparteilicher Gruppen- oder Faktionsbildung beruht wesentlich auf den stark divergierenden Loyalitätsbindungen der Funktionäre. Innerparteiliche Dissidenten, die keine andere Basis besitzen als ein zentrales Vorstandsamt, repräsentieren nur sich selber; oppositionelle Strömungen an der Parteibasis, denen es nicht gelingt, in den Funktionärskörper vorzustoßen, bleiben nicht nur wirkungslos, sondern auch artikulationsunfähig. Die *innerorganisatorische Macht der Vorstände* liegt zu einen darin, daß sie zwischen den Parteitagen bzw. Parteikongressen und Parteikonferenzen Fakten schaffen können, die eine Partei als ganzes verpflichten – etwa die Aufforderung an Regierungsmitglieder, sich aus einem Kabinett zurückzuziehen, oder die Einberufung eines Parteitages, der über diese Fragen entscheiden soll. Die enge Verflechtung von öffentlichen und Parteiämtern, etwa Personalunionen von Ministern, führenden Fraktionsmitgliedern und

Parteivorstandsmitgliedern, tut ein übriges, um Vorstandsentscheidungen entsprechendes Gewicht zu verleihen. Ein zweiter Gesichtspunkt kommt hinzu: die Vorstände verfügen über die Parteiapparate, die u.a. Funktionäre und Mitglieder schulen, sie mit Argumentationshilfen und Schrifttum versorgen und bei der Wahlkampfplanung und in Organisationsfragen beraten. Bei alledem folgen die Apparate der politischen Linie der zentralen Vorstände. Die innerparteiliche Sozialisation der aktiven Parteimitglieder wird zu einem nicht unbedeutenden Teil durch die Richtlinien und das Wirken der routinierten zentralen Parteiverwaltungen bestimmt.

Auf die *Nominierungsentscheidungen* der nachgeordneten Parteigliederungen für lokale, regionale oder nationale Ämter können die zentralen Parteigliederungen der größeren Parteien in der Regel nicht verbindlich einwirken. Es handelt sich hier um Entscheidungen, die selbst in den Ländern mit reinen Verhältniswahlsystemen von lokalen und regionalen Parteifunktionären mit Rücksicht auf ihre spezifischen Anhänger getroffen werden. Von daher ist es zu verstehen, daß bis hinauf in die Parlamentsfraktionen Funktionäre und Mandatsträger derselben Partei gelangen, die in vielen Fragen unterschiedliche Auffassungen vertreten. Freilich tragen die lokalen und regionalen Delegiertenversammlungen in der Regel einigen Nominierungskriterien Rechnung, die entweder zentral festgelegt sind oder die sich aus der langjährigen Nominierungspraxis ergeben. Dazu gehört vor allem der Gesichtspunkt, daß die Kandidaten und Abgeordneten einer Partei innerparteiliche Mehrheitsentscheidungen akzeptieren und diszipliniert die Regierungs- und Parlamentsvertreter ihrer Partei unterstützen. Hinter jedem Disziplinverstoß steht die Sanktion der Nominierungsverweigerung oder des Parteiausschlusses. In den Niederlanden und in einigen skandinavischen Ländern sehen die Wahlgesetze vor, daß ein Teil der Parlamentskandidaten zentral nominiert wird. Dort sind die Personalentscheidungskompetenzen der Zentralvorstände entsprechend groß. Von maßgeblicher Bedeutung für die Struktur der westeuropäischen Parteien ist aber der Umstand, daß sie ihre Kandidaten für öffentliche Ämter als Repräsentanten einer Partei verstehen und präsentieren und daß diese ihre Wahl den organisatorischen Anstrengungen einer Partei verdanken.

b) Einzelne Parteirichtungen

Liberale und konservative Parteien

Die liberalen und konservativen Parteien besitzen im allgemeinen eine vergleichsweise schwache Organisation. Innerparteiliche und innerorganisatorische Konflikte halten sich in Grenzen. Dauerhafte Spaltungen oder Faktionierungen kennen weder die britischen Konservativen noch ihre skandinavischen Schwesterparteien noch die meisten liberalen Parteien. Die *dezentralisierte Organisation und die geringe Faktionierung der konservativen und liberalen Parteien* stehen in engem Zusammenhang mit dem Umstand, daß diese Parteien von allen bedeutenderen Parteien der überlieferten Richtungen den relativ kleinsten Wähleranhang besitzen. Lediglich *Großbritannien* bildet insofern eine Ausnahme, als dort die Konservativen neben der Labour Party die zweite britische Großpartei stellen. Aus diesem Grunde besitzt die Konservative Partei eine sehr effektive, hochentwickelte Parteiorganisation. Ein weiterer organisationsrelevanter Faktor liegt darin, daß sämtliche Parteien dieser Richtungen, auch die britischen Konservativen, programmatisch den sozialen und wirtschaftlichen Status quo verteidigen und auf einer Wählerschaft basieren, die einkommens- und bildungsmäßig und nach ihren beruflichen Merkmalen aus den privilegierten Bevölkerungsschichten hervorgeht. Auf diesem Hintergrund können in den liberalen und konservativen Parteien kaum tiefgreifende Richtungsdifferenzen zwischen den Mitgliedern und den Funktionsträgern heranreifen. Die Liberalen in der *Bundesrepublik* bildeten lange und insofern eine Ausnahme, als sie anders als andere liberale Parteien nicht prinzipiell politische Bündnisse mit den Sozialdemokraten ausschlossen und im taktischen Dilemma zwischen der Entscheidung für die CDU/CSU und die SPD uneins werden konnten.

Christdemokratische Parteien

Die christdemokratischen Parteien sind *hochorganisierte Massenparteien* mit einem teilweise *erheblichen innerparteilichen Konfliktniveau*. Bei den belgischen Christdemokraten und bei der österreichischen ÖVP spielen neben den territorialen Parteigliederungen noch bündische Parteivereinigungen für Bauern, Gewerbetreibende und Arbeitnehmer eine gewisse Rolle. Markante und dauerhafte innerparteiliche Gruppenbildungen kennzeichnen die *niederländischen*, *belgischen* und *italienischen* christdemokratischen Parteien. Der Ursprung für die Faktionierung und den entsprechenden Konfliktbewältigungsaufwand der Christdemokraten steckt sowohl in der Programmatik als auch in der sozialen Interessenvielfalt dieser Parteien. Die Hauptkonfliktlinie verläuft zwischen den christlichen Gewerkschaften bzw. Arbeitnehmervertretern und den Repräsentanten gewerblich-selbständiger Interessen. In strittigen Fragen der Sozial- und Wirtschaftspolitik beziehen dort »linke« gewerkschaftliche und »rechte« gewerbliche Flügel konträre Standpunkte. Darin kommen die Grenzen für die Integrationskraft des ambivalenten Programms der christdemokratischen Parteien zum Ausdruck, das jedenfalls in nicht kulturbezogenen Fragen durchaus gegensätzlich interpretiert wird.

Innerparteiliche Differenzen bieten sich im »sowohl« der katholischen Soziallehre wie im »als auch« des Bekenntnisses zu einer auf Privateigentum basierenden Marktwirtschaft an. Die großen christdemokratischen Parteien *Österreichs* und *Bundesrepublik* kennen dieses Problem nicht. Allerdings sind die gewerkschaftlichen Komponenten in der Organisations- und Mitgliederstruktur dieser Parteien schwächer, weil es weder in Österreich noch in der Bundesrepublik christliche Richtungsgewerkschaften gibt. Nichtsdestoweniger bemühen sich auch diese Parteien, ihrem schichtenübergreifenden Repräsentationsanspruch durch die Berücksichtigung von Arbeitnehmervertretern auf ihren Kandidatenlisten für die Parlamente Nachdruck zu verleihen. Auf leistungsfähige Parteiapparate können gerade die christdemokratischen Parteien nicht verzichten, weil sie eine sozial heterogene Wählerschaft mit Hilfe einer differenzierten Zielgruppenansprache integrieren müssen. Bezeichnend ist in diesem Zusammenhang die Tatsache, daß die CDU, nachdem sie 1969 den Status der erfolgsgewohnten Regierungspartei verloren hatte, ihre unzulängliche Organisation reformierte und seit 1973 mit einem modernen Apparat operiert.

Sozialistische Parteien

Die sozialistischen Parteien weisen ebenfalls *hochentwickelte, differenzierte Organisationen* mit relativ großen hauptamtlichen Mitarbeiterstäben auf. In der Regel weisen sie in den einzelnen Ländern das intensivste und *konfliktbehaftetste innerparteiliche Gruppenleben auf.* Grundlage der Gruppenbildungen sind unterschiedliche Bewertungen der gesellschaftlichen Reformfähigkeit, des Reformtempos, der Art und des Umfangs der erwünschten und der realistischen sozial- und wirtschaftspolitischen Reformmaßnahmen. Die »linken« Strömungen streben meist tiefgreifende Veränderungen der gesellschaftlichen Eigentumsordnung und eine umfassende gesellschaftliche Umverteilung an, die übrigen innerparteilichen Richtungen begnügen sich mit der mittelfristigen Absicht, bescheidenere politische Reformschritte zu unternehmen, die eine gewisse Kontinuität der bestehenden Verhältnisse bis auf weiteres akzeptieren.

Taktische Einschätzungen spielen bei den Gruppenbildungen in den sozialistischen Parteien keine geringe Rolle. Die »Linken« drängen in der Regel auf die Realisierung weitgestreckter Reformziele, sobald die sozialistischen Parteien Regierungen stellen, die übrigen Richtungen betonen ein vorsichtiges Vorgehen, um den Eindruck der Radikalität zu vermeiden, skeptische Wechselwähler und Sympathisanten zu gewinnen und ggf. Regierungsbündnisse mit anderen Parteien nicht zu gefährden. Starke und dauerhafte Faktionen gibt es in der *britischen Labour Party,* bei den *niederländischen* und *belgischen* sowie bei den *französischen* und *italienischen Sozialisten.* Dagegen treten bei den *österreichischen* und den *skandinavischen Sozialisten* keine nennenswerten Faktionen auf. Auch in der *SPD* ist die »Linke«, verglichen mit der Faktionierung in den westeuropäischen Schwesterparteien, schwach.

Kommunistische Parteien

Die wenigen großen Kommunistischen Parteien Westeuropas haben die straffe Organisation der leninistischen Parteien beibehalten, obgleich sie diese teilweise doch im demokratischen Sinne geändert haben. Vor allem in der *italienischen* KP findet eine frei Diskussion über die Rolle und die Perspektiven der Partei statt, wobei durchaus konträre Positionen aufeinanderprallen. Zu einer wirklichen Gruppenbildung im Sinne dauerhafter, relativ abgegrenzter Faktionen ist es aber nicht gekommen.

Horizontale und vertikale Gruppen

Innerparteiliche Gruppen erstrecken sich in allen größeren Parteien auf eine Vielzahl von lokalen und regionalen Parteigliederungen und auf sämtliche Stufen der Repräsentationshierarchie. In der Regel bilden sie »horizontale« Gruppen, die durch gemeinsame Auffassungen oder Interessen zusammengehalten werden.

Klientelistische Gruppen sind in der westeuropäischen Parteienlandschaft ein seltenes Phänomen. Sie stellen »vertikal« gegliederte Gruppen dar, die nicht auf Anschauungen, sondern auf der Loyalität der Parteimitglieder und Funktionäre zu bestimmten Personen, Abgeordneten und Ministern, beruhen. In der Regel fußen die klientelistischen Gruppen in politischen Parteien auf einer Wechselbeziehung zwischen Politikern, die durch ihre Position in einer regierenden Partei bestimmte Regionen begünstigen können (etwa durch Arbeits- und Auftragsbeschaffung oder Subventionen) und im Ausgleich dafür den Rückhalt der lokalen Parteifunktionäre erhalten, wobei diese ihren Einfluß geltend machen, damit nicht nur die Regierungspartei gewählt wird, sondern für die Partei auch die betreffenden Abgeordneten nominiert und gewählt werden, die der Region Vergünstigungen zukommen lassen. Klientelistische Faktionen bilden sich in der Weise, daß sich verschiedene Wahlkreisabgeordnete um einen markanten Führer zusammenschließen, der ein wichtiges Ministeramt oder eine wichtige Parlaments- oder Parteifunktion bekleidet, von der aus er zunächst seinen eigenen Wahlkreis »pflegen« kann, von der aus er aber darüber hinaus seinen Anhängern unter den Abgeordneten einen Zugang zur Verteilung öffentlicher Gelder und Aufträge verschaffen kann.

Je mehr Anhänger eine klientelistische Faktion zählt, desto größeres Gewicht kann sie einbringen, um ihrem Führer in der innerparteilichen Auseinandersetzung oder im Regierungsapparat bedeutendere Funktionen zu verschaffen. Solche klientelistischen Faktionen sind charakteristisch für die *christdemokratische Regierungspartei Italiens*, wo etliche klientelistische, personenbezogene Gruppen nebeneinander stehen und politische Richtungsgruppen vollständig überwuchert haben. Dabei ist zu bedenken, daß der Klientelismus in seinen Ursprüngen ein Phänomen des wirtschaftlich unterentwickelten, kaum industrialisierten südlichen Landesteils ist, wo an Parteien und Politiker die Erwartung gestellt wird, durch politisches Handeln bzw. Einflußnahme das zu erreichen, was in den wirtschaftlich entwickelteren Landesteilen im wesentlichen durch die industriell geprägte Infrastruktur erreicht wird - Arbeitsplätze, Lebensstandard, ausgebaute Verkehrsverbindungen. Klientelismus ist ein stark präindustriell geprägtes Phänomen. Es ist bezeichnend für die europäische Parteistruktur, daß er in den Parteien der industriell entwickelten Länder Europas kaum auftritt.

c) Parlamentsfraktion und Partei

Ein weiteres Strukturmerkmal der europäischen Parteien, das in engem Zusammenhang mit ihrem ausgeprägten Organisationscharakter steht, sind Koordinierungsmechanismen zwischen der außerparlamentarischen Partei (aktiven Mitgliedern, Funktionären, Vertretungskörperschaften der verschiedenen Ebenen) und den parlamentarischen sowie ggf. den Regierungsvertretern der Parteien. Häufig neigen die Parlamentsfraktionen, im besonderen in den sozialistischen Parteien, zu einer pragmatischeren Haltung als die Parteiorgane, Parteitage und Vorstände, die in stärkerem Ausmaß die politischen Strömungen unter den aktiven Mitgliedern und im unteren und mittleren Funktionskörper widerspiegeln. Allerdings berücksichtigen die meisten Parteien in ihren Führungsgremien führende Fraktionsmitglieder und Regierungsvertreter, so daß schon von daher eine gewisse Integration von außerparlamentarischer Partei und Fraktion gewährleistet wird. Generalisierend kann das Verhältnis von Fraktion und Parteiorganisation nicht erfaßt werden. Dazu bedarf es einiger Konkretisierungen.

Die beiden größeren *britischen Parteien*, Konservative und Labour Party, weisen den Parlamentsfraktionen deutlich eine Dominanzrolle im Verhältnis zu den Parteiorganisationen zu; die Parteivorstände haben daneben kein nennenswertes politisches Gewicht. In den *skandinavischen Ländern* wie in der *Bundesrepublik* sind die Entscheidungen und Beratungen der Fraktionen und Parteigremien eng miteinander verzahnt. Von einem Dualismus oder einem Überordnungs- bzw. Unterordnungsverhältnis kann keine Rede sein. Demgegenüber haben in *Belgien* und in *Österreich* die Parteivorstände ein überragendes Gewicht; Fraktionen und Regierungsvertreter exekutieren die politische Linie der Parteivorstände. Die *Niederlande* kamen in den 60er und 70er Jahren einem dualistischen Verhältnis der außerparlamentarischen Parteien und Fraktionen am nächsten, weil in den christdemokratischen Parteien ebenso wie bei den Sozialisten die Parteiorgane zeitweise eine ganz andere politische Richtung verfolgten als die Fraktionen. Freilich zogen beide Parteien daraus die Konsequenz, künftig auf dem Vorwege eine Abstimmung und Vereinheitlichung der Standpunkte zu suchen. Auf alle Fälle bleibt festzuhalten, daß die großen westeuropäischen Parteien keine fraktions- oder parlamentsgesteuerten Apparate sind, sondern im Gegenteil die Parlaments- und Regierungsvertreter der Parteien Vorgänge und Willensäußerungen der außerparlamentarischen Parteien mehr oder weniger stark beachten müssen.

4) Parteiensysteme und Bündnisverhalten

In der Mehrzahl der westeuropäischen Industrieländer sind sogar die größten Parteien unfähig, die Regierungsgeschäfte auf der Grundlage parlamentarischer Mehrheiten allein zu führen. Politische Bündnisse und entsprechende Bündniskonflikte zwischen Parteien in Regierungskoalitionen sind ein Grundzug der meisten europäischen Parteiensysteme. Aus diesem Grund ist es unerläßlich, die einzelnen Parteiensysteme zu betrachten. Als konstitutiv für die Parteiensysteme werden die größeren im Parlament vertretenen Parteien angesehen, die Bedeutung für Regierungsbildungen erlangen können. Hier sollen die Parteiensysteme kurz nach ihren wichtigsten Merkmalen dargelegt werden (vgl. dazu auch die *Tabelle* 1 auf S. 62).

1. Die »einfachsten« Parteiensysteme Europas besitzen noch *Großbritannien* und *Österreich*. Konservative und Labour Party stellen in der Regel die britischen, ÖVP und SPÖ seit 1966 in der Regel die österreichischen Regierungen. In beiden Ländern stehen neben den Großparteien noch größere »dritte« Parteien in Gestalt der (britischen) Liberalen und der FPÖ. Aber die Bedeutung der ersten wird durch das britische Wahlsystem verringert, die FPÖ wurde bisher von beiden Großparteien als Bündnispartner abgelehnt.

2. Relativ »einfach« war bislang auch das Parteiensystem der *Bundesrepublik*. Nimmt man CDU und CSU als Einheit, so kommen allein die Christdemokraten arithmetisch nahe an die Schwelle zur alleinigen Regierungsfähigkeit. Tatsächlich waren CDU/CSU und SPD, um regieren zu können, bisher auf das Bündnis mit der FDP angewiesen. Die Koalitionsentscheidungen der FDP und innerparteiliche Wandlungen in der FDP, die diese Partei stärker auf die eine oder andere Großpartei hinführten, bestimmten in der Bundesrepublik maßgeblich, welches Parteienbündnis regieren konnte. Der Abstieg der FDP als politische Kraft, der sich mit dem wachsenden Zulauf zu

den »Grünen« und »Alternativen« abzeichnet, rückt eine Veränderung der Parteienkonstellationen und der koalitionspolitischen Grundmuster in den Bereich des Wahrscheinlichen.

3. Das *französische Parteiensystem* gliedert sich in die beiden Lager der Linken und der Rechten. Die neogaullistische Partei und die liberalkonservative Partei *Giscards* operierten bislang gemeinsam in der Regierung und in der Opposition - ein Umstand, der sich angesichts der ideologischen und sozialstrukturellen Ähnlichkeit beider Parteien zeitweise dem Zustand einer Einparteienregierung annäherte. Bis 1981 war es freilich höchst ungewiß, ob auch die Parteien der Linken in der Lage sein würden, gemeinsam oder - bezogen auf die Sozialisten - allein zu regieren. Die französischen Wähler beantworteten diese Frage positiv im Sinne einer sozialistischen Regierungsmehrheit, die allein hätte regieren können, aber aus taktischen Gründen die Koalition mit den Sozialisten vorzog. Freilich kann sich erst in der Zukunft erweisen, ob die Wahlergebnisse von 1981 so eindeutig zugunsten der Sozialisten wiederholbar sind.

4. Die *niederländischen und belgischen Parteiensysteme* werden von drei tragenden politischen Kräften bestimmt, von Sozialisten, Christdemokraten und Liberalen. Die Christdemokraten besetzen das Zentrum des Parteiensystems: sie stellen die stärkste Partei und können in Mitte-Links-Regierungen entweder mit den Sozialisten oder in Mitte-Rechts-Regierungen mit den Liberalen regieren. Die Koalitionsentscheidung der Christdemokraten, die sich meist nach der Eignung der Sozialisten oder der Liberalen für die Lösung bestimmter Probleme bemißt, hat darum oft mehr Gewicht als Wahlergebnisse. Da die christdemokratischen Auffassungen sich aber nur teilweise, und zwar in je unterschiedlichen Bereichen, mit Sozialisten und Liberalen verständigen können, kommt es häufig mitten in einer Legislaturperiode zum Bruch der jeweiligen Koalition und zur Bildung neuer Koalitionen ohne vorausgehende Wahlgänge.

5. Die *skandinavischen Parteiensysteme* haben vieles gemeinsam, so die Existenz starker sozialdemokratischer Parteien und die Zersplitterung des bürgerlichen Parteienlagers in (heute anders genannte und soziologisch stärker differenzierte) Bauernparteien sowie in kleine liberale und in größere konservative Parteien. Die liberalen Parteien haben historisch häufiger mit den Sozialdemokraten koaliert, ebenso die bäuerlichen Zentrumsparteien. Die konservativen Parteien besetzen den äußersten rechten Flügel des politischen Spektrums. Allerdings unterscheiden sich die skandinavischen Parteiensysteme durch den Grad ihrer Kompliziertheit.

Relativ überschaubar ist das *schwedische Parteiensystem:* bis 1976 regierten als Minderheit (mit der parlamentarischen Unterstützung der Liberalen oder

der Kommunisten) oder auf der Grundlage einer parlamentarischen Mehrheit die Sozialdemokraten. 1976 schlossen sich alle drei bürgerlichen Parteien zusammen und lösten die Sozialdemokraten als Regierungspartei ab. Zwar zerbrach die bürgerliche Dreiparteienkoalition schon nach relativ kurzer Zeit (1978); danach regierten bis 1982 Minderheitskabinette aus ein oder zwei bürgerlichen Parteien. Aber selbst diese Minderheitsregierungen fanden die solidarische Unterstützung auch der nicht regierenden bürgerlichen Parteien. Auf diese Weise hat sich in Schweden tatsächlich in den Formen eines vielfach fragmentierten Parteiensystems eine politische Konkurrenz zwischen zwei »Lagern« eingespielt, denen das Wählervotum die Rolle der Opposition oder der Regierung zuweist.

Ein ähnliches »Zweilagersystem« besteht in *Norwegen*, wo seit Mitte der 60er Jahre zwar stets entweder die Sozialdemokraten oder die Konservativen regierten, aber stets in Minderheitsregierungen, die sich auf der Linken auf die parlamentarische Unterstützung einer kleinen linkssozialistischen Partei verließen und auf Seiten der Konservativen auf die parlamentarische Unterstützung der bäuerlichen Zentrumspartei, der Liberalen und der norwegischen Christdemokraten. In *Dänemark* kam demgegenüber eine Lagerbildung kaum voran: die Sozialdemokraten bildeten häufig Minderheitsregierungen, weil die übrigen, auch die bürgerlichen, Parteien nicht bereit waren, selber gemeinsam die Regierung zu führen oder einzeln mit den Sozialdemokraten zu koalieren. Auch vereinzelte Koalitionen der Sozialdemokraten mit bürgerlichen Parteien basierten nicht auf parlamentarischen Mehrheiten, weil seit 1973 zahlreiche kleinere und Protestparteien ins Parlament gelangten, die sich prinzipiell politischen Bündnissen mit den anderen Parteien verweigerten. So blieb die Mehrheitsfähigheit des dänischen Parteiensystems insgesamt gering. Aus anderen Gründen erscheint das *finnische Parteiensystem* überaus kompliziert: Drehscheibe der finnischen Koalitionspolitik ist die bäuerliche Zentrumspartei, die seit 1944 als führende Kraft an allen finnischen Regierungen beteiligt war. Das naheliegende Bündnis mit den finnischen Konservativen kam nicht zustande, weil die Sowjetunion Vorbehalte gegen diese Partei hegte; die Sowjetunion ist im neutralen Finnland auch ein wichtiger innenpolitischer Faktor. Infolgedessen bestimmte die Suche nach der politischen Integration der Kommunistischen Partei Finnlands das Bild. Seit 1966 wird Finnland, wenn auch häufig durch Kabinettskrisen unterbrochen, meist von der bäuerlichen Zentrumspartei, von den Sozialdemokraten und den Kommunisten regiert.

6. Das komplizierteste europäische Parteiensystem besitzt *Italien*. Dort kam bis jetzt keine Regierung ohne die Beteiligung der Christdemokraten zustande. Aber allein besitzen die Christdemokraten keine regierungsfähige Mehrheit. In dem Bemühen, die Kommunisten von der Regierung auszu-

schließen, paktieren sie mit Sozialisten und Liberalen, die beide wieder in zwei verschiedenen Varianten als je zwei selbständige Parteien auftreten. Zu den ideologischen Problemen der heterogenen Mitte-Rechts- und Mitte-Links-Koalitionen, die allein schon häufige Ursache für die vielfachen Regierungskrisen und Regierungsumbildungen sind, gesellen sich andere Stabilitätsprobleme der christdemokratisch geführten Regierungen, die im wesentlichen aus der Faktionierung der Christdemokratischen Partei resultieren, in der zahlreiche innerparteiliche Gruppen um Einfluß auf den christdemokratischen Parteiapparat und die Regierungsbürokratie miteinander ringen.

Die europäischen Parteien sind ein Ausdruck unterschiedlicher ideologischer Richtungen; sie repräsentieren unterschiedliche Wählergruppen. Aus diesen Tatsachen resultieren die Probleme politischer Mehrheitsbildungen in den europäischen Industriegesellschaften. Regierungsmehrheiten setzen sich in den meisten Ländern aus mehreren Parteien zusammen. Dort, wo keine Regierungsmehrheiten zustande kommen, können einzelne Parteien Minderheitsregierungen stellen, die wiederum von der parlamentarischen Tolerierung durch andere Parteien abhängen. In allen Entscheidungsfragen, die regierende Parteien aus ihren Legitimationskonzepten heraus unterschiedlich beantworten, sind Konflikte unvermeidlich, die entweder zur Auflösung von Regierungsbündnissen führen oder durch Kompromisse beigelegt werden müssen.

Bei allen regierenden europäischen Parteien handelt es sich um Organisationen mit einem differenzierten Meinungsspektrum, in denen sowohl die Führungsgremien als auch die parlamentarischen Repräsentanten der Parteien auf innerparteiliche Strömungen Rücksicht nehmen müssen. Koalitionsregierungen jedweder Zusammensetzung operieren daher unter erheblichen inneren Belastungen. Die hauptsächlichen Konfliktlinien verlaufen in der Sozial- und Wirtschaftspolitik zwischen den sozialistischen und den bürgerlichen Koalitionsparteien, in der Kulturpolitik auch zwischen den bürgerlichen Parteien. Aus den Benelux-Ländern und aus Skandinavien liegen darüber hinaus zahlreiche Beispiele tiefgreifender Differenzen zwischen den bürgerlichen Parteien in Fragen der Gesellschaftspolitik vor. Die Bündnisbeziehungen zwischen den europäischen Parteien demonstrieren eindringlich die Bedeutung des ideologischen Ursprungs der Parteien bis in die Gegenwart des modernen Parteienstaates hinein und bis hin auf die Lösung konkreter Regierungsprobleme.

II. U.S.A.

Die amerikanischen politischen Parteien weisen eine geringe Vielfalt auf. Seit mehr als hundert Jahren organisieren die Republikanische und die Demokratische Partei den politischen Prozeß, sporadisch unterbrochen von kurzen Perioden, in denen »dritte« Parteien auftraten. Organisatorisch und programmatisch haben die amerikanischen Parteien nur wenig mit den westeuropäischen Parteien gemeinsam.

1) Programmatik

Programme im Sinne der europäischen Parteiprogramme kennen die amerikanischen Parteien nicht. Die sog. »platforms«, die von den Nominierungskonventen für die Präsidentschaftskandidaten der Parteien verabschiedet werden, enthalten zwar eine Anzahl von Postulaten für eine künftige Politik, die sich an bestimmte Wählergruppen wenden. Wirkliche Verbindlichkeit kommt den »platforms« aber nicht zu. Für die Kennzeichnung der grundlegenden Positionen der beiden großen Parteien, Demokraten und Republikaner, hatten sich nach dem »New Deal«, der Reformära des Präsidenten *F.D. Roosevelt*, die Etiketten »liberal« und »konservativ« eingebürgert, wobei für die Demokraten das »liberale« und für die Republikaner das »konservative« Etikett reserviert wurde. Trennschärfere Begriffe zur Charakterisierung der politischen Absichten beider Parteien haben sich bis heute nicht entwickelt, obgleich diese Begriffe, schon immer von problematischem Aussagewert, heute kaum noch wesentliche Unterschiede zwischen Demokraten und Republikanern erfassen. Vor den politischen Reformen des »New Deal« erschöpften sich die »programmatischen« Unterschiede zwischen den Parteien in konträren Einschätzungen einer liberalen oder restriktiven Handelspolitik und in Fragen der Wettbewerbsüberwachungen. Es handelte sich also um interessenpolitische Positionen zugunsten bestimmter Produzentengruppen, aber nicht um gesellschaftspolitische Grundsatzfragen.

a) Demokraten

Die Parteien unterscheiden sich als »liberal« oder »konservativ« danach, daß sie sich in eine bestimmte Tradition praktischer Politik stellen. Dementsprechend sind die Demokraten seit den 30er Jahren die Partei der »Veränderung«, der aktiven Intervention in das gesellschaftliche Gefüge, um bestimmte Ergebnisse zu erzielen. Unter *F.D. Roosevelt* setzte sich die Bundesregierung als maßgeblicher wirtschaftspolitischer Akteur durch. So steht die Demokratische Partei für die Absicht, das ökonomische Risiko für alte und kranke Menschen durch sozialstaatliche Vorsorge zu verringern, soziale Chancenungleichheit für junge Menschen, ethnische und rassische Minderheiten abzubauen und die Praktiken der Privatunternehmen wie der Regierungsbehörden aller Selbstverwaltungsebenen stärker sozialer Verantwortung zu unterwerfen, wozu neuerdings auch der Komplex des Umweltschutzes gehört. Die Demokratischen Kongreßmehrheiten unter Präsident *Roosevelt* in den 30er und unter Präsident *Johnson* in den 60er Jahren bauten den amerikanischen Sozialstaat auf, soweit man die bestehenden Einrichtungen schon als Sozialstaat fassen kann.

Unerläßliche Voraussetzung für bessere soziale Chancengleichheit, wie sie die Demokraten anstrebten, waren *einheitliche Lebensverhältnisse in allen Unionsstaaten.* Schon deshalb betrieben die Demokraten eine Vergrößerung des regulierenden und koordinierenden Einflusses der Bundesregierung auf Kosten der Unionsstaaten. Hinzu kam, daß viele der angestrebten Reformen, etwa im Bereich der sozialen Sicherung, nur mit den Finanzmitteln des Bundes realisiert werden konnten. Nach langwierigen und epochemachenden Verfassungskonflikten zwischen der Exekutive und der Legislative einerseits und dem Obersten Bundesgericht andererseits wurde 1938 die »liberale«, zentralstaatsfreundliche Reformlinie der Demokratischen Administration (Regierung) vom Obersten Bundesgericht sanktioniert. Die sozialpolitischen Neuerungen des »New Deal« und einiger Gesetzeswerke im Gefolge des Programms der »Great Society« Präsident *Johnsons,* die einen Einflußzuwachs des Bundes auf die Gesetzgebung der Unionsstaaten implizierten, bilden heute den »liberalen« Kern des Demokratischen »Programms«. Freilich muß dabei die Einschränkung gemacht werden, daß Teile vor allem der sozialpolitischen Errungenschaften des »New Deal« heute auch von der einzigen relevanten Konkurrenzpartei, den Republikanern, akzeptiert werden. Auf der anderen Seite gibt es heute auch viele Demokraten, die den zentralisierenden Charakter vieler Sozialprogramme skeptisch beurteilen.

Seit Mitte der 60er Jahre hat sich der liberale Konsens in der Demokratischen Partei aufgelöst. Der klassische Liberalismus Rooseveltscher Prägung bezieht sich auf wirtschaftliche und sozialpolitische Sachverhalte. In den 60er Jahren kam in den U.S.A. eine »neue« liberale Bewegung auf, die im wesentlichen von Intellektuellen, Studenten und engagierten Mitgliedern der gehobenen Mittelschichten getragen wurde. Das Anliegen des »Neuen Liberalismus« ist anders als beim älteren, *klassischen Liberalismus* nicht mehr in erster Linie ökonomisch, sondern kulturell und politisch: es zielt auf die Kritik am politischen Rang des Militärestablishments in der Gesellschaft und im Regierungsgefüge, fordert den Interventionsverzicht der U.S.A. in der Dritten Welt, Naturschutz, Umweltpolitik, bessere Bürgerkontrolle der Polizei, Diskriminierungsabbau zugunsten der rassischen Minderheiten, verfassungsmäßige und gesetzliche Gleichstellung der Geschlechter in Beruf und Privatleben, Gesetze zur Herstellung größerer Transparenz in den Geschäftspraktiken der Banken und Unternehmen.

Gemeinsam ist den vielfältigen »issues«, die sich unter dem Sammelbegriff des »Neuen Liberalismus« verbergen, der Bruch mit überkommenen, in allen Teilen der Gesellschaft verbreiteten Überzeugungen, namentlich in den empfindlichen Bereichen des »law-and-order«-Komplexes von Polizei und Justiz, in der auf Wachstum um jeden Preis gerichteten Wirtschaftspolitik, in der Sexualmoral und in einer auf militärischer Stärke basierenden amerikanischen Außenpolitik. Die Träger und Anhänger des »Neuen Liberalismus« identifizieren sich mit der Demokratischen Partei.

Auf diese Weise umgreift die Demokratische Partei zwei Strömungen, die sich beide als »liberal« begreifen, sich aber politisch in vieler Hinsicht widersprechen. Die »klassischen« ökonomischen Liberalen sind, stark in den unteren Mittelschichten und in der Arbeiterschaft verwurzelt, kulturell und im Hinblick auf »law and order«, auf ökologische Fragen und die Rolle der U.S.A. in der Welt »konservativ«. Umgekehrt bringen die »Neuen Liberalen« ökonomischen Fragen kein großes Interesse entgegen. Politische Repräsentanten des »Neuen Liberalismus« erfahren durch die klassischen Wähler der Demokratischen Partei weitgehend Ablehnung, so exemplarisch der Demokratische Präsidentschaftskandidat *G. McGovern* in den Wahlen von 1972. Praktisch haben die Demokraten mit dem Aufstieg des »Neuen Liberalismus« ihre bislang vergleichsweise deutliche weltanschauliche Identität verloren.

b) Republikaner

Die Republikanische Partei lehnte bis in die 50er Jahre hinein kategorisch die politischen Neuerungen des »New Deal« ab. Umschreibt aber der Konsens über die historischen Konzepte des »New Deal« und der »Great Society« in gewisser Weise noch jetzt gültige Auffassungen in der Demokratischen Partei, so trifft dies für die »konservative« historische Ablehnung des »New Deal« durch die Republikaner kaum noch zu. Ursprünglich resultierte diese Ablehnung aus der Entrüstung über den Bruch mit den bis 1930 durch ihren Erfolg bestätigten klassisch-liberalen Wirtschaftsprinzipien, die der Regierung rundweg eine legitime Einmischung in das freie Spiel der Marktkräfte absprachen. Darüber hinaus galten die diversen sozialstaatlichen Neuerungen als Außerkraftsetzung des Antriebs für die ökonomisch Schwächeren, durch harte Arbeit und Verzicht ihr Los zu bessern, und galt die wachsende Rolle der Bundesregierung als Aushöhlung der unionsstaatliche Autonomie bzw. als zentralstaatliche Bevormundung. In der Präsidentschaft *Eisenhowers* begannen die Republikaner von ihrem Negativismus abzurücken; sie akzeptierten die von Politikern der Demokratischen Partei geschaffenen Tatsachen, deren Popularität nicht zu übersehen war. Vor allem unter den Präsidenten *Nixon* und *Ford* verstand sich die Republikanische Partei nicht nur zur Beibehaltung, sondern sogar zu einer bescheidenen *Fortschreibung der bestehenden sozialstaatlichen Einrichtungen* - wenn auch unter restriktiven Maßgaben: Chancengleichheits- und Minderheitenschutzprogramme sollten die wirtschaftliche und kulturelle Entfaltung der nicht-diskriminierten Bürger so wenig wie möglich antasten (charakteristisch dafür war die Forderung, das »busing«, die planvolle rassische Integration von Schulkindern in gemeinsamen Klassen, zu verbieten); die Haushaltsbelastungen aus der Sozialpolitik sollten mindestens konstant gehalten werden; die Kontrolle der Bundesbehörden über die Unionstaaten sollte abgebaut weren, ohne daß gleichzeitig die Unionstaaten die vielfältigen Finanzhilfen des Bundes verlieren sollten.

Diese kurze Skizze mag zeigen, daß der programmatische Unterschied zwischen Demokraten und Republikanern seit 15 Jahren schon lange nicht mehr als ein »ja oder nein« im Hinblick auf ein aktives Eingreifen der Bundesregierung in wirtschaftliche und soziale Verhältnisse gefaßt werden kann, auch nicht mehr, wie noch in den 50er und 60er Jahren, als »sozialpolitischer Stillstand oder Fortschritt«, sondern eher als ein Verhältnis von »mehr oder weniger« aktiver Regierungspolitik in den betreffenden Bereichen. Nichtsdestoweniger hat sich in der Republikanischen Partei eine *fundamentalistische, »ultrakonservative« Strömung* gehalten, die nach wie vor den Staatshaushalt aus prinzipiellen Gründen reduzieren, viele Sozialprogramme zugunsten benachteiligter Gruppen abbauen und die Unionstaaten so weit wie vertretbar vom Einfluß der Bundespolitik befreien will.

Die »Fundamentalisten« erlangten mit dem Präsidentschaftskandidaten *Goldwater* vorübergehend bereits 1964 die Kontrolle über die Republikanische Partei, 1976 verfehlten sie diese mit dem Präsidentschaftswerber *R. Reagan* nur knapp. Seit 1981 kontrolliert die Präsidentschaft mit *Reagan* ein konservativer Fundamentalist, der auch nicht zögert, ein nach seinem Verständnis »konservatives« politisches Programm zu exekutieren. Von einem »republikanischen« Programm, das von allen Teilen dieser Partei getragen würde, kann keine Rede sein, allenfalls von konkurrierenden Programmen innerhalb der Republikanischen Partei, die sich auf *verschiedene Traditionen republikanischer Politik* berufen. Die »modernen« Konservativen folgen der Politik der republikanischen Nachkriegspräsidenten *Eisenhower, Nixon* und *Ford*, die älteren oder »Ultrakonservativen« dem Laisser-faire-Liberalismus der amerikanischen Politik vor 1933.

c) Relevanz politischer Programme

Ambivalent sind sowohl die Demokratischen als auch die Republikanischen Traditionen und Zielvorstellungn, die sich nach europäischen Maßstäben keineswegs zu parteipolitischen Programmen verdichten. Für amerikanische Verhältnisse sind sie aber die einzigen Anhaltspunkte, wofür die großen Parteien stehen. Auf alle Fälle unterscheiden sich Demokraten und Republikaner darin, daß sie auf eine Vielzahl von Problemen eigentümliche Antworten geben. Dies trifft auf die *sporadisch auftretenden »dritten Parteien«* in der amerikanischen Politik nicht zu. Handele es sich um die »Dixiecrats« von 1948 oder um die »American Party« von *G. Wallace* 1968 und 1972: in beiden Fällen zehrten die »dritten« Parteien von einer extremen Haltung in einem einzigen Problembereich, den regionalen Sonderbelangen der Südstaaten mit ihren Rassengesetzen (1948) und steigender Kriminalität und sozialen Emanzipationsbemühungen der schwarzen Bevölkerung (1968/1972). In anderen Fragen konvergierten ihre Auffassungen mit denen anderer Parteien. Die geringe Tragfähigkeit von »single issues« trug in den »dritten Parteien« stets den Keim ihrer Kurzlebigkeit in sich. Allerings sollten die Ansätze politischer Programmatik in den Traditionen und im Handeln der beiden großen Parteien nicht darüber täuschen, daß Personen und aktuelle Probleme für die amerikanischen Wähler heute vielfach weitaus größere Bedeutung besitzen als die vergangenen Leistungen der Präsidenten und derjenigen Parteien, denen diese Präsidenten angehörten.

2) Repräsentation

Im politischen System der U.S.A. wird die gesamtstaatliche Wählerschaft einmal im Präsidenten und zum anderen in den beiden Kammern oder »Häusern« des Kongresses repräsentiert. Zwischen der Kongreß- und der Präsidentenwählerschaft ist streng zu unterscheiden, da in den letzten Jahren die Wähler zunehmend »ticket-splitting« betreiben, d.h. Senatoren und Abgeordnete der einen und Präsidentschaftskandidaten der anderen Partei wählen. Ihren sinnfälligsten Ausdruck findet diese Differenzierung darin, daß seit 1933 erst zweimal für je zwei Jahre die Demokraten ihre Mehrheit in beiden Häusern des Kongresses verloren, die Präsidentschaft aber seither sechsmal zwischen den Parteien wechselte, und zwar bis 1976 jeweils für 8-Jahres-Perioden. (vgl. auch die *Tabelle 3* auf S. 92). Eine wirklich nationale Wählerschaft findet sich lediglich bei der Wahl des Präsidenten zusammen. Dabei ist zu berücksichtigen, daß die *Wahlbeteiligung* in den U.S.A. generell niedrig liegt. Die Präsidentschaftswahlen, die noch das größte Interesse wecken, sind keine Ausnahme. Seit 1960, als mit 62,8 % ein Rekord erreicht wurde, hat die Wahlbeteiligung kontinuierlich nachgelassen und war 1980 auf 52,5 % abgesunken.

a) Parteien und Präsidentschaftswahlen

Der amerikanische Präsident wird durch Vermittlung des Electoral College, des *Wahlmännerkollegiums*, indirekt vom Volk gewählt, wobei jeder Unionsstaat als ein Wahlkreis behandelt wird. Gewählt werden in jedem Unionsstaat Wahlmänner, die allerdings rechtlich verpflichtet sind, ihre Stimmen jenem Kandidaten zu geben, für den sich die (relative) Mehrheit der Wähler entscheidet. Sämtliche einem Unionsstaat zufallenden Wahlmännerstimmen gehen an den Kandidaten mit mindestens einfacher Stimmenmehrheit. Die zehn größten, nach Bevölkerungszahl und dementsprechend Wahlmännerzahl wichtigsten, Unionsstaaten stellen allein weit über die Hälfte der gesamten Wahlmännerstimmen. Auf sie konzentrieren sich die Wahlkampfbemühungen der Parteien und Präsidentschaftskandidaten.

Die amerikanische Parteienforschung gliedert die Entwicklung des Parteiensystems nach sog. »secular realignments«, nach Zäsuren im Wechsel der Parteipräferenzen und in der sozialstrukturellen Zusammensetzung der einzelnen Parteien. Solche »realignments« dokumentieren sich am deutlichsten in den Präsidentschaftswahlen. Ein wichtiges »realignment« war mit dem Bürgerkrieg verbunden, als die Demokraten im Norden weithin die Reputation einer Sezessionspartei besaßen und im wesentlichen auf ihre Hochburgen in den Südstaaten beschränkt blieben. Ein zweites »realignment« fand 1896 statt, als es der populistischen Allianz von Demokraten und agrarischen Populisten mißlang, die Republikaner in der Exkutive abzulösen, weil sie die Unterstützung der Arbeiterschaft verfehlte. Als Folge dieses Scheiterns orientierten sich die populistischen Farmer auf die Republikanische Partei um und stabilisierten diese. Die Arbeiter und nordstaatlichen Farmer blieben bis zum Beginn der Weltwirtschaftskrise der Republikanischen Partei treu. Das jüngste und für die gegenwärtige Parteienlandschaft prägende »realignment« datiert auf die Periode 1928–1932. In diese Zeit fiel die Weltwirtschaftskrise, auf welche die amtierende Republikanische Administration *Hoover* mit Untätigkeit antwortete, in deren Folge sich in kürzester Zeit Arbeitslosigkeit und Massenelend verbreiteten.

Angesichts des Versagens der Republikaner in der Krise und auf dem Hintergrund des Rooseveltschen Versprechens einer aktiven Krisenbewältigungspolitik fand sich 1933 die sog. »*Roosevelt-Koalition*« zusammen, ein heterogenes Wählerkonglomerat aller derjenigen, die besonders schwer unter der Wirtschaftskrise leiden mußten: Kleinbauern, Pächter, Arbeiter, Angestellte, Großstadtbewohner, Schwarze. Die Erfolge der »New-Deal«-Politik

Tabelle 3: Wahlergebnisse für Repräsentantenhaus, Senat und Präsidentschaft

	Senat		*Repräs. Haus*		*Präsidentschaft*		
	Dem.	Rep.	Dem.	Rep.	Demokratisch	Repulikanisch	Kanditaten »dritter« Parteien/unabh.
	(Sitze in v. H.)				(Wählerstimmen in v. H.)		
1948					50	45	5
1948	56	44	61	39	(Truman)	(Dewey)	(Thurmond
1950	51	49	54	46			u. H. Wallace)
1952					44	55	5
1952	50	50	49	51	(Stevenson)	(Eisenhower)	
1954	51	49	53	47			
1956					42	57	
1956	51	49	54	46	(Stevenson)	(Eisenhower)	
1958	67	33	65	35			
1960					50	49	
1960	65	35	60	40	(Kennedy)	(Nixon)	
1962	67	33	59	41			
1964					61	39	
1964	68	32	68	32	(Johnson)	(Goldwater)	
1966	64	36	57	43			
1968					43	43	14
1968	57	43	56	44	(Humphrey)	(Nixon)	(G. Wallace)
1970	55	45	59	41			
1972					38	61	
1972	57	43	56	44	(McGovern)	(Nixon	
1974	62	38	67	33			
1976					50	48	5
1976	62	38	67	33	(Carter)	(Ford)	
1978	58	41	63	36			
1980					41	51	6
1980	47	53	56	44	(Carter)	(Reagan)	(Anderson)

schweißten die Roosevelt-Koalition zu einem wahlkampfpolitischen Bezugsrahmen zusammen, der zwar schon 1952 nicht mehr selbstverständlich den Sieg Demokratischer Präsidentschaftskandidaten garantierte, aber bis 1964 noch immerhin als taugliches Zielgruppenkonzept für die Demokratische Partei gelten konnte. Heute existiert die Roosevelt-Koalition nicht mehr. Sie ist in ihre Einzelbestandteile zerfallen, die ihre politischen Präferenzen sehr diffus auf die beiden großen amerikanischen Parteien verteilen. Etwa ein Drittel der Wähler bezeichnet sich heute als »unabhängig« und macht seine Wahlentscheidung von den jeweiligen Kandidaten und den im Wahlkampf diskutierten Fragen abhängig. Annähernd ebensoviele Wähler identifizieren sich mit der Demokratischen Partei - nur halb soviele Wähler bezeichnen sich als Anhänger der Republikanischen Partei. Weiterreichende Bedeutung kommt der geringen republikanischen Anhängerschaft aber nicht zu: die letzten Präsidenten, die der Republikanischen Partei angehörten, wurden mit keineswegs geringeren Mehrheiten gewählt als ihre der Demokratischen Partei angehörenden Amtsvorgänger und Nachfolger (vgl. *Tabelle 3* auf S. 92).

Der historische Ausgangspunkt der »Demokratischen« oder »Roosevelt-Koalition« verdeutlicht ausgezeichnet, wie ganz anders die sozialstrukturellen Grundlagen der amerikanischen Parteien sich heute darstellen. Dies vor allem deshalb, weil Wählerkoalitionen oder: kontinuierliches Wählerverhalten in den letzten Jahren auf ein historisches Minimum geschrumpft sind. Die *Demokratische Partei* war noch bis vor 25 Jahren stark in den unteren und mittleren Erwerbsschichten verankert: ein Großteil der Arbeiter, zumal der gewerkschaftlich organisierten Arbeiter, sowie zahlreiche kleine und mittlere Angestellte wählten Demokratische Präsidentschaftskandidaten, ähnlich viele Kleinbauern, Pächter und Kleingewerbetreibende. Dementsprechend befand sich der Wählerschwerpunkt der Demokratischen Partei in den Industriezentren und Großstädten. Mit der Konzentration der Demokratischen Parteipräferenzen in den Unterschichten und in den unteren Mittelschichten waren zwei weitere Merkmale assoziiert: die großstädtischen arbeitenden Schichten waren zum großen Teil Einwanderer der ersten, zweiten oder dritten Generation aus Irland, Italien und Osteuropa und damit auch Katholiken. Sowohl ethnisch als auch konfessionell unterschieden sie sich insoweit von den angelsächsischen und protestantischen Amerikanern, die in den oberen Schichten dominierten und vor allem auf dem Land und in kleinen Städten lebten.

Die angelsächsisch-nordeuropäischen Protestanten unterstützten zur Zeit des »New-Deal« und danach vor allem die *Republikanische Partei*. In der Erwerbsklassenhierarchie befanden sich die Demokratischen Wähler der Nordstaaten deutlich im Lager der ökonomischen Schwächeren, der abhängig Beschäftigten, der Bezieher kleiner Einkommen und gehörten die Republikanischen Wähler zweifellos zu den sozial Bessergestellten. Es könnte so scheinen, als ob süd- und osteuropäischer Einwandererstatus und Katholizismus lediglich zufällige Merkmale des abhängigen Beschäftigtenstatus gewesen seien, der in erster Linie die Parteipräferenz für die Demokraten bestimmt hätte. Die Konstellation »Demokraten = Iren, Italiener, Osteuropäer, Katholiken, Industriearbeiter, Kleingewerbetreibende, Großstadtbewohner« versus »Republikaner = Angelsachsen, Nordeuropäer, Protestanten, Oberschichten, Farmer, Land- und Kleinstadtbewohner« könnte dann klassendichotomisch gedeutet werden. Bei alledem muß freilich bedacht werden, daß die lange vorherrschende Kultur der U.S.A. vom Protestantismus, teilweise in seiner entschiedenen, calvinistischen Variante, und von einem englisch geprägten Lebensstil bestimmt war. Die angelsächsisch-protestantische Kultur stand in schärfster Opposition zum Katholizismus und sah geringschätzig auf die im Temperament verschiedenen, des Englischen vielfach unvollkommen mächtigen »Bindestrich-Amerikaner« herab. Wie die spätere Parteienentwicklung zeigte, spielte für die typischen Demokratischen Wählergruppen in den Nordstaaten in den 30er und 40er Jahren kulturelle Isolation eine ebenso große Rolle wie ökonomische Schwäche und soziale Benachteiligung. Der *Zerfall der »Roosevelt-Koalition«* ging bei der allgemeinen Prosperität der Nachkriegsjahrzehnte mit steigenden Masseneinkommen und schrumpfender kultureller Distanz der späteren Einwanderergenerationen zu den dominierenden Werte- und Verhaltensmustern einher.

Die »Roosevelt-Koalition« ist nicht vollständig mit den ökonomischen, kulturellen und konfessionellen Merkmalen der großstädtischen Bevölkerung umschrieben. Noch eine weitere Bevölkerungsgruppe, die auch als städtische Bevölkerung immer stärker an Bedeutung gewann, identifizierte – und identifiziert sich als einzige noch nahezu vollständig! – mit der Demokratischen Partei: die Schwarzen, die in den Großstädten der Nordstaaten zwar keiner rechtlichen Diskriminierung ausgesetzt waren, die Demokraten aber als *Anwälte der ökonomisch Schwachen und sozial Benachteiligten* wahrnahmen, denen die Schwarzen in ihrer Gesamtheit angehörten. Schließlich umfaßte die »Roosevelt-Koalition« noch die *Südstaaten* mit ihrer – von politischen Rechten ausgeschlossenen – schwarzen und der vergleichsweise armen weißen ländlichen Bevölkerung, die teilweise Subsistenzwirtschaft betrieb oder sogar in Pachtabhängigkeit von Großgrundbesitzern stand. Wirtschaftlich war der Süden hinter der Entwicklung der übrigen Landesteile zurückgeblieben. Politisch hegte er ein *hartnäckiges Ressentiment gegen die Nordstaaten,* von denen er sich wirtschaftlich ausgebeutet sah; im besonderen richteten sich verbreitete Vorurteile gegen Katholiken, Großstädte und Gewerkschaften, sämtliche Erscheinungen, die im Süden so gut wie unbekannt oder allenfalls seltene Ausnahmen waren.

Tabelle 5: Verteilung der Wählerstimmen bei Präsidentschaftswahlen in ausgesuchten Gruppen (in v.H.)

	DEMOKRATEN			REPUBLIKANER			UNABHÄNGIGE KANDIDATEN
	1972 McGovern	1976 Carter	1980 Carter	1972 Nixon	1976 Ford	1980 Reagan	1980 Anderson
Weiße	38	50	36	62	48	56	7
nichtweiße Minderheiten	87	85	86	13	15	10	2
College-Abschluß	37	42	35	63	55	53	10
High-School-Abschluß	34	54	43	66	46	51	5
Grundschulabschluß	49	58	54	51	41	42	3
Freiberufler/Unternehmer	31	42	33	69	56	55	10
Angestellte	36	50	40	64	48	51	9
Arbeiter	43	58	48	58	41	46	5
Protestanten	30	46	39	70	53	54	6
Katholiken	48	57	46	57	42	47	6
Republikaner	5	9	29	95	91	86	5
Demokraten	67	82	81	33	18	26	4
Unabhängige	31	38	29	38	57	55	14
Gewerkschafterfamilien-mitglieder	46	63	50	54	36	43	5

Quelle: Stephen J. Wayne, *The Road to the White House: The Politics of Presidential Elections*, New York 1980; William Schneider, *The November 4 Vote for President: What Did It Mean?*, in Austin Ranney (Hrsg.), The American Elections of 1980, Washington, D.C. 1981.

Kandidaten vorziehen. In engem Zusammenhang mit der Ablehnung des »Neuen Liberalismus« steht ein verbreiteter *Anti-Intellektualismus* in den unteren und oberen Mittelschichten, der angesichts der Affinität bekannter Intellektueller zur Demokratischen Partei gegen Demokratische Kandidaten mobilisiert werden kann und zum Standardrepertoire der Republikanischen Wahlkampfstrategien gehört und mit wachsender Entfernung früherer Demokratischer Wählermilieus von der Demokratischen Partei dort seine Wirkung nicht verfehlt.

Ein weiterer Gesichtspunkt in der Veränderung der sozialstrukturellen Grundlagen der amerikanischen Parteien ist die *Abkehr der Südstaaten von der Demokratischen Partei*. Die um 1950 noch weitgehend ländlich-kleinstädtischen, kaum industrialisierten Südstaaten standen in ihrem sozialen und kulturellen Konservatismus in krassem Gegensatz zur Politik, die von den Demokratischen Präsidenten und von der Mehrzahl der Demokratischen Senatoren und Abgeordneten betrieben wurde. Bereits 1952 hatte Eisenhower als Republikanischer Präsidentschaftskandidat die Mehrzahl der Südstaaten auf seiner Seite. Die Südstaaten wurden aber dennoch keine Republikanische Hochburg, sondern pendelten zwischen den Parteien jeweils zugunsten konservativer Republikanischen Kandidaten, wenn diesen ein liberaler Demokrat gegenüberstand, oder zugunsten Demokratischer Kandidaten, wenn diese in ihrer Partei eine »gemäßigt« liberale Haltung repräsentierten wie etwa die Präsidentschaftskandidaten *Kennedy* und *Carter*. Nicht nur die traditionelle Identifikation der Südstaaten mit der Demokratischen Partei, die bei Senats- und Abgeordnetenwahlen eine bedeutende Rolle spielt, steht der Entwicklung einer Republikanischen Hochburg in den Südstaaten entgegen, sondern auch der rasche soziale und ökonomische Wandel in dieser Region, der diese in vieler Hinsicht, wenn auch noch lange nicht vollständig, den Verhältnissen in den übrigen Unionstaaten anglich.

Zunächst wurde mit den Bürgerrechtsgesetzen der Jahre 1964/65 allmählich die politische Diskriminierung der schwarzen Bevölkerung abgebaut. Die politisch emanzipierten Schwarzen wandten sich voll der Demokratischen Partei zu. Weiterhin setzte in den späten 50er und in den 60er Jahren eine stärkere Industrialisierung der südlichen Unionsstaaten ein, in deren Folge die Zahl der abhängig Beschäftigten rasch anwuchs. Weiße Arbeiter und Angestellte, die heute zusammen mit der schwarzen Bevölkerung das Gros der Demokratischen Wählerschaft in den Südstaaten stellen, teilen den traditionellen sozialen Konservatismus der Region nicht in allen Punkten und bilden ein gewisses Gegengewicht zu den starken, regionaleigentümlichen konservativen Neigungen. Auf der anderen Seite bildeten die aus den Nordstaaten zugewanderten oder im Süden rekrutierten Unternehmer sowie die mittleren und gehobenen Manager im Zuge der Industrialisierung in den Südstaaten eine moderne Schicht, die sich vor allem mit der Republikanischen Partei identifiziert. Auf diesem Hintergrund entstand in vielen Südstaaten eine wirkliche Konkurrenzsituation für die beiden Großparteien, keine neue Hochburg. Allerdings sind die Effekte dieser Konkurrenzsituation ähnlich wie in anderen Regionen, sofern die weißen Südstaatenwähler zumindest bei Präsidentschaftswahlen keine feste Präferenz zugunsten einer bestimmten Partei erkennen lassen.

Die einzige Wählergruppe, die unbeschadet aller Veränderungen der Demokratischen Partei treu blieb, sind die Schwarzen. Die *schwarzen Amerikaner* und ähnlich die *Hispano-Amerikaner,* die sich durchweg in der untersten sozio-ökonomischen Statusgruppe befinden, haben allen Grund, die Demokratische Partei zu unterstützen, weil sich in dieser Partei die einzigen politischen Kräfte regen, die nach dem Abebben des sozialen Reformismus der 60er Jahre überhaupt noch aktiv darauf hinarbeiten, die Lage der sozial benachteiligten nicht-weißen Bevölkerung durch staatliche Programme zu bessern.

Die Frage, wen Demokraten und Republikaner typischerweise in der Erwerbsschichtenhierarchie vertreten, kann für die Präsidentenwahlen kaum schlüssig beantwortet werden. Die erhebliche Stimmenfluktuation zwischen Demokratischen und Republikanischen Kandidaten geht quer durch alle Schichten, mit Ausnahme der schwarzen Minderheit, die sich konstant für die Demokraten entscheidet. Die gewerblichen, freiberuflichen und selbständigen Mittelschichten favorisieren in der Regel stärker Republikanische Kandidaten. Seit den Anfängen systematischer Wahlanalysen, d. h. seit den Präsidentschaftswahlen von 1948, konnten Demokratische Kandidaten nur einmal, 1964, die Mehrheit der weißen Mittelschicht für sich gewinnen. Umgekehrt haben die Republikaner wiederholt ihre Fähigkeit bewiesen, die Mehrheit der weißen Arbeiter und Angestellten für sich zu gewinnen. Die Gewinnung der weißen »working class« ist für die Demokraten in Präsidentschaftswahlen eine notwendige Erfolgsbedingung, die sie in allen für sie erfolgreichen Präsidentschaftswahlen erreichten, 1948, 1960, 1964 und 1976. Die Präsidenten jedweder Partei repräsentieren faktisch Mehrheiten, die keine spezifischen ökonomischen Interessen oder eine deutliche Schichtungsbasis erkennen lassen. Sie drücken kaum mehr aus als einen Mehrheitskonsens über Personen und allenfalls noch Problemlösungsvorschläge, mit denen sich diese Personen im Wahlkampf identifizieren. Die fluktuierenden, strukturell schwach kontuierten Präsidentenmehrheiten sind der deutlichste Ausdruck für den ideologisch konkurrenzarmen und kaum schichtungsgebundenen Charakter der amerikanischen Parteien.

b) Parteien und Kongreßwahlen

Weitaus stabiler als die präsidentiellen Wählermehrheiten sind die Mehrheiten im Kongreß. Die Demokraten halten dort seit langem einen bequemen Mehrheitsvorsprung vor den Republikanern. Die Erklärung dafür liegt weniger in der Popularität der Demokraten als Partei als in der Popularität ihrer Senatoren und Abgeordneten. Alle sozio-ökonomischen Schichten entscheiden sich konstanter und stärker für Demokratische Kongreßmitglieder als für Demokratische Präsidentschaftskandidaten (vgl. dazu die *Tabelle 6* auf S. 101). Der grundlegende Unterschied in der elektoralen Basis der Kongreßmitglieder und der Präsidenten besteht darin, daß die Präsidentschaftskandidaten sich einem Elektorat von kontinentaler Ausdehnung stellen müssen, während die Senatoren und Abgeordneten in kleineren territorialen Einheiten kandidieren, die jedenfalls in den kleineren Unionsstaaten und in den Kongreßdistrikten bzw. Repräsentantenhauswahlkreisen sozial und wirtschaftlich überschaubare Strukturen aufweisen. Die Einstellung auf die Bedürfnisse der Wahlkreise hält sich dort noch im Rahmen des Machbaren: Kongreßmitglieder, die ihre Wahlkreise bzw. die dort dominierenden wirtschaftlichen Interessen und sozialen Schichten »pflegen«, indem sie ihre Kontakte zu einflußreichen Kollegen und zur Bundesverwaltung spielen lassen, können mit einiger Berechtigung darauf hoffen, daß sie in ihren Wahlkreisen wiedergewählt werden, solange sie dies wünschen. Demokratische Kongreßmitglieder genießen dabei Vorteile, die sich gewissermaßen selber reproduzieren: sogar dann, wenn sich die Bundesministration nicht in den Händen der eigenen Partei befindet, können sich Demokraten meist die Tatsache zunutze machen, daß sie die Mehrheit im Kongreß stellen. Sie kontrollieren die Ausschüsse und große Teile der Kongreßbürokratie, als Mitglieder der Mehrheitsfraktionen werden sie auch von den Beamten Republikanischer Administrationen umworben, die sich um Mehrheiten für die Gesetzgebungsprojekte ihrer Behörden bemühen. Von daher sind sie imstande, konkrete Vorteile für ihre Wahlkreise auszuhandeln oder als »Ombudsleute« dafür zu sorgen, daß Personen in ihren Wahlkreisen, die Probleme mit Bundesbehörden haben, eine rasche »unbürokratische« Hilfe zuteil wird.

Demgegenüber befinden sich die Republikanischen Herausforderer in den Kongreßwahlkämpfen in einer ungünstigen Ausgangsposition: zum einen sind sie unbekannt und können keine nützlichen Aktivitäten zugunsten der Wähler nachweisen, zum anderen entmutigen die beinahe serienmäßigen Wiederwahlerfolge erfahrener und bekannter Demokratischer Kongreßmitglieder potentielle Republikanische Bewerber, Zeit und Aufwand in aussichtslose Anstrengungen zu investieren. Die gesamten von Kandidaten beider Parteien mit mehr als 60 % gewonnenen Wahlkreise stiegen von 1960: 59 % auf 1970: 77 % und lagen 1980 bei 72 % bei den Wahlen zum Repräsentantenhaus.

Tabelle 6: Prozentsatz der auf die Demokratische Partei entfallenden Stimmen nach sozio-ökonomischen Schichten

	1960		1968		1972	
	Präsid.	Kongreß	Präsid.	Kongreß	Präsid.	Kongreß
Oberschicht	38	46	36	42	32	48
Mittelschicht	53	60	39	51	26	49
Unterschicht	61	66	38	55	32	54

Quelle: Everett C. Ladd, *Liberalism Upside Down: The Inversion of the New Deal Order*, in: Political Science Quarterly, 91. Jg. (1976), S. 578, 580

Weitaus weniger »sicher« sind die Senatoren der größeren Unionsstaaten, die keine so gezielte Zielgruppenansprache wie Abgeordnete oder Kleinstaatensenatoren betreiben können, weil sie sich Elektoraten mit einer vielfältigen Interessenpalette gegenübersehen. Nichtsdestoweniger lagen auch in Senatswahlen die »sicheren« Unionsstaaten, die Senatoren mit mehr als 60 % der abgegebenen Stimmen gewannen, in dem auf 6 Jahre gestreckten Senatswahlturnus (alle zwei Jahre wird ein Drittel der Senatoren neugewählt) von 1974 bis 1978 noch bei 41 % (1962–1966: 44 %).

Die Chance auf einen Parteienwechsel in den Wahlkreisen ist dann am größten, wenn ein langjähriger Amtsinhaber ausscheidet. Freilich bemühen sich gerade die Demokratischen Kandidaten dann häufig mit Erfolg, den Bonus des Vorgängers auf dessen Partei und damit auf sich selber zu überschreiben. Auch bei den Kongreßwahlen stehen insgesamt vorrangig Personen zur Wahl. Was bei Präsidentschaftswahlen an »ideologischer« oder »sozioökonomischer« Bestimmtheit fehlt, fehlt in der Regel genauso bei den Senats-und Unionsstaatenwahlen.

3) Parteiorganisation und Nominierungsprozesse

Die herausragenden Institutionen der amerikanischen Parteienstruktur sind die Parteikonvente und die Vorwahlen. Für die Wahl des Präsidenten spielen beide eine Rolle. Mitglieder im Sinne der europäischen Parteien kennen die amerikanischen Parteien nicht. Parteimitglieder im weiteren Sinne sind alle politisch aktiven Bürger, die sich an der Nominierung parteilich gebundener Kandidaten für öffentliche Ämter beteiligen. Wie weit und im Grunde genommen nichtssagend die Mitgliedschaft der Parteien definiert werden kann, zeigen die praktisch für alle unionsstaatlichen, kommunalen und die meisten nationalen Ämter bestehenden Vorwahlregelungen. Die Einführung und die rechtliche Ausgestaltung der Vorwahlen hängt von der unionsstaatlichen Gesetzgebung ab und variiert zwischen den einzelnen Staaten. An den Vorwahlen der Parteien, die sich heute in etlichen Unionsstaaten auch auf die Nominierung der Präsidentschaftskandidaten beziehen, können sich unter Beachtung einfach zu erfüllender Formalien alle Bürger beteiligen, die erklären, daß sie in den kommenden (Haupt)Wahlen den Kandidaten der betreffenden Partei wählen wollen.

Die Basis der amerikanischen Parteien bilden die Teilnehmer an parteiinternen Wahlen und die Amtsträger der Parteien. Ständige Einrichtungen kennen die Parteien nicht, wenn man von den politisch unbedeutenden Büros absieht, welche die Parteien in Washington unterhalten. Diese den Nationalen Parteiverständen attachierten Büros besitzen die Hauptaufgabe, im Zweijahresrhythmus der Kongreß- und Präsidentschaftswahlen mit ihren begrenzten Eigenmitteln entweder lokale Kongreßwahlkämpfe zu unterstützen oder technische Vorbereitungen für die Nominierungskonvente zu treffen, auf denen die Präsidentschaftskandidaten bestimmt werden.

Ständig vertreten sind die Parteien eigentlich in politisch bedeutsamer Weise nur durch die Amtsträger im Kongreß, in der Bundesadministration, in den Unionsstaaten und in den Gemeinden. Die Ämterzentrierung ist ein herausragendes Merkmal der Parteien. Deren wichtigste Tätigkeit besteht darin, den Prozeß der Kandidatenauslese für politische Ämter zu organisieren, indem sie einen bestimmten Regelkodex entwerfen, nach dem sich entscheidet, wer im Namen der Partei für ein Amt kandidieren darf. Im wesentlichen endet dort die Aufgabe der Parteien.

a) Die Nominierung der Präsidentschaftskandidaten bis 1968

Die Marginalität der politischen Parteien sogar in den Nominierungsprozessen manifestiert sich am deutlichsten und in ihrer größten Tragweite im Wandel des Verfahrens zur Nominierung der Präsidentschaftskandidaten in den letzten 15 Jahren. Bis zuletzt 1968 wurden über Zweidrittel der Delegierten zu den Nationalkonventen der Parteien, die die jeweiligen Präsidentschaftskandidaten nominieren, nach dem *Konventsdelegiertensystem* bestimmt. In einer Delegationskette, die von den aktiven Parteianhängern in den Ortsbezirken bis hinauf zu den Kongreßdistriktsdelegiertenversammlungen reichte, wurden Delegierte gewählt, die die Aufgabe hatten, auf eigens zu diesem Zweck anberaumten Delegiertenkonventen die Parteidelegation des betreffenden Unionsstaates für den Nationalkonvent zu bestimmen. Das restliche Drittel der Nationalkonventsdelegierten wurde bis 1968 nach dem Vorwahlprinzip ausgewählt. An den *Vorwahlen* einer Partei können sich alle Sympathisanten einer Partei unter bestimmten Voraussetzungen beteiligen. Die Bedeutung der Vorwahlen lag und liegt darin, daß die Anhänger einer

Partei selber bestimmen können, für welchen Kandidaten die Parteidelegierten des betreffenden Unionsstaates auf dem Nationalkonvent votieren sollen. Demgegenüber befand sich das Konventsdelegiertensystem in der Kontrolle der unionsstaatlichen Parteien, d. h. im wesentlichen der wichtigsten Amtsträger der Parteien - Kongreßabgeordnete, Senatoren, Gouverneure, unionsstaatliche Abgeordnete, Bürgermeister. Diese stellten mangels eines haupt- oder ehrenamtlichen Funktionärskorps die einzige kontinuierliche »Infrastruktur« der amerikanischen Parteien dar.

Die nach dem Konventsdelegiertensystem bestimmten Nationalkonventsdelegierten richteten sich in ihrem Urteil häufig nach den Argumenten der »professionellen« Politiker bzw. der im Nationalkonvent repräsentierten Amtsträger der Partei über die Fähigkeit der verschiedenen Kandidaten, möglichst viele Stimmen für die Partei zu gewinnen und über deren vermutlich Bereitschaft, im Falle ihrer Wahl und bei der Gestaltung ihres Gesetzgebungsprogramms auf die wichtigsten konstituierenden Wählerzielgruppen der Partei Rücksicht zu nehmen. Beide Gesichtspunkte waren und sind nicht nur für den Ausgang der bevorstehenden und künftigen Präsidentschaftswahlchancen einer Partei wichtig, sondern auch für die Wahlaussichten einer Reihe von Parteikandidaten für andere Ämter, für den Kongreß, für die unionsstaatlichen Legislaturen und für die lokalen Selbstverwaltungen. Für die Präsidentschaftskandidaten kam es also stark darauf an, die einflußreichen Repräsentanten der Partei in den Unionsstaaten davon zu überzeugen, daß sie die bezeichneten Fähigkeiten mitbrachten.

Die *politischen Führer der Unionsstaatenparteien* hatten bis 1968 nicht nur eminente Bedeutung für die Gewinnung der unionsstaatlichen Delegierten, sondern auch für die Verhandlungen hinter den Kulissen der Nationalkonvente, in denen sich entschied, welcher Kandidat eine Delegiertenmehrheit hinter sich bekam. Dieses »Aushandeln« (bargaining) wurde dann besonders wichtig, wenn Delegationen, die auf einen bestimmten Kandidaten verpflichtet waren, Entscheidungsfreiheit erhielten, weil ihr Kandidat sich aus dem Rennen zurückzog. In den Unionsstaaten, die ihre Delegierten im Weg der Vorwahlen bestimmten und/oder für die Wahl eines bestimmten Kandidaten instruierten, waren ganz andere Strategien angebracht: Werbekampagnen unter Einsatz der Kandidaten und ihrer Helfer, Plakat-, Radio- und Fersehwerbung, kandidatenfinanzierte Meinungsumfragen. Soweit die führenden Repräsentanten der Unionsstaatenparteien hier überhaupt einen Einfluß geltend machen konnten, beschränkte sich dieser darauf, daß sie ihre persönliche lokale und regionale Popularität einsetzten, indem sie die Wahl eines bestimmten Kandidaten empfahlen. Beide Parteien, Demokraten und Republikaner, praktizierten das *Pluralitätsprinzip*: entschied sich eine Mehrheit der Delegierten oder der »Vorwähler« eines Unionsstaates für einen bestimmten

Kandidaten einer Partei, so waren alle Delegierten der Unionsstaatspartei auf diesen betreffenden Kandidaten verpflichtet.

Das Konventsdelegierten- und das Vorwahlsprinzip konnten leicht in Widerspruch zueinander geraten: das erste honoriert gute »Beziehungen« und eine günstige Reputation der Kandidaten bei einflußreichen Politikern, die Kandidaten auch daraufhin überprüfen, wie sie sich bisher in politischen Ämter bewährten und ob sie die Traditionen und überkommenen Interessenbindungen der Partei beachteten; das zweite belohnt gute Werbestrategien, die Wirkung von Kandidaten auf ein Wählerpublikum. Seit Ende der 50er Jahre wurde es für Präsidentschaftskandidaten beider Parteien immer wichtiger, die wenigen Vorwahlen erfolgreich zu bestehen, obgleich die Vorwahlen doch nur über den kleineren Teil der Delegiertenstimmen entschieden. Aber die Vorwahlen genossen vor allem durch die erst jetzt zu politischer Bedeutung gelangenden *Fernsehmedien* und durch die Ergiebigkeit der Vorwahlenauseinandersetzungen für die *nationale Presse* immense Publizität. Die Vorwahlen ermöglichten es Außenseitern, die bei den einflußreichen Parteiführern nie eine Chance hatten, ernst genommen zu werden, sich Gehör und Beachtung zu verschaffen.

b) Die Nominierung der Präsidentschaftskandidaten seit 1972

Von der Demokratischen Partei gingen die Impulse aus, die am Ende die Vorwahlen zum allein maßgeblichen Faktor für die Nominierung der Präsidentschaftskandidaten machten. 1968 wurde *H. Humphrey*, ein klassischer Liberaler in der Roosevelt-Tradition, zum Demokratischen Präsidentschaftskandidaten nominiert. *Humphrey* genoß vor allem die Unterstützung der einflußreichen Parteipolitiker und der von diesen »kontrollierten« Delegierten. In den Vorwahlen war *Humphrey* kein Erfolg beschieden. Seine Nominierung erfolgte gegen heftigen Widerstand anderer Teile der Partei, die sich auf den Erfolg ihrer Kandidaten in den Vorwahlen beriefen. Manipulationsvorwürfe bei der Beeinflussung der Delegierten wurden laut. Die Demokratische Partei setzte daraufhin eine Kommission ein, die das Nominierungsverfahren für die Päsidentschaftskandidaten neu ordnen sollte. Die später praktizierten Empfehlungen der Kommission, die als einer der durchschlagenden politischen Erfolge des »Neuen Liberalismus« gelten müssen, versetzten dem Einfluß professioneller Politiker auf die Präsidentennominierung einen vernichtenden Stoß.

In der *Demokratischen Partei* darf seit 1972 nur eine Minderheit der Nationalkonventsdelegierten eines Unionsstaates durch einen unionsstaatlichen Delegiertenkonvent oder durch das Gesamtergebnis der unionsstaatlichen Vorwahlen einer Partei bestimmt werden. Die Mehrzahl der Delegierten muß in verschiedenen Distrikten gewählt werden, die nicht größer als ein Kongreßwahlkreis sein dürfen. Alle Kandidaten, die eine *Sperrklausel* überwinden (1972, 1976: 15 %; 1980: 25 %), werden mit eigenen Delegierten in der Nationalkonventabordnung des Unionsstaates vertreten (entsprechend ihrem Anteil an den Vorwählerstimmen). In gänzlicher Abkehr vom »winner-take-all«-Prinzip der früheren Demokratischen Parteisatzung und der angelsächsischen Mehrheitswahltradition hat sich damit die Demokratische Partei zum *Verhältniswahlprinzip* bekannt. Ebenso müssen in denjenigen Unionsstaaten, die am Konventsdelegiertensystem festhalten, Kandidaten, auf die ein bestimmter Anteil der Delegierten entfällt (hier gelten auch die erwähnten Sperrklauseln), in der Nationalkonventsdelegation der Demokratischen Partei proportional vertreten sein. Die *Republikanische Partei* hat keine entsprechende Reform durchgeführt, muß aber in jenem halben Dutzend Unionsstaaten, wo sie durch Gesetz dazu verpflichtet ist, ihre Delegiertenstimmen verhältnismäßig auf die Vorwahlenkandidaten verteilen. Überall sonst praktiziert sie das »winner-take-all«-Prinzip. Allerdings wurde in der Republikanischen Partei das konventionelle Präsidentennominierungsverfahren nie als Problem empfunden oder gar unter Kritik genommen.

Eine Vielzahl der Unionsstaaten-Legislaturen trug auf ihre Weise zur Veränderung der Nominierungsbedingungen in den beiden Großparteien bei. Nach den Auseinandersetzungen und den Reformen in der Demokratischen Partei gelangte man bis 1976 in der Mehrheit aller Unionsstaaten zur Auffassung, dem Vorwahlprinzip den Vorrang vor dem Konventsdelegiertensystem zu geben, zumal da der Übergang zum Verhältniswahlprinzip bei der Zusammensetzung des Demokratischen Nationalkonvents sinnvollerweise die unmittelbare Artikulierung breiter Massenpräferenzen voraussetzte. Erst mit der *Vorwahlgesetzgebung der 70er Jahre* gelangten die Vorwahlen zu ihrer heute überragenden Bedeutung in Präsidentschaftsnominierungsprozessen. Durch die Einführung der Vorwahlen in bisherigen »Konventsdelegiertenstaaten« stieg der Anteil der durch Vorwahlen ermittelten Konventsdelegierten in beiden Parteien bis 1980 auf über Dreiviertel der gesamten Nationalkonventsdelegierten (vgl. dazu die *Tabelle 7,* S. 106).

Bevor heute ein *Nationalkonvent* überhaupt zusammentritt, stehen in der Regel die erfolgreichen Präsidentschaftskandidaten durch die Ergebnisse der Vorwahlen, die für die Delegierten bindende Wirkung besitzen, bereits fest. Die diffuse, bis 1968 aber manifeste Machtelite der »Nominierungs- und Konventspolitik«, Senatoren, Abgeordnete, Bürgermeister, Gouverneure, wurde durch die Neuerungen der 70er Jahre funktionslos. Diese Entwicklung spiegelt sich im drastischen *Rückgang der Berufspolitiker* in hohen Ämtern wider, die als Delegierte dem Nationalkonvent angehören (vgl. dazu *Tabelle 8,* S. 106). Die Nominierung der Präsidentschaftskandidaten hat durch die wachsende Bedeutung der Vorwahlen personalplebiszitären Charakter

Tabelle 7: Anzahl der durch Vorwahlen bestimmten oder durch Vorwahlergebnisse gebundenen Nationalkonventsdelegierten 1968–1980

Demokratische Partei	1968	1972	1976	1980
Anzahl der Unionsstaaten* mit Vorwahlen	17	23	29	33
Anzahl der durch Vorwahlen bestimmten oder gebundenen Delegierten	983	1862	2183	2700
Prozentsatz der durch Vorwahlen gebundenen oder gewählten Delegierten	37,5	60,5	72,6	81,3
Republikanische Partei	**1968**	**1972**	**1976**	**1980**
Anzahl der Unionsstaaten* mit Vorwahlen	16	22	28	32
Anzahl der durch Vorwahlen bestimmten oder gebundenen Delegierten	458	710	1533	1507
Prozentsatz der durch Vorwahlen gebundenen oder gewählten Delegierten	34,3	52,7	67,9	75,6

* Die Differenz in der Anzahl der Staaten, die Vorwahlen praktizieren, geht darauf zurück, daß im Unionsstaat Arkansas nur die Demokratische Partei Vorwahlen veranstaltet.

Quelle: James W. Davis, *Presidential Primaries: Road to the White House*, Westport, Conn. 1980

Tabelle 8: Nationalkonventsmitgliedschaft in den Gruppen der Senatoren, Abgeordneten und Gouverneure beider Parteien (in v.H.)

	Senatoren	Abgeordnete	Gouverneure
1968	68	39	83
1972	36	15	80
1976	18	15	47

Quelle: Stehen J. Wayne, *The Road to the White House: The Politics of Presidential Elections*, New York 1980.

erhalten. Einige strukturelle Konsequenzen dieser noch sehr jungen Veränderungen zeigen sich bereits jetzt:

1. Publizität und Wahlkampfzuwendungen privater Spender stehen in einer wechselseitigen Dynamik, die zunehmend die Nominierungspolitik der

Parteien prägt. Gut vorbereitete Kandidaten, sogar Außenseiter, haben eine gute Chance, auch ohne größere nationale Bekanntheit sehr rasch einem breiten Medienpublikum bekannt zu werden, wenn sie in den ersten der über sechs Monate gestaffelten Vorwahlen gute Ergebnisse erzielen. Gelingt es ihnen, erst einmal breitere Beachtung zu finden, so fällt es ihnen umso leichter, freiwillige Helfer und Mitarbeiter anzuwerben und politische Spenden für den weiteren Wahlkampf einzuwerben. Spenden kommen oft von Personen und Institutionen, die ihren finanziellen Beitrag in der Erwartung beisteuern, daß der Kandidat eine gute Chance hat, auch in den kommenden Vorwahlen gut abzuschneiden.

Die entscheidende Hürde für Kandidaten steckt darin, Wahlkampfmittel zum Aufbau eines Wahlkampfstabes zu gewinnen, bevor die ersten Vorwahlen stattgefunden haben. Kandidaten mit großen Privat- und Familienvermögen besitzen hier Startvorteile, die nur zum Teil dadurch ausgeglichen werden, daß der amerikanische Bundesgesetzgeber seit 1974 eine Ausgabenbegrenzung vorschreibt und eine partielle Bezuschussung der Wahlkampfausgaben gewährt. Allgemeine Bekanntheit erweist sich als der wichtigste Startfaktor. Sie ist freilich in der Regel an bestimmte Positionen gebunden. Aus diesem Grund rekrutieren sich Präsidentschaftskandidaten vornehmlich aus dem Senat und aus dem Kreis der Gouverneure größerer Unionsstaaten (vor allem New York und Kalifornien), die eine exponierte Stellung in der Medienberichterstattung genießen. In dieser Hinsicht besteht eine Parallele mit den früheren Nominierungspraktiken, nur mit dem Unterschied, daß vordem Senatoren und Gouverneure zusätzliche gute Kandidaturchancen hatten, weil sie qua Position in enger Tuchfühlung mit den ausschlaggebenden politischen Führern der Parteien in den Unionsstaaten standen.

2. Erfolgreiche Vorwahlkämpfe setzen voraus, daß die Kandidaten einen eigenen Wahlkampfapparat organisieren, d. h. Mitarbeiter anwerben, die Veranstaltungen arrangieren, Verbindungen zu Fernsehen und Presse halten, Spenden sammeln, Rede- und Interviewtexte entwerfen. Alle ernsthaften Präsidentschaftskandidaten verfügen heute über entsprechende Apparate, die meist von werbeerfahrenen Kräften geleitet werden. »Fernsehgerechtes« Auftreten der Kandidaten ist ein zentraler Bestandteil der Wahlkampfstrategie. Die persönlichen Wahlkampforganisationen der Kandidaten haben sich voll verselbständigt. Darin erfahren, ihren Kandidaten einem Publikum von Demokratischen oder Republikanischen Parteiwählern zu präsentieren, lösen sie sich keineswegs auf, wenn ihr Kandidat erfolgreich die Vorwahlenrunde überstanden hat und als Präsidentschaftskandidat seiner Partei nominiert sein sollte. Vielmehr führen sie nunmehr den Wahlkampf für den offiziellen Präsidentschaftskandidaten der Partei. Das ohnehin geringe Gewicht der offiziellen Parteiapparate mit ihren eigenen Ressourcen und Helfern

schrumpft daneben zur Bedeutungslosigkeit. Früher traten diese mit aller Vehemenz überhaupt erst auf den Plan, sobald der offizielle Präsidentschaftskandidat feststand, um für diesen den Wahlkampf zu bestreiten. Heute werden fast alle finanziellen und sonstigen Ressourcen von den persönlichen Wahlkampforganisationen beansprucht. Die Entwicklung der letzten Jahre kommt einer »Privatisierung« der Wahlkämpfe gleich, in denen die Parteien in der Hauptsache als Kulisse für eine Mobilisierung der Wähler und als Filtermechanismus für die Reduzierung des Kandidatenaufgebots wirken.

3. Die Nominierung der Präsidentschaftskandidaten vollzieht sich heute unter Fortfall wirksamer politischer Eignungskriterien für die von einem Präsidenten zu erwartenden Fähigkeiten - im Gegensatz zu parlamentarischen Regierungssystemen, wo die Regierungschefs aus den Reihen ihrer Fraktionskollegen hervorgehen und vor deren Maßstäben bestehen müssen. In den U.S.A. mit ihrem gewaltenteiligen Regierungssystem hatte das bis 1968 in beiden Parteien übliche Nominierungsverfahren eine »Filter«-Funktion, weil die erfolgreichen Kandidaten den Erwartungen der einflußreichen »Parteiführer« gerecht werden mußten, d. h. sie mußten ihre Fähigkeit unter Beweis stellen, Eigenmächtigkeiten ihrer Mitarbeiter zu verhindern, Kompromisse zu machen, zu überreden und zu überzeugen - sämtlich Fähigkeiten, die nicht nur für die Bildung von Konventsmehrheiten, sondern auch für den Umgang mit dem Kongreß und der Bundesbürokratie von großer Bedeutung sind. In dieser Hinsicht sind alle Kontrollen entfallen: alles, was Kandidaten, wollen sie erfolgreich sein, brauchen, sind telegene Persönlichkeitsattribute, Publizität, Werbespezialisten, Geld, Themen, bei denen sie sich im Einklang mit populären Auffassungen wissen. Es ist bezeichnend, daß die beiden nach dem neuen System nominierten und gewählten Präsidenten, *Carter* und *Reagan*, im Gegensatz zu ihren Vorgängern nie zuvor ein nationales politisches Amt bekleideten und ihr Amt als prototypische »Washington-Amateure« antraten. Das heißt nicht, daß künftig in der nationalen Politik erfahrenere Politiker keine Chance hätten, sondern nur soviel, daß die strukturellen Antriebe für die Nominierung solcher Kandidaten schwächer geworden sind.

c) Die Nominierung der Senatoren- und Abgeordnetenkandidaten

Für die Wahl der übrigen nationalen politischen Ämter der Senatoren und Abgeordneten sind *Vorwahlen* schon lange, wesentlich länger als bei Präsidentschaftsnominierungen, der übliche Mechanismus zur Kandidatenbestellung. Allerdings sind Vorwahlen dort meist undramatische Vorgänge, weil in der Regel die Amtsinhaber erneut kandidieren und bei ihrer Bekanntheit in der Regel problemlos bestätigt werden. Vielfach treten in den Vorwahlen erst gar keine Gegenkandidaten an. Dies gilt für die Senatswahlen in den großen Unionsstaaten nur mit Einschränkungen. Der Senat und einzelne Senatoren genießen große Publizität; viele Senatoren verfolgen vom Senat aus Ambitionen auf eine Präsidentschaftskandidatur. Teilelemente des modernen Präsidentschaftsnominierungsprozesses, hohe Geldaufwendungen der Kandidaten, extreme Medienorientierung und private Wahlkampforganisationen, prägen bereits etliche Vorwahlauseinandersetzungen um Senatsmandate. Auch dabei sind die Parteien bzw. die Geld- und Personalressourcen der Parteien immer zweitrangiger geworden. Bezeichnend dafür sind private Firmen, die gegen Honorar Wahlkämpfe organisieren. Ein ähnliches Bild zeigt sich bei der Nominierung der Gouverneurskandidaten in den größeren Unionsstaaten und in den großstädtischen Metropolen, wenn dort Bürgermeisterwahlen anstehen.

Die amerikanischen Parteien, im Vergleich zu den europäischen Parteien funktionsarm und organisatorisch embryonal entwickelt, existieren heute praktisch nur noch als formale Prozeßnormen für die Auslese von Kandidaten für politische Ämter. In diesem Auslesevorgang sind neben den Kandidaten nur noch die Masse der Vorwahlteilnehmer und einige aktive Parteianhänger relevant, die das Nationalkonventsgefüge tragen. Die amerikanischen Parteien sind weitgehend mit der Gesellschaft, in der sie operieren, verschmolzen.

4) Bündnisverhalten

Die U.S.A. besitzen ein *vollständiges Zweiparteiensystem.* Die Präsidentschaft wechselt lediglich zwischen Demokraten und Republikanern, im Kongreß stellen ebenfalls entweder Demokraten oder Republikaner eine Mehrheit. *»Dritte« Parteien* treten zwar sporadisch auf, dann aber stets als vergängliches Phänomen, das sich überhaupt nur daraus erklärt, daß die beiden großen Parteien bestimmte Themen und Probleme, die weithin als dringend empfunden werden, nicht oder nicht mit genügender Vehemenz aufgreifen. Die letzte bedeutende »dritte« Partei trat 1968 auf: sie nahm einen extremen »law-and-order«-Standpunkt ein und sprach sich für den Abbau der Sozialprogramme und Schutzgesetze für die rassischen Minderheiten aus. Die Strategie der »dritten« Parteien, die eher Bewegungscharakter besitzen, zielt darauf ab, eine Wahlmännermehrheit im Electoral College zu verhindern, womit das Repräsentantenhaus als Präsidentenwahlorgan aktiviert würde, sowie ferner darauf, dem Wahlkampf, den Kandidaten und der praktischen Gesetzgebungstätigkeit bestimmte Themen und Standpunkte aufzuzwingen. Hebel für eine wie auch immer beschaffene Koalitionspolitik können »dritte« Parteien schon deshalb nicht sein, weil sie keine Repräsentanz im Kongreß erwerben. Trotz vielfacher Anläufe dieser Drittparteien gelang es schon seit 150 Jahren nicht mehr, durch Stimmenzersplitterung auf drei Kandidaten das Wahlmännerkollegium auszuschalten. Nichtsdestoweniger findet in der U.S.A. Bündnispolitik statt, wenn auch nicht so sehr zwischen kompakten Parteien, von denen in den U.S.A. ohnedies nicht die Rede sein kann, so doch zwischen den Repräsentanten der beiden großen Parteien.

Dank der Eigentümlichkeit des *präsidentiellen Regierungssystems* der U.S.A., das auf einer verfassungsrechtlich rigiden Gewaltentrennung zwischen Exekutive und Legislative basiert, können die Kongreßmehrheiten und der Präsident derselben Partei angehören oder jeweils die eine oder die andere Partei repräsentieren. Bis auf drei kurze Ausnahmen (1947/48; 1953/54, 1981/82) waren seit 1933 die historischen Mehrheitskonstellationen des *»party government«* der Demokratischen Partei, d.h. Demokratischer Präsident und Demokratische Kongreßmehrheiten (1933–1946; 1949–1952; 1960–1968; 1976–1980), und das *»split government«* der Republikanischen Partei, d.h. Republikanischer Präsident und Demokratische Kongreßmehrheiten (1955–1960; 1968–1974), dominant. Die innenpolitischen und teilweise auch die außenpolitischen Vorhaben eines Präsidenten stehen und fallen mit seinen Beziehungen zum Kongreß.

Die Mehrzahl der Demokratischen Senatoren und Abgeordneten nimmt eine liberale Position ein, die sich mit dem klassischen ökonomischen Liberalismus der Demokratischen Partei identifiziert. Ein Teil davon stellt sich in Einklang mit dem »Neuen Liberalismus«, so daß sogar die Liberalen in der Demokratischen Partei nicht in allen Fragen weltanschaulich übereinstimmen. Eine noch vor 20 Jahren mächtige, seither aber stark geschrumpfte Minderheit der Demokratischen Kongreßmitglieder, vor allem aus den Südstaaten, ist konservativ. Sie gehört nur aufgrund der regionalen politischen Tradition des Südens zur Demokratischen Partei; weltanschaulich stimmt sie mit den konservativen Senatoren und Abgeordneten der Republikanischen Partei überein. Die liberale Gruppe unter den Republikanischen Kongreßmitgliedern ist umgekehrt klein. Häufig agieren konservative Süddemokraten und Republikaner in Senats- und Repräsentantenhausabstimmungen gemeinsam als sog. *»Konservative Koalition«*, die in der Regel gegen die Politik Demokratischer oder »liberaler« Präsidenten opponiert, Republikanische Präsidenten meist aber unterstützt (vgl. dazu die *Tabelle 9* auf Seite 111).

Das Fehlen verbindlicher Parteiprogramme, der geringe Bestand an gemeinsamen politischen Grundsätzen und die regionale und die Interessenvielfalt der Wahlkreise und Unionsstaaten, aus denen die Kongreßmitglieder kommen, machen die *Kongreßfraktionen* der Parteien, vor allem die der Demokratischen Partei, zu lockeren Zweckverbänden, die vor allem als Vehikel für die Übertragung parlamentarischer Schlüsselfunktionen (Kammerpräsidi-

Tabelle 9: Weltanschauliche Gruppendifferenzierung im Kongreß (in v.H.)

Repräsentantenhaus

1961	Norddemokraten	Süddemokraten	Demokraten insg.	Republikaner	Abg. insg.
Liberale	82	2	51	4	34
Gemäßigt Liberale	13	13	13	15	14
Konservative	5	85	36	81	52
1975					
Liberal	74	11	55	1	37
Gemäßigt Liberale	24	30	26	19	23
Konservative	2	59	20	79	40
Senat 1957/58					
Liberale	67	9	41	2	22
Gemäßigt Liberale	19	27	22	26	24
Konservative	15	64	37	72	54
1975					
Liberale	85	-	63	16	45
Gemäßigt Liberale	15	19	16	26	20
Konservative	-	81	21	58	35

Quelle: Lawrence C. Dodd und Bruce I. Oppenheimer (Hrsg.), *Congress Reconsidered*, New York 1977 um, Ausschüsse, Unterausschüsse) an die Mitglieder der Mehrheitsfraktion dienen. Partei- oder Abstimmungsdisziplin ist den amerikanischen Senatoren und Abgeordneten unbekannt. Sie wäre auch nicht mit der Flexibilität zu vereinbaren, mit der sich die Kongreßmitglieder auf die Interessen und Stimmungen in ihren Wahlkreisen einstellen müssen, um ihre Wiederwahl nicht zu gefährden.

Vorschläge des Präsidenten oder der Regierungsbehörden, die antizipierend oder nach entsprechenden Verhandlungen mit Senatoren und Abgeordneten konkrete Vorteile für deren Wahlkreise enthalten oder die sich mit dem Urteil vieler Kongreßmitglieder decken, besitzen eine gute Chance auf Zustimmung, mag es sich um die Vorschläge Demokratischer oder Republikanischer Administrationen handeln. Das gilt aber nicht für solche Vorschläge, die eine Richtungsentscheidung eines Präsidenten darstellen und in den Parteien Kontroversen auslösen (vgl. dazu *Tabelle 10*).

Tabelle 10: Erfolgsquote der vom Präsidenten vorgeschlagenen Gesetzesentwürfe (in v.H.)

1961 - 81 (Kennedy)	1968 - 75 (Johnson)	1975 - 61 (Ford)
1962 - 85 (Kennedy)	1969 - 74 (Nixon)	1976 - 54 (Ford)
1963 - 87 (Kennedy)	1970 - 77 (Nixon)	1977 - 75 (Carter)
1964 - 88 (Johnson)	1971 - 75 (Nixon)	1978 - 78 (Carter)
1965 - 93 (Johnson)	1972 - 66 (Nixon)	1979 - 77 (Carter)
1966 - 79 (Johnson)	1973 - 51 (Nixon)	1980 - 75 (Carter)
1967 - 79 (Johnson)	1974 - 58 (Nixon)	

Quelle: *Congressional Quarterly Almanac 1961 ff.*, Washington, D.C. 1962 ff. (Presidential Support Score)

Die U.S.A. sind unter einem »split government« nicht »unregierbarer« als unter einem »party government«. Die Bündnispolitik zwischen Präsident und Kongreß findet weniger zwischen Parteien als zwischen Personen und sozio-ökonomischen Interessen statt, als deren Sprecher diese Personen im Kongreß und im Regierungsapparat auftreten. Die organisatorische Schwäche, die Prinzipienarmut und die extreme Ämterorientierung der Mechanismen, die die amerikanischen Parteien darstellen, erzeugen überhaupt erst die Flexibilität, durch die das schwerfällige Regierungssystem weitgehend unabhängig von den jeweiligen Mehrheitskonstallationen funktionieren kann.

III. Japan

Das japanische Parteiensystem wird seit 1945 von der kontinuierlichen Regierung konservativer Kräfte geprägt, denen eine Reihe von, überwiegend linken, Oppositionsparteien gegenübersteht. Die Morphologie der japanischen Parteienlandschaft ähnelt den ideologisch zerklüfteten europäischen Parteien stärker als den amerikanischen Parteien.

1) Programmatik

Alle japanischen Parteien besitzen Programme, denen durchaus politische Ziel- und Identifikationsfunktionen zukommen. Dies gilt vor allem für die sozialistischen Oppositionsparteien. Die seit 1955 regierende *Liberaldemokratische Partei (LDP)* bekennt sich zu Positionen, die im wesentlichen den sozialen Status quo in Japan sanktionieren. Tatsächlich ist die LDP eine konservative Partei, die als einzige politische Kraft des Landes ohne Abstriche die für Japan charakteristische Synthese von Industrialisierung und kapitalistischer Wirtschaftsverfassung mit der traditionellen japanischen Kultur gutheißt. Die LDP stellt nach europäischen Maßstäben keine liberale Partei dar: Liberal sind allenfalls einige Elemente ihrer Wirtschaftsauffassung. Liberalismus im Sinne einer um die Privatsphäre des Individuums und einer um freie wirtschaftliche und politische Betätigung zum eigenen Nutzen aufgebauten Gesellschaftsordnung ermangelt in allen japanischen Parteien wie in der japanischen Gesellschaft überhaupt jeder philosophischen oder historischen Grundlage. Dieselbe Weltanschauung wie die LDP vertritt der *Neu-Liberale Klub (NLC)*, eine kleine, von der LDP abgespaltene Partei, die in den 70er Jahren zeitweise Bedeutung als »Mehrheitsbeschafferin« einer parlamentarisch knapp in die Minderheit geratenen LDP erlangte.

Die *japanische Linke* differenziert sich in eine gemäßigt-reformistische, in eine sozialistische und in eine kommunistische Variante. Die *Sozialistische Partei Japans (SPJ)* visiert in einem radikal gehaltenen Programm eine sozialistische Umgestaltung der Gesellschaft an, wonach die wichtigsten Industrien verstaatlicht, ein leistungsstarker Sozialstaat aufgebaut und bestehende soziale Ungleichheiten beseitigt werden sollen. Vor dem Hintergrund der gegebenen gesellschaftlichen Verhältnisse und angesichts des – kulturell bedingt – schwachen Klassenbewußtseins in Japan wirken die politischen Perspektiven der SPJ ungeheuer radikal, radikaler jedenfalls als entsprechende Programme in einem europäischen Parteienkontext. Dabei ist die SPJ seit Jahrzehnten zweitstärkste japanische Partei, die aber im Gegensatz zur Kommunistischen Partei ihren Sozialismus in den Formen der parlamentarischen Demokratie verwirklichen will.

Über Unstimmigkeiten im politischen Kurs der SPJ kam es 1959 zur Abspaltung des rechten Flügels dieser Partei, der sich 1960 als *Demokratisch-Sozialistische Partei (DSP)* konstituierte. Die DSP bekennt sich zu einem pragmatischen Reformprogramm, das in Japan eine moderne sozialpolitische Infrastruktur aufbauen will, sich aber mit einer »gemischten« Wirtschaft begnügt, in der private Unternehmen noch eine bedeutende Rolle spielen. Sozialistische Impulse fehlen im Programm der DSP trotz ihres Namens gänzlich - wie sich die Partei im übrigen geradezu antimarxistisch versteht. Die Ziele der DSP können als weitergehende soziale und wirtschaftliche Modernisierung Japans umschrieben werden.

Die *Kommunistische Partei Japans (KPJ)* strebt eine sozialistische Gesellschaft an, die per definitionem kein Privateigentum an Produktionsmitteln duldet. Allerdings ist das genaue Modell einer sozialistischen Gesellschaftsordnung in der KPJ umstritten. Bei heftigen Richtungsauseinandersetzungen schwankte die KPJ im Laufe ihrer Nachkriegsgeschichte zwischen einem »sowjetischen« und einem »chinesischen« Weg, um sich am Ende in eine Position zu lavieren, die von europäischen Reformkommunisten als Äquivalent des »Eurokommunismus« gedeutet wurde, im Grunde aber in den Kommunistischen Parteien der Welt keine Vorbilder hat.

Sämtliche genannten Oppositionsparteien bilden sich um politische Vorstellungen, die an europäische Weltanschauungen und politische Reformvorstellungen anknüpfen. Insoweit unterscheiden sie sich von der LDP, die zwar das kapitalistische Gesellschaftsmodell, aber nicht die damit assoziierten liberalen Ideen übernommen hat.

Schließlich bleibt als wichtigere politische Kraft noch die *Komeito* zu erwähnen, die praktisch das Beispiel einer asiatischen Konfessionspartei verkörpert: Die Komeito, »Partei für eine saubere Politik«, stützt sich auf die buddhistische Sekte Sokka Gakkai. Sie ist in der japanischen Politik ein isoliertes Phänomen geblieben, weil die japanische Bevölkerung religiös weitgehend indifferent, auf alle Fälle aber tolerant ist und keinesfalls in größerem Umfang einem puristischen Buddhismus zuneigt. Die Komeito wendet sich gegen den Mangel an Moral (und Religiosität), den sie für die vorhandenen sozialen und wirtschaftlichen Ungerechtigkeiten verantwortlich macht. Durch eine moralisch saubere Politik würden auch der Blick für ungerechte Verhältnisse geschärft und die Wertmaßstäbe für eine Korrektur vorhandener Mißstände evident. Die Komeito rückt vor allem die Rolle der Korruption im Staat und in der Regierungspartei LDP ins Visier ihrer Kritik, um ihr Plädoyer für eine moralische Erneuerung zu fundieren. In allen grundlegenden gesellschaftlichen Fragen steht die Komeito der LDP nicht fern. Das Besondere an der Komeito ist ihr offensichtliches Bemühen, den Verlust an politischer Integrität, den sie konstatiert, durch die Rückbesinnung auf eine überkommene östliche Religion wiedergutzumachen.

Die spezifischen Zielvorstellungen der Parteiprogramme besitzen im Verhältnis zu der politischen Tendenz, die sich in den Programmen manifestiert, keine oder untergeordnete Bedeutung. Ihrer Tendenz nach können die japanischen Parteien unter den Gesichtspunkten ihrer politischen Distanz zum japanischen Kapitalismus und ihrer kulturellen Distanz zu überlieferten politisch-sozialen Werten unterschieden werden:

1. Die LDP und die Komeito (sowie die kleine Neu-Liberale Partei) stehen hinter den bestehenden Eigentumsverhältnissen und Verteilungsmustern. Im Prinzip gilt das gleiche für die DSP, die lediglich maßvolle Korrekturen in Richtung auf einen entwickelten Sozialstaat anstrebt. SPJ und KPJ lehnen den sozialen Status quo ab und setzen sich für dessen radikale Änderung ein.

2. Allein die LDP (sowie die Neu-Liberalen) stellt sich auf den Boden der in Japan erreichten Synthese des modernen Industriekapitalismus mit der traditionell-japanischen, anpassungsfähigen, prinzipienfremden und sozialharmonistischen Kultur. Die Komeito greift diese Synthese bei ihrem Prinzipiendefizit an und sucht sie mit buddhistischen Prinzipien anzureichern, um eine aus ihrer Sicht wirkliche Harmonie der Japaner mit ihrer sozialen Umwelt herzustellen. Der östlich inspirierten kulturellen Opposition der Komeito steht in den sozialistischen Parteien eine westlich inspirierte Opposition gegenüber, die mit egalitären Ansprüchen die konformistisch-sozialharmonistischen Überlieferungen angreift. Die wichtigsten Polarisierungslinien des japanischen Parteiensystems liegen auch heute noch in der sozialen und ökonomischen Modernisierung einer östlichen Gesellschaft nach westlichen Vorbildern begründet.

2) Repräsentation

Seit der Vereinigung der früher selbständigen Liberalen Partei und der Demokratischen Partei zur Liberal-Demokratischen Partei (LDP) im Jahre 1955 konnte sich die *LDP* als größte japanische Partei behaupten. Nach der Verteilung der Parteipräferenzen in den verschiedenen Erwerbsgruppen erweist sich die LDP als charakteristische »interklassistische« Partei, die in allen Gruppen (mit Ausnahme der Studenten) einschließlich der Arbeiter mehr Unterstützung findet als die nächstgrößere SPJ. Im besonderem Maße repräsentiert die LDP aber die gewerblich-unternehmerisch tätigen Schichten: Manager und leitende Angestellte, Kleinunternehmer, mithelfende Familienangehörige, Bauern und Fischer sowie - typisch für soziale Milieus, in denen das Einkommen eines Ehepartners ausreicht - Hausfrauen. Die Wählerschaft der LDP zeigt starke Ähnlichkeiten mit denen der langjährigen alleinregie-

Tabelle 11: Verteilung der Parteipräferenzen in Berufsgruppen 1971 (in v.H.)

	LDP	Komeito	DSP	SPJ	KPJ	andere/keine
Manager, leitende Angestellte	39,2	5,0	9,2	23,3	1,7	21,6
Angestellte	29,1	3,2	6,8	25,2	5,6	30,1
Arbeiter (Facharbeiter)	31,1	6,1	3,3	27,4	4,7	27,4
Kleinunternehmer	56,9	3,0	5,0	10,4	4,0	20,7
Bauern, Fischer	54,6	1,9	6,2	11,5	2,3	23,5
ungelernte Arbeiter	35,3	2,0	2,0	25,5	5,9	31,3
mitarbeitende Familienangehörige	43,5	4,3	3,3	5,4	3,3	40,2
Hausfrauen	38,8	6,0	6,3	18,9	3,1	26,9
Studenten	9,1	9,1	-	15,2	12,1	54,5
andere	45,6	2,5	2,9	16,3	2,5	30,2
keine Antwort	10,5	5,3	5,3	10,5	10,5	57,9

Quelle: Paul Kevenhörster, *Wirtschaft und Politik in Japan. Interessengruppen, politische Meinungsbildung und wirtschaftspolitische Entscheidungen*, Wiesbaden 1973 renden christdemokratischen Partei Italiens. (Vgl. zur Verteilung der Parteipräferenzen in Japan *Tabelle 11* auf S. 116).

Die Wählerstimmen der *SPJ* sind schwerpunktmäßig in den Angestellten- und Arbeiterberufen anzusiedeln. Angesichts der engen Verknüpfung der SPJ mit dem größten japanischen Gewerkschaftsbund Sohyo ist dieser Umstand leicht erklärlich. Darüber hinaus erhält die SPJ starke Unterstützung von Studenten, Lehrern und Universitätsangehörigen. Die SPJ repräsentiert somit Wähler in Berufen, in denen sich auch in Westeuropa sozialistische Parteipräferenzen häufen. Ungewöhnlich und soweit spezifisch für die japanischen Verhältnisse ist der Umstand, daß die SPJ dabei über ein Fünftel der Gesamtwählerstimmen kaum hinauskommt (vgl. dazu *Tabelle 12* auf S. 118), weil auch große Teile der abhängig beschäftigten Bevölkerung die LDP unterstützen.

Die *KPJ* stützt sich hauptsächlich auf dieselben Berufsgruppen wie die SPJ, Studenten, Angestellte und Arbeiter. Vor allem der große Anteil der studentischen Wähler dieser in der Wählerschaft schwachen Partei fällt auf. Der betont gemäßigten Reformhaltung der *DSP* entspricht die soziale Schichtung ihrer Wählerschaft: die DSP repräsentiert im Verhältnis zu ihrer kleinen Gesamtwählerschaft übermäßig viele leitende und einfache Angestellte, Hausfrauen und Bauern, aber kaum Arbeiter. Die *Komeito* wiederum läßt mit ihren Wählerschwerpunkten bei Studenten, Managern, Arbeitern, Bauern, Hausfrauen und mitarbeitenden Familienangehörigen eine klare soziale Basis in der Wählerschaft überhaupt vermissen und gleicht insoweit der LDP. Die Gemeinsamkeiten der sozial stark heterogenen Komeito-Wählerschaft werden nicht durch gemeinsame sozio-ökonomische Interessen, sondern durch das Bekenntnis zur buddhistischen Sekte Sokka Gakkai hergestellt.

Bei den japanischen Oppositionsparteien, vor allem bei SPJ und KPJ, konzentrieren sich mit Arbeitern, Angestellten und Studenten diejenigen Gruppen in der japanischen Gesellschaft, die von der bestehenden Verteilungsordnung entweder, wie die ersten, handfest benachteiligt werden, oder, wie die zweiten, sich beruflich und aus Interesse mit den Ideen und Problemen der Außenwelt, nicht zuletzt mit denen der westlichen Industrieländer, auseinandersetzen. Die japanischen Arbeitnehmerorganisationen streben nach westlichen Vorbildern gewerkschaftliche Rechte und generell Arbeitsbeziehungen an, die auf der Prämisse einer Interessendifferenz von Kapital und Arbeit beruhen; große Teile der intellektuellen Jugend rebellieren gegen die bedingungslose Unterordnung von Politik und Gesellschaft unter die Maßstäbe wirtschaftlichen Wachstums und gegen die traditionelle soziale Mißachtung individueller Entfaltung und Initiative. Von daher versteht sich die enge Affinität dieser gesellschaftlichen Gruppen zur linken Opposition, die entsprechend prinzipienfest und radikal auftritt. Kapitalismus- und

Tabelle 12: Wahlergebnisse zum Unterhaus des japanischen Reichstages (in v.H.); in Klammern die Mandatsverteilung im Unterhaus (in v.H.)

	LDP	NLC	Komeito	DSP	SPJ	KPJ	andere
1955	63,2 (63,6)				29,2 (33,4)	2,0 (0,4)	5,6 (2,6)
1958	57,8 (61,5)				32,9 (35,5)	2,6 (0,6)	6,7 (2,4)
1960	57,5 (63,3)			8,7 (3,6)	27,5 (31,0)	2,9 (0,6)	3,4 (1,5)
1963	53,9 (60,6)			7,3 (4,9)	28,6 (30,8)	4,0 (1,1)	6,2 (2,6)
1967	48,8 (57,0)		5,4 (5,1)	7,4 (6,2)	27,9 (28,8)	4,8 (1,0)	5,7 (1,9)
1969	47,6 (59,3)		10,9 (9,7)	7,7 (6,4)	21,4 (18,5)	6,8 (2,9)	5,6 (3,2)
1972	46,9 (55,2)		8,5 (5,9)	7,0 (3,9)	21,9 (24,0)	10,5 (7,7)	5,2 (3,3)
1976	41,8 (48,7)	4,7 (3,3)	10,9 (10,8)	6,3 (5,7)	20,7 (24,1)	10,4 (3,3)	5,2 (4,1)
1979	44,6 (48,6)	3,0 (0,8)	9,8 (11,1)	6,8 (6,8)	19,7 (20,9)	10,4 (7,6)	5,7 (4,2)
1980	47,9 (55,6)	3,0 (2,3)	9,0 (6,5)	6,6 (6,3)	19,3 (20,9)	9,8 (5,7)	4,4 (2,7)

kulturkritische Opposition reift in den übrigen sozialen Gruppen kaum, weil sie bevorzugt von den Aufstiegs- und Gewinnmöglichkeiten profitieren, die ihnen die bestehende Wirtschaftsordnung einräumt, und weil sie durch Bildung und Sozialisierung nicht dazu stimuliert wurden, die überkommenen japanischen Lebensweisen anzuzweifeln. Die LDP zieht erheblichen politischen Nutzen aus dieser Situation.

Für einen Industriestaat von der Kapazität, vom Industrialisierungsgrad und vom Urbanisierungsausmaß Japans erscheint es ungewöhnlich, daß dort der Landbevölkerung noch ein großes politisches Gewicht zukommt. Durch die jahrzehntealte, unveränderte, von den Bevölkerungsverschiebungen lange überholten, von der LDP aber dennoch aufrechterhaltenen Wahlkreiseinteilungen - Japan praktiziert ein Mehrheitswahlsystem - wird die Bevölkerung in den großstädtischen Metropolen unter- und die ländlich-kleinstädtische Bevölkerung überrepräsentiert. Auf dem Lande lebten noch 1955 43.7 % der japanischen Bevölkerung, 1975 nur noch 24.1 %, der Rest in größeren Städten, davon allein 57 % in den dicht besiedelten Großstadtmetropolen (vgl. dazu auch die *Tabelle 13*). Die Großstädte sind Hochburgen der Oppositionsparteien, während die LDP ihre Hochburgen auf dem Lande und in den »Übergangsregionen« der Vorstädte besitzt, in denen Großstadt-»Pendler«, kleine Industrien sowie Landwirtschaft die sozio-ökonomische Struktur kennzeichnen.

Tabelle 13: Parteipräferenz und Wohngebiet 1971 (in v.H.)

	LDP	Komeito	DSP	SPJ	KPJ	andere/ keine
Landbezirke	46	3	2	17	1	31
Städte insgesamt	37	4	4	20	2	33
die sieben größten Metropolen	29	5	5	19	3	39

Quelle: Wie Tabelle 11

3) Parteiorganisation und innerparteiliche Gruppen

Im formellen Aufbau besitzen sämtliche modernen japanischen Parteien europäischen Zuschnitt. Sie kennen Parteimitglieder, hauptamtliche Funktionäre, Parteibürokratien, diszipliniertes Abstimmungsverhalten in parlamentarischen Entscheidungsprozessen. Die seit mehr als 25 Jahren anhaltende Dominanz der LDP als Regierungspartei zwingt dazu, die Struktur der LDP im

Rahmen des japanischen Regierungsprozesses darzulegen und die übrigen Parteien im Kontext ihres politischen Oppositionsstatus'. Der Schlüssel zum Verständnis des japanischen Parteiensystems liegt offenkundig in der Struktur der LDP.

a) LDP

Die LDP ist im Grunde keine Mitgliederpartei, obgleich sie seit ihren Anfängen eine Anzahl von förmlichen Mitgliedern besitzt und nach einer im Jahre 1978 durchgeführten Parteireform eine sprunghafte Steigerung ihrer Mitgliederzahl verzeichnete. Die maßgeblichen Strukturen im Entscheidungsprozeß der Partei stellen ihre Reichstagsabgeordneten, im besonderen die des Unterhauses, und der LDP-Parteiapparat dar. Die Parteimitglieder sowie die unteren und mittleren Funktionäre werden nur sporadisch aktiviert, um die innerparteilichen Wahlen zu organisieren.

Die wichtigsten Akteure in den maßgeblichen Entscheidungszentren, namentlich in den Reichstagsfraktionen, sind die verschiedenen *Faktionen der LDP*. Die Faktionen haben die förmlichen Willensprozesse in der LDP vollständig überlagert. Faktionen können in allen organisatorisch einigermaßen entwickelten Parteien auftreten. Bei den LDP-Faktionen handelt es sich aber nicht, wie in den meisten faktionierten europäischen Parteien, um Richtungsgruppen, sondern, wie beispielhaft auch in Italien, um personalistische Faktionen, die stets gleichzeitig *klientelistische Gebilde* darstellen. Sie zeichnen sich in Japan, wie auch in Italien, durch eine hierarchische Struktur aus: eine Anzahl von Reichstagsabgeordneten schließt sich um einen Führer zusammen, der Einfluß in der Partei oder in der Regierung besitzt. Die Faktionsmitglieder bringen in innerparteiliche Wahlen und Abstimmungen ganz nach dem Willen des Faktionsführers ihre Voten als »Paket« ein. Die Gegenleistung des Faktionsführers besteht darin, daß dieser seinen Einfluß u.a. geltend macht, um die Wahlkreise der Faktionsmitglieder zu begünstigen und um seinen Anhängern im Reichstag *private Spenden* zukommen zu lassen, mit denen diese ihre Wahlkämpfe und die in Japan üblichen und erwarteten kleinen Geschenke an Wähler und Wahlkampfhelfer finanzieren. Für die Abgeordneten ist Geld ein wichtiger Antrieb, um sich überhaupt einer Faktion anzuschließen.

Das japanische Wahlsystem läßt es zu, daß in einem Wahlkreis mehrere Kandidaten derselben Partei auftreten. Der Wähler muß dann entscheiden, welchem der Kandidaten einer von ihm bevorzugten Partei er seine Stimme gibt. Bekannte Kandidaten der LDP, die einen Wahlkreis schon seit Jahren vertreten, befinden sich gegenüber Herausforderern aus der eigenen Partei wie auch gegenüber Herausforderern anderer Parteien im Vorteil: sie werden in der Regel wiedergewählt. Es wird aber von ihnen erwartet, daß sie sich vor und nach der Wahl erkenntlich zeigen, indem sie Veranstaltungen organisieren, auf denen kleine Gaben verteilt werden oder indem LDP-Abgeordnete ihre Anhänger auf eigene Kosten zu Ausflügen einladen oder nach Tokio reisen lassen. Ferner wird von den LDP-Abgeordneten erwartet, daß sie sich bei bekannteren Personen ihrer Wahlkreise mit Aufmerksamkeiten anläßlich von Jubiläen oder Familienfesten in Erinnerung bringen. Geschenke als Freundschafts- oder Sympathiebeweise sind in Japan Brauch. Gerade bei der traditionalistischen LDP-Wählerschaft mögen die Abgeordneten der LDP nicht mit diesem Brauch brechen. Das dazu erforderliche Geld kann kein Abgeordneter aus eigenen Mitteln aufbringen - weder aus seinen Diäten noch in der Regel aus seinem Privatvermögen. Dieses Geld stellen die Faktionen bereit, deren Führer als Empfänger und Verteiler privater Spenden an die LDP, bei denen es sich hauptsächlich um Industriespenden handelt, fungieren. Unter den LDP-Kandidaten, die nicht bereits seit längerem einen Wahlkreis repräsentieren, unterstützen die Faktionen nur jene Kandidaten, die Aussicht besitzen, ein Mandat zu gewinnen. Bei politischen Verlustrisiken riskieren die Faktionen finanziell nichts.

In den Genuß der Förderung durch eine Faktion kann nur kommen, wer offiziell die Anerkennung des zentralen LDP-Parteiapparats als Kandidat findet. Es kommt gelegentlich noch vor, daß Kandidaten, denen diese Anerkennung versagt wird, gegen den offiziellen LDP-Kandidaten als parteiunabhängige Kandidaten auftreten, ein Wahlkreismandat gewinnen und dann bereitwillig in die LDP-Reichstagsfraktion aufgenommen werden. Auch dies weist auf die beträchtliche Personalisierung der Wahlentscheidung bei vielen Japanern hin, besonders bei denen, die in den ländlichen oder teilurbanisierten LDP-Hochburgen leben. Viele LDP-Abgeordnete in den betreffenden Wahlkreisen, teilweise auch in den Großstädten, sorgen durch den Aufbau einer politischen Infrastruktur für ihre Wiederwahl vor. Entweder organisieren sie sog. »jibans«, d.h. sie suchen in den Dörfern und Kleingemeinden ländlicher Wahlkreise Vertrauensleute aus, die kraft ihres Ansehens dafür sorgen, daß alle erwachsenen Einwohner bei den Reichstagswahlen für den betreffenden LDP-Kandidaten votieren. Oder sie gründen in den sozial und wirtschaftlich differenzierten Wahlkreisen sog. *»Unterstützungsgesellschaften«* (»koenkai«). Diese setzen sich aus Anhängern des Kandidaten in allen wichtigen Orten oder Stadtbezirken des Wahlkreises zusammen, die im Wahlkampf ihre Kollegen, Freunde und Nachbarn zur Wahl ihres Kandidaten anhalten. Diese »Unterstützungsvereine« fungieren zwischen den Wahlkämpfen als Geselligkeitsvereine. Unterhalb des Reichstages bzw. der Reichstagsfraktionen und des LDP-Parteiapparats ist offiziell zwar eine organisatorische Infrastruktur vorhanden. Praktisch ist sie aber nicht existent und wird weitgehend durch die »Unterstützungsvereine« im Wege einer »privatisierten«, kandidatengebundenen Infrastruktur ersetzt. Die »Unterstützungsvereine« erwarten von den Kandidaten als *Gegenleistung* die erwähnten Gefälligkeiten, gelegentliche Feste, kleine Geschenke und kostenlose Vergnügungen, deren Finanzierung die Abgeordneten mit Hilfe ihrer Faktionen besorgen.

Eine Faktion zerfällt, ihr Führer verliert seinen politischen Einfluß und muß seine Ambitionen zurückschrauben, wenn er seine Abgeordneten-Klientel, und diese ihre Wahlkreis-Klientel, nicht mehr mit Geld oder geldwerten Leistungen versorgen kann. In dieser Abhängigkeit der LDP und ihrer Faktionen von letztlich durch Privatspenden aufgebrachten Geldern wurzelt die *Korruption in der LDP und im Regierungsapparat*. Potente Geldgeber an die Faktionen, mittlere Unternehmer und große Firmen, erwarten, wenn auch oft unausgesprochen, daß der Führer einer Faktion seinen Einfluß als Minister, als Parlamentsausschußvorsitzender oder einfach aufgrund seines Status in der LDP spielen läßt, um den Spendern durch Regierungs- und Verwaltungsentscheidungen handfeste Vorteile zu verschaffen.

Tabelle 14: Faktionsstärken der LDP und der SPJ im japanischen Reichstag (die Faktionen werden nach ihren Führern benannt)

LDP - 1978/79		
Faktion	Unterhaus	Oberhaus
Fukuda	52	25
Tanaka	42	33
Ohira	34	20
Nakasone	41	7
Miki	33	11
Kleinfaktionen	30	2
ohne Faktionsbindung	21	27
SPJ - 1974		
Sasaki	28	17
Eda	30	4
Katsumata	26	4
Kleinfaktionen	9	11
ohne Faktionsbindung	25	35

Quelle: Manfred Pohl (Hrsg.), *Japan 1978/79. Politik und Wirtschaft*, Hamburg 1979; Belloni, F.P./Beller, Dennis G. (Hrsg.), Faction Politics, Santa Barbara und Oxford 1978

Die wichtigste politische Entscheidung in der LDP ist die auf alle vier Jahre festgesetzte *Wahl des Parteipräsidenten*. Der Parteipräsident wird automatisch anschließend von der LDP-Unterhausfraktion als Premierminister gewählt oder in diesem Amt bestätigt. Eine Faktion, die den Premierminister oder einen anderen wichtigen Ministerposten stellt, verfügt über die Ressourcen der Regierungsbürokratie, die wiederum manipuliert werden können, um einer Faktion potente Geldgeber zu gewinnen. Auseinandersetzungen um die Verteilung der Kabinettsressorts besitzen für die LDP-Faktionen größte Bedeutung. Bis 1978 war es üblich, daß die LDP-Faktionen des Oberhauses und des Unterhauses gemeinsam den Parteipräsidenten wählten. Da keine der Faktionen in der Regel über eine Mehrheit in den Reichstagsfraktionen verfügt (vgl. dazu die *Tabelle 14* auf S. 122), mußten die Führer der stärksten Faktionen sich miteinander arrangieren und Bündnispartner - auch in den kleineren Faktionen - suchen, um eine Mehrheit für den Führer einer größeren Faktion zu erreichen. Faktionen, die ihren Anspruch auf die Parteipräsidentschaft aufgaben, oder die aufgrund ihrer geringen Mitgliederzahl ohnehin nur für die Rolle des innerparteilichen Koalitionspartners in Frage kamen, sicherten sich beim voraussichtlichen Präsidenten (und Premierminister) Zusagen auf eine Kabinettsbeteiligung zu.

Die chronische Kritik am Faktionalismus in der LDP und an der Korrumpierung der japanischen Politik durch die Geldbedürfnisse der Faktionen führte 1978 zu einer *Parteireform*. Die Faktionen wurden offiziell - wie schon oft zuvor und ebenso nur vorübergehend - aufgelöst, die Wahl des Parteipräsidenten neu organisiert: sämtliche LDP-Mitglieder sollen in einer Urwahl (Briefwahl) ihre Präferenz für einen der konkurrierenden Parteipräsidentschaftskandidaten anzeigen; die LDP-Reichstagsmitglieder sollen dann endgültig zwischen den beiden Kandidaten mit den höchsten Stimmenergebnissen entscheiden. Diese Neuregelung führte noch vor dem ersten Wahlgang dieser Art zu einer Beitrittswelle in der LDP. Dabei führten wieder die Faktionen Regie, indem sie ihre Abgeordneten veranlaßten, ihre Anhänger zum Beitritt anzuhalten und diese instruieren ließen, für welchen Kandidaten sie votieren sollten. Als neuer Faktor in der Faktionspolitik neben den üblichen Koalitionen und Absprachen kam nun die Mobilisierungsfähigkeit der Faktionen in den von ihnen kontrollierten Wahlkreisen hinzu. Bevor noch das neue Wahlverfahren ein zweites Mal erprobt wurde, kam es zu einer erneuten Satzungsänderung, durch die die LPD-Reichstagsabgeordneten wieder größeres Gewicht bei der Wahl des Parteipräsidenten erhielten; künftig sollten Kandidaten nur von 50 (statt vorher 20) Abgeordneten vorgeschlagen werden können; eine Wahl durch die Mitglieder sollte erst bei mehr als drei Kandidaten anberaumt werden. Nur drei Faktionen besaßen 1980 mehr als 50 Reichstagsabgeordnete.

Die LDP ist alleinige Regierungspartei. Politisch verfolgt sie die jeweilige Linie der Regierung. Die Regierung wiederum hält sich in allen Bereichen mit Ausnahme der Außen- und Außenhandelspolitik, die mit den unternehmerischen Spitzenverbänden abgestimmt werden, an die Vorschläge der Regierungsbürokratie. Bevor noch die Regierung dem Reichstag amtlich eine Gesetzesvorlage übersendet, nehmen die *höheren Regierungsbeamten* Kontakt mit dem Parteiapparat der LDP auf, der diese Vorschläge meist substantiell übernimmt, aber ggf. im Hinblick auf ihre propagandistische Wirkung und möglichen Vor- und Nachteile für spezifische Klienteln der LDP überprüft. Viele LDP-Reichstagsabgeordnete sind selber ehemalige höchste Beamte. Das japanische Beamtenrecht zwingt Spitzenbeamte bereits früh in den Ruhestand. Viele von diesen wechseln in führende Positionen der großen Wirtschaftsunternehmen, andere machen sich ihre früheren Kontakte mit dem LDP-Parteiapparat, Reichstagsabgeordneten und prominenten Faktionsführern zunutze, um selber ein Reichstagsmandat für die LDP anzustreben, häufig gegen den Widerstand lokaler LDP-Politiker, die lokal bekannten Kandidaten den Vorzug geben möchten. 1976 hatte die Anzahl der ehemaligen Spitzenbeamten unter den LDP-Reichstagsabgeordneten bereits 76 % erreicht.

Faktionen sind ein dauerhaftes Strukturelement der LDP. Alle Faktionen unterhalten Hauptquartiere mit eigener Dienstleistungskapazität. Sie erzeugen aber auch innere Spannungen, die sich bisweilen in Spaltungen bestehender Faktionen Durchbruch verschaffen. Die Faktionen sind hierarchische Gebilde, die ihre Mitglieder auf den Status der Gefolgschaft eines Faktionsführers reduzieren. Die Chance auf einen politischen Aufstieg hängt von *Seniorität* ab, d.h. Faktionsmitglieder, die am längsten einer Faktion angehören, erwerben sich den stärksten Anspruch auf die attraktivsten der von einer Faktion kontrollierten Ämter. Faktionsführer verbleiben praktisch auf Lebenszeit in ihrer Funktion. Ambitionierte und jüngere Faktionsmitglieder, die sich mit dem Aufstiegsprozeß qua Seniorität nicht abfinden, scheiden gelegentlich aus einer Faktion aus und gründen eigene Faktionen, mit denen sie sich an innerparteilichen Koalitionsbildungen zu beteiligen versuchen.

b) Oppositionsparteien

Die *SPJ* ähnelt stärker als die LDP europäischen Mitgliederparteien. Ähnlich vielen sozialistischen Parteien in Europa stützt sie sich auf die linksorientierten Gewerkschaften. Der *Sohyo*, der größte japanische Gewerkschaftsbund, besitzt mit eigenen Vertretern Sitz und Stimme im Sozialistischen Parteikongreß. Aus den finanziellen Zuwendungen des Sohyo ergibt sich eine gewisse Abhängigkeit der SPJ von den politisch radikaleren Gewerkschaften. *Faktionen* prägen die Binnenstruktur auch dieser zweitgrößten politischen Kraft Japans (vgl. dazu die *Tabelle 14* auf S. 122). Im Ursprung waren die SPJ-Faktionen Richtungsgruppen, die sich in der Auseinandersetzung um den außenpolitischen Standpunkt der SPJ und um die eher radikal oder eher maßvoll angestrebte sozialistische Transformation der japanischen Gesellschaften bildeten. Die gegenwärtigen Faktionen in der SPJ umfassen freilich auch solche, die eine Kontrolle über die Parteibürokratie anstreben, womit sie die Verfügung über Ämter, Service-Einrichtungen und untergeordnete Parteigliederungen erlangen können. Mehr kann die SPJ als langjährige Oppositionspartei mit geringer Aussicht auf eine baldige Regierungsbeteiligung ihren Faktionen nicht bieten.

Bei den SPJ-Faktionen spielen die aktiven Parteimitglieder eine stärkere Rolle als in der regierenden LPD, da die Besetzung der führenden Parteigremien von Delegierten beschlossen wird, die an der Parteibasis gewählt werden. Führer-Gefolgschafts-Beziehungen charakterisieren auch die sozialistischen Faktionen. Die Mitgliedschaft in vertikal strukturierten, überschaubaren Gruppen scheint in den politischen Großorganisationen Japans für Abgeordnete und Funktionäre ein wichtiges sozialpsychologisches Bedürfnis zu befriedigen - über alle materiellen Nutzenerwartungen hinaus, die sich mit klientelistischen politischen Organisationsformen verbinden. Als Oppositionspartei kann die SPJ ihren Wählern und Anhängern in den Wahlkreisen im übrigen gar keine relevanten materiellen Vorteile im Ausgleich für ihr Engagement in der Partei verschaffen. Die SPJ-Wähler entscheiden sich für diese Partei wegen ihrer ideologischen Position und ihrer Opposition gegen bestimmte Eigenarten der japanischen Gesellschaft.

Die DSP, der NLC und die Komeito sind kleine Parteien, in denen keine Faktionen hervortreten. Die *Komeito* basiert auf der Infrastruktur der *Sekte Sokka Gakkai*, die sich sehr geschlossen organisiert. Eine rigide leninistische Organisation zeichnet die *KPJ* aus. Alle kleinen japanischen Parteien besitzen eine überschaubare Mitgliedschaft und noch überschaubarere Funktionärskörper, die kaum das Potential aufbringen, um konkurrierende Faktionen zu unterhalten. Hinzu kommt, daß zwei Oppositionsparteien, Komeito und KJP, eine hierarchische Organisation besitzen, die ähnliche Autoritätsbeziehungen etabliert wie in den Faktionen der größeren Parteien.

4) Bündnisverhalten

Die LDP stellt seit 1955 ununterbrochen die japanische Regierung. Davor wurde Japan von den Vorgängerparteien der LDP (Demokraten und Liberale) regiert. *Lediglich 1949 hatte Japan für eine kurze Zeitspanne eine sozialistische Regierung.* Nur einmal verlor die LDP nach 1955 ihre parlamentarische Mehrheit (1979), konnte aber nichtsdestoweniger dank ihrer parlamentarischen Unterstützung durch die Neu-Liberalen auch weiterhin regieren, bis sie in den darauffolgenden Wahlen (1980) erneut eine parlamentarische Mehrheit gewann.

Die Oppositionsparteien bemühten sich zwar verschiedentlich um eine Zusammenarbeit, um der LDP eine geschlossene politische Alternative entgegenzustellen. Die *Gegensätze zwischen den oppositionellen Parteien* erwiesen sich jedoch immer wieder als zu groß, um eine dauerhafte Zusammenarbeit zu ermöglichen. Die Uneinigkeit der Opposition zeigt sich besonders deutlich im Verhalten der SPJ, die hintereinander eine Kooperation mit der DSP, mit der KPJ und schließlich (gegenwärtig) mit der Komeito suchte.

Teil C
Ökonomische Interessenverbände und Arbeitsbeziehungen

I. Westeuropa

1) Ziele und politische Bindungen

Die jeweiligen Ziele und Programme der westeuropäischen Gewerkschaften und Berufsverbände wirken sich unmittelbar auf ihre Organisation aus. Die großen Gewerkschaftsbünde in allen europäischen Ländern beanspruchen für sich die Repräsentation aller Beschäftigten ungeachtet ihrer Ausbildung und Tätigkeit, differenziert allenfalls nach ideologischen Anhänglichkeiten. Zunächst sollen hier kurz die *großen Gewerkschaftsbünde* betrachtet werden, weil sie allenthalben die größten, die wichtigsten und für die Struktur der Arbeitsbeziehungen auf gewerkschaftlicher Seite letztlich prägenden Organisationen darstellen. Die großen Gewerkschaftsbünde lehnen sich an bestimmte Parteien oder politische Richtungen an. Das heißt aber nicht, daß sie ihre Ziele und Programme von den Parteien herleiten. Vielmehr besitzen die Gewerkschaften in der Regel umfassende gesellschaftspolitische Programme, die ganz im Gegenteil - etwa in der Sozial- und Mitbestimmungspolitik - die Ziele der Parteien häufig entscheidend beeinflußt haben.

a) Sozialistische Gewerkschaften

Der verbreitetste Gewerkschaftstyp Europas sind die sozialistischen und sozialistisch oder sozialdemokratisch orientierten Gewerkschaftsbünde. Der Aufstieg der Gewerkschaftsbewegung und derjenige der politischen Arbeiterbewegung gingen historisch Hand in Hand: beide bekannten sich zur sozialistischen Weltanschauung, weil dieser für die Arbeiterbewegung die älteste und bis heute wirkungsmächtigste Emanzipationsperspektive aufzeigte. In einigen Ländern sind die sozialistisch orientierten Gewerkschaftsbünde konkurrenzlos, d.h. die einzigen größeren Gewerkschaftsorganisationen, so in den *skandinavischen Ländern* und in *Großbritannien*. Der DGB in der *Bundesrepublik Deutschland* und der ÖGB in *Österreich* sowie der FNV (niederländischer Gewerkschaftsbund) in den *Niederlanden*, die sich wegen ihrer christlichen Mitglieder betont »überparteilich« geben, stehen faktisch nach Programm und Sympathien den sozialistischen Parteien näher als jeder anderen Partei und stellen in ähnlicher Weise kaum verhüllte »sozialdemokratische« Gewerkschaften dar. Die Gewerkschaften in den betreffenden Ländern gelten - wobei die mangelnde Begriffspräzision das Vorhandensein von separaten Beamten- und Angestelltengewerkschaften unterschlägt - als sog. *»Einheitsgewerkschaften«*, die der Masse der Arbeitnehmer nur die Alternative zwischen der Mitgliedschaft in einer sozialistischen Gewerkschaft und der Unorganisiertheit belassen wollen. Mitgliederzahlen und Organisationsgrad der Gewerkschaften sind in diesen Ländern vergleichsweise hoch. In anderen Ländern, in *Frankreich*, *Italien*, *Belgien*, *Niederlanden* und der *Schweiz*, sind die sozialistischen Gewerkschaften nur eine neben anderen Gewerkschaftsorganisationen. Dabei zeichnen sich die belgischen, niederländischen und schweizerischen Organisationen durch ihre relative Stärke im Verhältnis zu den konkurrierenden *»Richtungsgewerkschaften«* aus, bei denen es sich in der Hauptsache um christliche Gewerkschaften handelt. Auf der anderen Seite erscheinen die sozialistischen Gewerkschaften in Frankreich und vor allem in Italien vergleichsweise schwach. Sie stehen starken kommunistischen oder christlichen Gewerkschaften gegenüber.

Die sozialistisch orientierten Gewerkschaften heben auf unterschiedliche Ziele ab, die sich freilich darin gleichen, daß sie eine *Veränderung der auf private Besitz- und Verfügungsrechte gegründeten Wirtschaftsverfassung* anstreben. Den radikalsten Standpunkt nehmen in dieser Hinsicht die *französische Gewerkschaft CFDT* und der *belgische Gewerkschaftsbund FGTB* ein, die umfassende Verstaatlichungen der wichtigsten Unternehmen mit dem Ziel der Selbstverwaltung durch die Beschäftigten und auf gesamtwirtschaftlicher Ebene eine politisch zu entscheidende Investitionslenkung verlangen. An der bloßen Mitbestimmung im Sinne einer Repräsentation von Beschäftigtenvertretern in unternehmerischen Entscheidungsgremien besteht wenig Interesse.

Mitbestimmung der Gewerkschaften auf Unternehmens- und gesamtwirtschaftlicher Ebene rücken die *skandinavischen* Gewerkschaften in den Mittelpunkt, ähnlich die *niederländischen* und *österreichischen* Gewerkschaften. So geht es den schwedischen, niederländischen und dänischen Gewerkschaften um die Verschiebung der wirtschaftlichen Eigentumsverhältnisse zugunsten gemeinsam kontrollierter Fonds, an die Privatunternehmer von Jahr zu Jahr unter bestimmten betriebswirtschaftlichen Voraussetzungen Aktienkapital aus den erwirtschafteten Gewinnen abführen sollen, während etwa die norwegischen Gewerkschaften eine Wirtschaftskontrolle über die Beteiligung an der Konzipierung der nationalen Wirtschaftspolitik (die ihnen praktisch bereits zugestanden ist) und über die öffentliche Mitwirkung an der

Tabelle 15: Die großen Gewerkschaftsbünde der westeuropäischen Länder nach politischen Richtungen 1979: Anzahl der angeschlossenen Gewerkschaften und *in Klammern* Anzahl der Mitglieder (nach Tausend)

	kommunistische Gewerkschaftsbünde		sozialistische oder sozialdemokratisch orientierte Gewerkschaftsbünde		christliche und konfessionelle Gewerkschaftsbünde	
Bundesrepublik Deutschland			DGB:	17 (7.844)		
Großbritannien			TUC:	107 (11.515)		
Schweden			LO:	25 (2.017)		
Norwegen			LO:	40 (682)		
Dänemark			LO:	44 (1.100)		
Finnland			SAK:	28 (951)		
Niederlande			NVV:	15 (724)	NKV:	8 (343)
			vereinigt zur Föderation FNV			
			CNV:	13 (289)		
Belgien			FGTB:	12 (1.062)	CSC:	17 (1.234)
Österreich (1978)			ÖGB:	16 (1.600)		
Schweiz			SGB:	13 (446)	CNG:	(98)
Frankreich	CGT:	(2.500)	CGT/FO:	(800)		
			CFDT:	(900)		
Italien	CGIL:	28 (4.317)	UIL:	(1.116)	CISL:	(2.510)

Quellen: Klaus von Beyme, *Gewerkschaften und Arbeitsbeziehungen in kapitalistischen Ländern*, München 1977; *Interessengruppen in der Demokratie*, 5. Aufl., München 1980; Marion F. Hellmann, Werner Oesterheld und Werner Olle (Hrsg.), *Gewerkschaften in Europa*, Berlin 1980; Werner Olle (Hrsg.), *Einführung in die internationale Gewerkschaftspolitik*, Berlin 1978.

Kreditgewährung anvisieren. Der DGB verfolgt den weiteren Ausbau seines Konzepts der Gemeinwirtschaft, eines Nebeneinanders von gewerkschaftlich mitbestimmten privaten, genossenschaftlichen und staatlichen Unternehmen. Mitbestimmung in der einen oder anderen Form fordern praktisch alle sozialistisch orientierten Gewerkschaften außer denen in den romanischen Ländern, die von Mitbestimmung eine erlahmende Konfliktbereitschaft der Arbeitnehmer im Hinblick auf die Verfolgung weiterreichender gesellschaftspolitischer Ziele befürchten. Die *britischen Gewerkschaften* beschränken sich auf Verstaatlichungsforderungen. Die *österreichischen Gewerkschaften*, die in einer weitgehend staatseigenen Unternehmenslandschaft bereits seit Jahren eine umfassende gesamtwirtschaftliche Mitbestimmung im Konzert mit den Arbeitgebern und der Regierung (sog. »Sozialpartnerschaft«) praktizieren, scheinen sich mit dem, was sie erreicht haben, weitgehend zufrieden zu geben.

b) Christliche Gewerkschaften

Den nach den sozialistisch orientierten Gewerkschaften häufigsten Gewerkschaftstyp verkörpern die christlichen Gewerkschaften, die *im Kern katholische Gewerkschaften* sind. Sie operieren in der katholischen Bevölkerung *Italiens*, *Belgiens* und der *Schweiz*. In den *Niederlanden* fusionierten die katholischen Gewerkschaften im Zuge einer politischen »Linkswanderung« mit den sozialistischen Gewerkschaften, so daß dort als christliche Gewerkschaften allein eine Föderation kleiner protestantischer Verbände übrig blieb. Die christlichen Gewerkschaften entstanden in geschlossenen katholischen »Subkulturen« als Laienorganisationen der katholischen Kirche, die den sozialistischen Gewerkschaften eine christliche Alternative entgegenstellen sollten. In den katholischen Ländern stehen die christlichen Gewerkschaften auf dem Boden der *katholischen Soziallehre*, die zwar gesellschaftliche Interessengegensätze anerkennt, aber davon ausgeht, daß diese auf dem Wege der *sozialpartnerschaftlichen Kooperation* abgebaut und entschärft werden können. Eine konfliktorische Strategie zur Wahrung von Arbeitnehmerinteressen aus Prinzip lehnen sie ab, aber keineswegs den Arbeitskonflikt als Mittel zum Zweck einer späteren einvernehmlichen Einigung. Die Legitimität privaten Produktiveigentums steht bei den christlichen Gewerkschaften nicht zur Disposition. Wohl aber befürworten sie Reformen, die Arbeitnehmerinteressen institutionell in Unternehmensentscheidungen einbringen sollen. Daher treten sie für die Mitbestimmung der Beschäftigten in den Unternehmen ein. Die christlichen Gewerkschaften lehnen sich eng an die christdemokratischen Parteien der betreffenden Länder an, bezeichnenderweise aber am linken Flügel dieser Parteien, die in charakteristischer Weise gewerblich-unternehmerische und Arbeitnehmerinteressen zu integrieren versuchen.

c) Kommunistische Gewerkschaften

Schließlich bleiben als dritter Typ der Richtungsgewerkschaft noch die kommunistischen Gewerkschaften zu erwähnen, die unter allen entwickelten europäischen Industriegesellschaften nur in *Italien* und *Frankreich* eine bedeutende Rolle spielen. In beiden Ländern stellen sie die mit Abstand größten Gewerkschaftsbünde. Programmatisch treten sie für ähnliche Ziele ein wie ihre kommunistischen Bezugsparteien, so in Frankreich im besonderen für umfassende Verstaatlichungen.

2) Repräsentation

Für die Organisationsstrategie der Gewerkschaften bieten sich zwei Alternativen an, die in den westeuropäischen Gewerkschaften mit unterschiedlichem Gewicht kombiniert werden: einmal können Gewerkschaften betriebsübergreifend die kollektiven Interessen aller Mitglieder einer Berufssparte repräsentieren (Berufsgewerkschaften) oder sie organisieren alle Beschäftigten eines Produktionszweigs ungeachtet ihrer Berufsmerkmale (Branchengewerkschaft oder Industriegewerkschaft). Eine dritte Alternative, die ausschließliche Organisierung aller Beschäftigten eines Unternehmens (Unternehmensgewerkschaft), hat in Europa keine Bedeutung erlangt. Wo das Berufsgewerkschaftsprinzip überwiegt, operieren in einem Betrieb und in einer Branche mehrere Gewerkschaften, die jede für sich tendenziell die Interessen (naturgemäß vor allem die Einkommensinteressen) einer Beschäftigtengruppe zu wahren suchen. Wo das Branchenprinzip dominiert, nehmen die Gewerkschaften sämtliche Beschäftigten eines Unternehmens oder einer Branche als Ausgangspunkt. Für ein solidarisches Verhalten der Beschäftigten in einem Wirtschaftszweig eignet sich das Branchenprinzip besser, weil es auf die gemeinsamen Interessen der Beschäftigten abhebt, die in einer Produktionseinheit arbeiten. Dies schließt freilich nicht aus, daß das Berufsgewerkschaftsprinzip den spezifischen gemeinsamen Interessen der Beschäftigten in einer Branche angepaßt werden kann.

Die großen, mitgliederstarken europäischen Gewerkschaftsbünde variieren stark in der Anzahl der ihnen angeschlossenen Verbände. In den skandinavischen Ländern, wo noch zahlreiche Berufsgewerkschaften existieren, sowie in Großbritannien liegt die Zahl der in den Dachverbänden organisierten Einzelgewerkschaften am höchsten (vgl. *Tabelle 15* auf S. 129).

Im internationalen Maßstab liegt die gewerkschaftliche Organisationsquote in Westeuropa durchschnittlich hoch - wesentlich höher als in den U.S.A. (20 %) oder in Japan (34 %). (Vgl. dazu auch *Tabelle 16* auf S. 132). In nur vier Ländern (Bundesrepublik, Niederlande, Schweiz und Frankreich) sind weniger als die Hälfte der unselbständigen Beschäftigten organisiert.

Tabelle 16: Gewerkschaftlicher Organisationsgrad der abhängig beschäftigten Erwerbsbevölkerung in v.H.

Bundesrepublik	(1978) - 40	Niederlande	(1977) - 39
Großbritannien	(1977) - 56	Belgien	(1978) - 72
Schweden	(1978) - 89	Österreich	(1978) - 60
Norwegen	(1979) - 58	Schweiz	(1979) - 38
Dänemark	(1978) - 71	Frankreich	(1978) - 20
Finnland	(1977) - 70	Italien	(1978) - 50

Quellen: *Nationale Statistische Jahrbücher; Yearbook of Nordic Statistics; Yearbook of Labor Statistics;* siehe auch Quellenangaben in Tabelle 15

a) Berufsgewerkschaften

Berufsgewerkschaften waren der spezifische Organisationstyp der frühen Gewerkschaftsbewegung in der Industrialisierungsepoche. Sie fußten auf dem Interesse der Facharbeiter und Handwerker, ihre qualifizierte Arbeit angemessen entlohnen zu lassen. Dies implizierte die Wahrung einer gewissen Distanz zu den un- und angelernten Arbeitern. Insofern wohnt dem Berufsgewerkschaftsprinzip eine gewisse Exklusivität inne, die sich aus einem Privilegierungsstreben herleitet. Die moderne Organisationsform der Branchengewerkschaft kam erst auf, als mit fortschreitender Industrialisierung die Arbeitsteilung so weit entwickelt war, daß industrielle Produkte weitgehend von ungelernten Arbeitern hergestellt wurden, deren Arbeit sich auf einfache und einfachste Arbeitstakte reduzierte. Die exklusiven Facharbeitergewerkschaften sperrten sich vielfach gegen die Öffnung für die ungelernten Arbeiter, die dann schließlich zur Basis für die Gründung der Branchen- oder Industriegewerkschaften wurden, die auf eine breite Allianz zwischen gelernten und ungelernten Kräften abheben. Viele große europäische Gewerkschaftsdachverbände zählen noch Berufsgewerkschaften als Mitglieder. Das gilt besonders für *Großbritannien* und für die *skandinavischen Länder.*

Die *Nachteile des Berufsgewerkschaftsprinzips* zeigen sich besonders in *Großbritannien.* Dort haben sich zwar fast alle Berufsgewerkschaften für Arbeiter aller Sparten in einer das Organisationsprinzip geradezu ad absurdum führenden Weise geöffnet, aber die Koordination zwischen den einzelnen Berufsgewerkschaften so weit erschwert, daß branchendeckende

Abreden zwischen den in einer Branche tätigen Gewerkschaften unmöglich geworden sind. Folge ist eine schier unübersehbare *Uneinheitlichkeit der Tarif- und Arbeitsverhältnisse*. Praktisch existieren die Berufsgewerkschaften nur in den einzelnen Unternehmen und Betrieben, wo sie über ihre Vertreter, die *»shop stewards«*, in der Tat seit geraumer Zeit eine Bündelung einzelgewerkschaftlich-betrieblicher Forderungen zu gemeinsamen »Forderungspaketen« aller im Betrieb vertretenen Gewerkschaften betreiben. Freilich kommt es aber gelegentlich noch vor, daß einzelne betriebliche Gewerkschaftseinheiten gegensätzliche Interessen postulieren und mit Streiks in einer Weise ausfechten, die letztlich an die Arbeitgeber als Schiedsrichter appelliert, für die eine oder andere Gewerkschaft Partei zu ergreifen.

Die betriebliche *Partikularisierung der gewerkschaftlichen Lohnpolitik* und damit die Ausschaltung der Gewerkschaften als solidarische, betriebsübergreifende Veranstaltung ist in Großbritannien das späte Resultat einer berufsgewerkschaftlichen Vielfalt, die sich als unzureichend flexibel erwies, Ersatzformen für eine zentrale, berufsübergreifende Interessenpolitik zu finden. Dies macht den maßgeblichen Unterschied Großbritanniens zu den skandinavischen Ländern aus, wo sich zwar nach wie vor beharrlich etliche Berufsgewerkschaften halten (Finnland befindet sich im Übergang zum Branchengewerkschaftsprinzip), wo aber die in einer Branche operierenden Berufsgewerkschaften sich vor Tarifverhandlungen zusammentun, um den Arbeitgebern Forderungen zu präsentieren, die bereits die Interessen aller beteiligten Organisationen berücksichtigen.

b) Branchengewerkschaften

Die Gewerkschaften in der *Bundesrepublik*, in *Österreich*, in *Schweden*, in der *Schweiz*, in *Frankreich* und in *Italien* sind ausschließlich oder überwiegend als Branchengewerkschaften organisiert. Mit der einen großen Ausnahme Großbritanniens kann mithin ungeachtet der formal bestehenden Organisationsprinzipien davon ausgegangen werden, daß die den großen Gewerkschaftsbünden angeschlossenen Einzelgewerkschaften entweder Beschäftigteninteressen in ganzen Branchen repräsentieren oder doch wenigstens auf die Repräsentation von Brancheninteressen angelegt sind. Der angestrebte interessenpolitische Bezugsrahmen der westeuropäischen Gewerkschaften sind ganze Industrie- und Dienstleistungszweige, nicht einzelne Unternehmen und nicht bestimmte Berufsgruppen.

3) Organisation und Entscheidungsprozeß

Die wichtigen gewerkschaftspolitischen Entscheidungen sind in den europäischen Gewerkschaften mehr oder weniger stark zentralisiert. Die größte Zentralisierung zeigt sich auf der Ebene der Branchengewerkschaften, die in vielen Ländern, so in der *Bundesrepublik*, *Belgien*, in den *Niederlanden*, in der *Schweiz* und in *Österreich*, autonom mit den Arbeitgebern über Lohn- und Arbeitsbedingungen verhandeln. Prinzipiell ist die Lage in *Schweden*, *Dänemark* und *Norwegen* ähnlich. Allerdings engagieren sich dort die gewerkschaftlichen Dachverbands- oder Bundesorgane selber in der Tarifpolitik. Dabei kooptieren die Dachverbandsvorstände führende Mitglieder der Einzelgewerkschaften und treffen zentrale Abmachungen mit den Arbeitgebern, die bereits den Beschäftigteninteressen in den verschiedenen Branchen besondere Rechnung tragen, zuweilen aber auch in Folgeverhandlungen zwischen den Gewerkschaften in einer Branche und den Branchenarbeitgebern präzisiert werden. Der Zentralisierung der gewerkschaftlichen Entscheidungen in diesen Ländern kommt die Überschaubarkeit der betreffenden Arbeitsmärkte entgegen. Allerdings blicken alle drei Länder auf eine lange Tradition der Abstimmung von freier Tarifpolitik und allgemeiner Wirtschaftspolitik durch Spitzenabsprachen zwischen Arbeitgebern, Gewerkschaften und Regierung zurück, die lange eine erhebliche ökonomische Stabilität gewährleisteten. Auf der anderen Seite der Bilanz steht in diesen Ländern eine überaus schwache Rolle der Betriebsgewerkschaftseinheiten in der Gewerkschaftspolitik.

In der *Bundesrepublik*, den *Niederlanden* und *Belgien* sind die einfachen Gewerkschaftsmitglieder in Entscheidungsprozessen keineswegs bedeutungslos: häufig korrigieren Urabstimmungen, spontane Streiks oder Warnstreiks Beschlüsse der Gewerkschaftsvorstände und zentralen Tarifkommissionen oder sie unterlaufen diese. Dennoch bleiben auch in diesen Ländern die wichtigsten gewerkschaftlichen Entscheidungen den Gewerkschaftsvorständen (der Branchengewerkschaften) und den führenden Funktionären in den Tarifkommissionen überlassen. Die gewerkschaftlichen Dachverbandsorgane haben im wesentlichen die Aufgabe der gewerkschaftlichen Repräsentation nach außen, gegenüber der Regierung und der Öffentlichkeit. Tarifpolitisch halten sie sich anders als ihre skandinavischen Pendants zurück. In *Belgien* und *Österreich* besteht eine gewisse Arbeitsteilung zwischen den Branchengewerkschaften und den gewerkschaftlichen Bundesorganen. Tarifverhandlungen werden den Mitgliedsgewerkschaften überlassen. Die Bundesvorstände schließen aber sozialpolitische oder wirtschaftspolitische Abkommen mit den Arbeitgebern ab. Auf der Grundlage zentraler Vereinbarungen zwischen Arbeitgebern und Gewerkschaften werden den belgischen Arbeitnehmern seit 1960 zusätzliche soziale Leistungen, Urlaubstage u.ä. gewährt. Im Rahmen der sog. »Sozialpartnerschaft« in Österreich einigen sich seit 1957 die ÖGB-Bundesvorstandsfunktionäre mit Regierung und Unternehmen über die Eckdaten der Lohn-Preis-Entwicklung und der Besteuerung.

Die Länder mit diffusen, zur betrieblichen Partikularisierung neigenden Arbeitsbeziehungen, *Großbritannien*, *Frankreich* und *Italien*, räumen der gewerkschaftlichen Mitgliederbasis die vergleichsweise größten Spielräume ein. Das gilt exemplarisch für *Großbritannien*, wo sich die gewerkschaftliche Funktion der Aushandlung der Lohn- und Arbeitsbedingungen weitgehend auf die Betriebe verlagert hat und wo die gewerkschaftlichen Betriebsvertrauensleute (*»shop stewards«*) mit dem Mandat ihrer Kollegen als Ansprechpartner der Arbeitgeber auftreten. Relevanz besitzen die Gewerkschaftsvorstände überhaupt vorwiegend in den öffentlichen Unternehmen, im Staatsdienst und im Bergbau, wo der gemeinsame Arbeitgeber, die Regierung, funktionierende betriebsübergreifende und repräsentative Entscheidungsmechanismen verlangt.

In *Italien* haben seit 1969/70 gesetzlich sanktionierte »Fabrikräte« etliche Funktionen übernommen, die vordem bei den Gewerkschaftsführungen zentralisiert waren. Ungeachtet der richtungsgewerkschaftlichen Zersplitterung in Italien operieren in den Fabrikräten Belegschaftsvertreter, die in Ergänzung oder alternativ zu den Branchentarifverträgen Betriebsabkommen aushandeln. Freilich bestehen dort - anders als in Großbritannien - immerhin Branchentarifverträge, wenn auch oft nur als Basis ergänzender Betriebsabkommen. Fällt Basisaktivität als Merkmal der Gewerkschaftsstruktur in Großbritannien und Italien mit einer entsprechenden Verhandlungsmacht auf betrieblicher Ebene zusammen, so ist dies in *Frankreich* genau umgekehrt gewesen. Dort sind Streiks der Belegschaften gegen die Unternehmensleitungen oft nichts anderes als ein von den Gewerkschaftsvorständen begrüßtes Mittel, um die Unternehmer, den Staat als Unternehmer nicht ausgenommen, dazu anzuhalten, tarifliche Regelungen mit den zuständigen Gewerkschaftsorganen überhaupt erst anzustreben. Solche Regelungen schließen die Branchengewerkschaften ab, die dabei wegen ihrer eigenen organisatorischen Schwächen fast regelmäßig auf die mit Finanzen, Experten und Erfahrungen besser ausgestatteten gewerkschaftlichen Bundesorgane rekurrieren. Aus dieser Warte ist nicht einmal Frankreich eine Ausnahme von der allgemeinen Beobachtung, daß die meisten europäischen Gewerkschaften ihre wichtigsten Entscheidungen hauptsächlich an zentrale Gewerkschaftsorgane auf Einzelgewerkschafts- oder Dachverbandsebene übertragen.

4) Beamten- und Angestelltengewerkschaften

Nur in *Italien*, *Frankreich*, *Österreich*, *Großbritannien* und *Belgien* haben sich *keine* größeren Beamten- und Angestelltengewerkschaften außerhalb der großen Gewerkschaftsverbände herausgebildet. Das *besondere Statusbewußtsein der Angestellten und Beamten* hat in allen anderen westeuropäischen Ländern eigene gewerkschaftliche Organisationen hervorgebracht. Die *Beamtengewerkschaften* sind in den meisten Ländern, besonders ausgeprägt in *Skandinavien*, den *Niederlanden* und der *Bundesrepublik*, in erster Linie Interessenvertretungen der höheren und gehobenen Beamtenkategorien (in den skandinavischen Ländern nennen sie sich bezeichnenderweise Akademikerorganisationen), die bestehende *Beschäftigungs- und Einkommensprivilegien* verteidigen. Sie stellen eher ständische als gewerkschaftliche Organisationen dar. Die Beamten mit einfacherem Status und bescheideneren Einkommen organisieren sich dagegen überwiegend in Mitgliedsgewerkschaften der großen Gewerkschaftsbünde, in der Regel in den Fachverbänden für öffentliche Bedienstete, Bahn und Post.

Anders ist die Lage der *Angestelltengewerkschaften*. Sie sprechen vorwiegend Beschäftigte an, die aufgrund ihrer Ausbildung, Qualifikation und Tätigkeit eine zu ihren Gunsten differenzierte Einkommensgestaltung anstreben, die den Branchengewerkschaften der stark an Industriearbeiterinteressen orientierten großen Gewerkschaftsbünden nicht zugetraut oder bei diesen vermißt wird. Die Angestelltengewerkschaften tragen dem Umstand Rechnung, daß ihre Mitglieder ein Beschäftigungsrisiko tragen, und verhalten sich zumeist »gewerkschaftlicher« als etwa die Beamtengewerkschaften. Sie stehen durchweg in *Organisationskonkurrenz mit den Branchengewerkschaften* der großen Bünde, die sich allenthalben um die Integration der wachsenden Angestelltengruppen bemühen. Allerdings stabilisiert ein weiteres Moment die Existenz selbständiger Angestelltengewerkschaften. Die großen Gewerkschaftsbünde zeigen in den meisten Ländern eine unübersehbare Präferenz für die sozialistischen Parteien. Dieser Umstand steht im Einklang mit den überwiegenden politischen Präferenzen der gewerkschaftlich organisierten Industriearbeiterschaft. Demgegenüber neigen die Angestellten dazu, sich stärker den bürgerlichen Parteien zuzuordnen. Hier mag eine der Erklärungen für das Fehlen größerer Angestelltengewerkschaften in Ländern mit starken christdemokratischen Gewerkschaften (z.B. *Belgien* und *Italien*) liegen. Unter allen größeren Angestelltengewerkschaften hat lediglich die *schwedische* einen sehr hohen Mitgliederstand erreicht (vgl. *Tabelle 17* auf S. 137).

Tabelle 17: Mitgliederstand der Angestellten- und Beamtenverbände (in Tausend)

	Angestelltenverbände		Beamtenverbände
Bundesrepublik	DAG		DBB
(1979)	487		824
Schweden	TCO		SACO-R
(1978)	1.088		202
Dänemark	FTF		
(1979)	266		
Finnland	TVK	STTK	AKAVA
(1979)	312	115	157
Niederlande	verschiedene Kleinverbände zusammen		
(1977)	1.326		
Schweiz	VSA		
(1978)	564		

Quellen: Nationale Statistische Jahrbücher

5) Unternehmerverbände

In der Mehrzahl der europäischen Industriegesellschaften besitzen die Unternehmer *einheitliche Interessenorganisationen*. Lediglich in den Niederlanden operieren noch christliche und liberalkonservative Richtungsverbände, die praktisch aber eng miteinander kooperieren. Die Unternehmer haben zwei *grundlegende Interessen* gemeinsam: im weitesten Sinne dasjenige des *Arbeitgebers*, der den Lohnkostenfaktor gering zu halten trachtet, und im engeren Sinne den des *Investors*, der auf die Regierung setzt, damit sie die Eigentums- und Verteilungsverhältnisse stabil hält und durch ihre wirtschaftspolitischen Maßnahmen die Gewinnchancen auf dem Binnen- und Weltmärkten gewährleistet. Die meisten Länder, so die *Bundesrepublik*, die *skandinavischen Staaten*, die *Niederlande*, *Großbritannien* und die *Schweiz* tragen diesem grundlegenden Doppelinteresse durch gesonderte Verbände Rechnung: zum einen durch Arbeitgeberverbände, die als Verhandlungspartner der Gewerkschaften auftreten und Arbeitgeberinteressen gegenüber der Regierung artikulieren, zum anderen durch Industriellenverbände (bzw. Handelsvereinigungen), die gemeinsame unternehmerische und spezielle Brancheninteressen bündeln. Andere Länder, *Belgien*, *Italien*, *Frankreich*, *Österreich*, kennen lediglich einen einzigen großen Unternehmerverband, der neben anderen Aufgaben auch die des Arbeitgeberverbandes versieht. Bedeutsamer als die Organisationsform der unternehmerischen Interessen ist die Frage, wen die Unternehmerverbände im einzelnen vertreten und mit welcher faktischen Repräsentativität.

In der *Bundesrepublik* und in *Schweden* kontrollieren widerspruchslos die großen exportorientierten Unternehmen die Arbeitgeber- und Industriellenverbände - in der Regel die dynamischsten, expansivsten und volkswirtschaftlich angesichts der großen Exportabhängigkeit Westeuropas die wichtigsten Unternehmen. Die kleinen und mittleren Unternehmen ziehen ihre Vorteile aus den Dienstleistungen der Unternehmerverbände. z.B. aus Standardtarifverträgen, Beratungen, betriebswirtschaftlich relevanten Informationen, die ihnen bei Entrichtung ihrer Mitgliedsbeiträge eigene Personal- und Sachkosten ersparen können. Auf einer ähnlichen Basis dominieren die Großunternehmen den *italienischen Unternehmerverband* Confindustria, der freilich mit den Klein- und Mittelbetrieben, die als billige Zulieferer der Großunternehmen fungieren, in einer für beide vorteilhaften Symbiose lebt. Die Unternehmerverbände der *Niederlande*, *Dänemarks*, *Belgiens* und der *Schweiz* werden stark von mittelgroßen Unternehmen geprägt, weil diese dort einen erheblichen Beschäftigungseffekt besitzen; die großen multinationalen Konzerne der *Schweiz* und der *Niederlande* übersteigen nach ihrem Investitions-und Umsatzvolumen die Dimensionen ihrer Mutterländer so gewaltig, daß sie wegen ihrer überragenden Bedeutung für den Außenhandel bei den heimischen Regierungen ohnehin eine Präferenzstellung genießen; sie benötigen keine Verbände, um ihre Interessen einzubringen.

Die *französischen*, *österreichischen* und *britischen Unternehmerorganisationen* klammern die Repräsentation bestimmter Unternehmenskategorien aus. Die großen *österreichischen und* vollständig seit 1981 auch die großen *französischen Unternehmen* befinden sich im Staatsbesitz und gehören keinem Unternehmerverband an. Wie die verstaatlichten *britischen Unternehmen*, so betreiben auch dort die Staatsunternehmen eine autonome Geschäftspolitik. Immerhin besitzen die österreichischen kleinen und mittleren Privatunternehmen eine eigene, sehr wirksame Unternehmerorganisation, während demgegenüber die Klein- und Mittelunternehmer in *Großbritannien* und *Frankreich* die Unternehmerverbände anklagen, sie betrieben vornehmlich eine Verbandspolitik im Interesse der Großunternehmen. Nichtsdestoweniger sind die britische Industriellenvereinigung (und mehr noch die dezentralisierten Arbeitgeberverbände Großbritanniens) sowie der französische Unternehmerverband im Vergleich zu den äquivalenten Unternehmerorganisationen im übrigen industrialisierten Westeuropa als schwach einzuschätzen.

Bei allen hier nur grob skizzierten Unterscheidungen im unternehmerischen Verbändelager bleibt generell festzuhalten, daß die Unternehmer ihre gemeinsamen Interessen als Arbeitgeber und Investoren in hohem Maße verbandlich organisiert haben und auf eine stark zentralisierte Weise wahrnehmen. Dabei sind die *politischen Präferenzen der Unternehmerverbände* eindeutig bei den liberalkonservativen und teilweise auch bei den christdemokratischen Parteien anzusiedeln.

6) Arbeitsbeziehungen

Grundlegende Prämisse der westeuropäischen Arbeitsbeziehungen ist das *Prinzip der Koalitionsfreiheit*, d.h. des Rechts der Arbeitnehmer und Arbeitgeber, zur Vertretung ihrer gemeinsamen Interessen Verbände zu gründen, die autonom und rechtsverbindlich *Kollektivverträge* über die Lohn- und Arbeitsbedingungen aushandeln. In allen europäischen Industrieländern bis auf Großbritannien bedeutet das in der Praxis auch negative Koalitionsfreiheit: Arbeitnehmer können sich weigern, einer Gewerkschaft beizutreten und dürfen deshalb nicht benachteiligt werden. Lediglich in einigen britischen Unternehmen wird der *»closed shop«* praktiziert, der die Einstellung und Entlassung von Arbeitnehmern in Absprache mit den Arbeitgebern an die Gewerkschaftsmitgliedschaft bindet.

a) Verrechtlichung

Die Arbeitsbeziehungen in den westeuropäischen Industriegesellschaften sollen im folgenden kurz unter den Gesichtspunkten der Arbeitsmarktorganisation und der betrieblichen bzw. unternehmensbezogenen Gewerkschaftsrechte betrachtet werden. Die Verrechtlichung der Arbeitsbeziehungen weist große Unterschiede auf. Die mit großem Abstand vor allen anderen Ländern geringsten Rechtsregelungen in den Beziehungen zwischen Arbeitgebern und Gewerkschaften kennt *Großbritannien*. Lohn- und Arbeitsbedingungen werden dort nahezu frei von gesetzlichen Maßgaben ausgehandelt. Auf diese Weise erlangen in Großbritannien vor allem die Gewerkschaften weitestgehende Freiheit in der Wahl der Mittel zur Durchsetzung ihrer gewerkschaftspolitischen Ziele.

Auch die *Schweiz* und *Italien* haben weitgehend auf arbeitsrechtliche Reglementierungen in den Tarifbeziehungen verzichtet. Die *skandinavischen Länder* besitzen dagegen zwar ein hochentwickeltes Arbeitsrecht. Dessen Funktion besteht aber in erster Linie darin, die Autonomie der Tarifparteien zu stärken und für einige Konfliktfälle Schlichtungs- und Arbeitsgerichtsprozeduren vorzusehen. Wer mit wem auf welcher Ebene verhandelt und kontraktiert, bleibt ganz dem Ermessen der Tarifparteien überlassen. Das Gesetz verpflichtet lediglich zur Wahrung der Friedenspflicht, d.h. zum Verzicht auf Kampfmaßnahmen für die Laufzeit gültiger Tarifverträge. Daß in vielen skandinavischen Ländern (mit Ausnahme *Schwedens*) die arbeitsrechtlichen Reserveprozeduren der freiwilligen oder Zwangsschlichtung dennoch häufig mobilisiert werden, ist ein anderes Problem.

Die Arbeitsmärkte der *Bundesrepublik*, *Östereichs*, der *Niederlande* und *Belgiens* zeichnen sich demgegenüber durch eine relativ starke rechtliche Reglementierung aus. So schreibt das Arbeitsrecht *Belgiens* eigens Kommissionen vor, in denen Arbeitgeber und Gewerkschaften über Lohntarifverträge verhandeln. Dem Arbeitskampf von gewerkschaftlicher Seite ist in der *Bundesrepublik* eine komplizierte Urabstimmungsprozedur vorgeschaltet. Der *belgische Staat* behält sich vor, Abkommen zwischen den Tarifpartnerverbänden auf ganze Branchen, d.h. auch auf solche Betriebe auszuweiten, die keinem Arbeitgeberverband angehören. Die *Niederlande* gaben erst vor zehn Jahren ein kompliziertes Arbeitsrechtssystem auf, das freie Tarifverhandlungen geradezu verbot. Die restriktiven Wirkungen des Arbeitsrechts auf die faktischen Arbeitsmarktbeziehungen dürfen nicht überschätzt werden. Dafür sind gerade die *Niederlande* exemplarisch, in denen im Laufe der 60er Jahre die Dynamik des Arbeitsmarktes unter Zutun sowohl der Gewerkschaften wie der Arbeitgeber das restriktive Arbeitsrecht sprengte. Ferner ist zu bedenken, daß die faktische Zentralisierung der Tarifbeziehungen auf Branchenebene in der *Bundesrepublik* kaum aus Verbandssatzungen herzuleiten ist, sondern daß diese dadurch zustande kam, daß informelle Prozesse geltende Bestimmungen ergänzten und überlagerten, etwa in der Übertragung der Verhandlungsergebnisse eines Tarifbezirks auf eine ganze Branche bzw. auf andere Tarifbezirke. Die größte Wirkung zeitigen arbeitsrechtliche Bestimmungen in den Arbeitsbeziehungen noch bei Friedenspflichtvorschriften sowie bei Schlichtungs- und Urabstimmungsvorschriften, die sämtlich darauf abheben, Arbeitskämpfe aufzuschieben und zu verhindern.

b) Rolle des Staates

Ein wichtiger Unterschied in den Arbeitsbeziehungen ergibt sich aus der Intensität der staatlichen Intervention in die Tarifpolitik. Diese kann auf dem gewöhnlichen Arbeitsrecht beruhen oder auf ad-hoc-verabschiedeten Lohn- und Preiskontrollgesetzen. In *Dänemark*, *Norwegen* und *Finnland* sind »verordnete«, von den Regierungen in Absprache mit den Tarifparteien festgesetzte Lohntarife heute durchaus üblich gewordene arbeitsmarktpolitische Eingriffe, die häufig sogar mit Billigung der Gewerkschaften geschehen, wenn diese selber keinen anderen Ausweg aus dem Konflikt mit den Arbeitgebern sehen. Ähnliches geschah, wenn auch seltener, in den *Niederlanden* seit dem (1972 endgültigen) Übergang zu freien Tarifverhandlungen, auch dort in Absprache mit den Gewerkschaften. Um solchen Interventionen zuvorzukommen oder um sie in einen von den Gewerkschaften »mitbestimmten« Kontext zu stellen, gingen die Gewerkschaften in einigen Ländern, so in *Österreich* und *Norwegen*, dazu über, sich im Austausch für lohnpolitische Zurückhaltung und Arbeitskampfverzicht sozialpolitische Zugeständnisse der Arbeitgeber und der Regierung zu sichern und zu diesem Zweck in eine institutionalisierte Zusammenarbeit einzutreten. Diese verschiedentlich als »neokorporatistisch« bezeichneten Arrangements blieben freilich Ausnahmen. Versuche, in *Großbritannien* (1974–1977), in der *Bundesrepublik* (1967–1973) und in *Italien* (1977–1979) Ähnliches zu erreichen, scheiterten eklatant, weil die gewerkschaftliche Mitgliederbasis dem nicht zustimmte. Unter allen westeuropäischen Industriegesellschaften besteht lediglich in *Frankreich* (unverändert auch unter der seit 1981 amtierenden sozialistischen Regierung) die Tradition, staatlicherseits in den Arbeitsmarkt bzw. in die Lohnpolitik einzugreifen, ohne groß nach der Billigung der Gewerkschaften zu fragen.

c) Arbeitskonflikte

Die Arbeitsbeziehungen sind überwiegend konfliktorisch angelegt. Zwar zeigt das Niveau der Arbeitskämpfe von Land zu Land erhebliche Unterschiede (vgl. dazu die *Tabelle 18* auf S. 142). Aber die Anzahl der Arbeitskonflikte etwa in Großbritannien, Frankreich, Italien und Finnland erklärt sich aus gewerkschaftsstrukturellen Ursachen: in *Großbritannien* und *Italien* aus der relativ großen Autonomie der Betriebsgewerkschaftsorganisationen, die ihre Forderungen häufig mit kurzen, informellen Streiks untermauern, in *Frankreich* aus der Schwäche der Gewerkschaften, die oft nur durch erbitterte Arbeitskonflikte ausgeglichen werden kann, in *Finnland* aus der Gewohnheit, vor Tarifverhandlungen die gewerkschaftliche Entschlossenheit mit kurzen Streiks zu demonstrieren. Ein über Jahre hinweg geringes Arbeitskampfvolumen läßt noch keine Rückschlüsse auf die tatsächliche Arbeitskampfbereitschaft im Konfliktfall zu. Dies zeigte sich besonders am *schwedischen* Beispiel, als 1981 nach beinahe fünf Jahrzehnten einzigartiger Arbeitskampfruhe die Gewerkschaften auf die mangelnde Konzessionsbereitschaft der Unternehmer mit landesweit befolgten Streiks reagierten. Wenn in Ländern wie der *Bundesrepublik*, *Belgien* oder den *Niederlanden* Arbeitskämpfe nicht häufig vorkommen, dann zeigt dies nur an, daß die Verhandlungsmacht und Durchsetzungsfähigkeit der Gewerkschaften als ausreichend empfunden wird. Wenn die Verhandlungsergebnisse größere Teile der Mitgliedschaft nicht überzeugen, zeigt die Erfahrung, daß informelle Arbeitsniederlegungen, die sich dann auch gegen die Gewerkschaftsführungen richten, unvermeidlich werden.

Eine grundsätzlich kooperative, d.h. konfliktvermeidende – und -ausschließende – Gewerkschaftspolitik scheitert in der Mehrzahl der europäischen Industrieländer daran, daß die Gewerkschaftsführungen dafür keine Legitimation durch die Mitglieder besitzen. Sogar im arbeitskampfarmen, hochzentralisierten und überschaubaren Arbeitsmarktsystem *Schwedens* kam

Tabelle 18: Arbeitskonflikte in Westeuropa, in den U.S.A. und Japan

	Arbeitskonflikte im Jahresdurchschnitt 1971–80	Beteiligte an Arbeitskonflikten (in Tausend) im Jahresdurchschnitt 1971–80	Durch Konflikte verlorene Arbeitstage (in Tausend) im Jahresdurchschnitt 1971–80	Verlorene Arbeitstage je Arbeitskampfbeteiligten im Jahresdurchschnitt 1971–80
Bundesrepublik		184,2	1 168,2	6,3
Großbritannien	ca. 2 300	1 519,2	12 988,8	8,5
Schweden	ca. 100	92,5	595,1	6,4
Norwegen	unter 100	8,1	69,8	8,6
Dänemark	ca. 150	95,3	515,7	5,4
Finnland	ca. 1 550	393,6	1 190,0	3,0
Niederlande		8,1	69,8	6,2
Österreich		12,6	21,9	1,7
Schweiz	unter 100	1,0	5,2	5,2
Frankreich	ca. 3 600	1 770,9	3 551,5	2,0
Italien	ca. 3 600	10 092,0	19 749,7	2,0
U.S.A.	ca. 5 000	2 298,5	36 357,8	15,8
Japan	ca. 2 500	1 582,0	4 453,7	2,8

Quelle: *Yearbook of Labour Statistics 1972 ff.*, Genf 1972 ff.

es 1969 zu aufsehenerregenden »inoffiziellen Streiks«. Wirklich »kooperative« Arbeitsbeziehungen existieren lediglich seit geraumer Zeit in *Österreich*, *Norwegen* und in der *Schweiz*: Viele *schweizerische Gewerkschaften* praktizieren seit 1937 sog. »Gesamtarbeitsverträge« mit den Arbeitgebern, in denen sie prinzipiell auf den Arbeitskampf als Mittel der Auseinandersetzung verzichten. Der *ÖGB* beteiligt sich seit 1957 mit den landwirtschaftlichen und unternehmerischen Spitzenverbänden und der Regierung an der sog. »Sozialpartnerschaft«: Löhne und Preise müssen in einer Paritätischen Kommission einstimmig gebilligt werden. Arbeitskämpfe sind dabei systemswidrig und in größerem Umfang seither nicht mehr vorgekommen. In ähnlicher Form, ebenfalls untermauert durch eine Paritätische Kommission, haben sich die *norwegischen Gewerkschaften* seit 1962 in ein Konsultationssystem eingebunden, das von seinen Zielen her scheitert, sobald es zu Arbeitskonflikten kommt.

d) Betriebsverfassung

In allen europäischen Industrieländern gibt es betriebliche Organe der Belegschaften, die von den Unternehmen bei bestimmten Entscheidungen konsultiert werden und in einigen anderen Bereichen Mitentscheidungsrecht besitzen. Es handelt sich um die Betriebs- oder Unternehmensräte. Auf die Geschäftspolitik der Unternehmen haben diese aber keinen Einfluß. Wirkliche Mitbestimmung der Gewerkschaften geschieht nur in der *Bundesrepublik*, in *Schweden* und in *Großbritannien*, in den beiden ersten Ländern auf rechtlicher Grundlage, in Großbritannien faktisch. Die Paritätische Montanmitbestimmung in der *Bundesrepublik* (seit 1952) gibt den Gewerkschaften in den Großunternehmen des Kohle- und Stahlsektors ein echtes Veto gegen die Kapitalvertreter; nach dem Mitbestimmungsgesetz von 1976, das für Großunternehmen in anderen Branchen gilt, bleiben die Gewerkschafts- bzw. Belegschaftsvertreter knapp in der Minderheit. Die am weitesten gehende Mitbestimmung ist heute in *Schweden* möglich. Dort können die Gewerkschaftsvertreter in Betrieben einer bestimmten Größenordnung verlangen, daß die Unternehmer über alle wichtigen Entscheidungen mit ihnen verhandeln müssen; ohne Einigung kann die Unternehmerseite nichts ausrichten. Andere skandinavische Gewerkschaften und die Gewerkschaften der Benelux-Länder streben ähnliche Mitbestimmungsregelungen an. Was den schwedischen Gewerkschaften rechtlich zusteht, setzen viele *britische* Gewerkschaften in der betrieblichen Praxis durch, weil sie durch Arbeitsniederlegungen die Arbeitgeber notfalls zwingen können, auf ihre Vorstellungen einzugehen.

II. U.S.A.

Die amerikanische Gewerkschaftsbewegung gruppiert sich um die seit 1955 föderierten Gewerkschaftsbünde AFL (American Federation of Labor) und CIO (Congress of Industrial Organizations), die zwei unterschiedliche Stränge der Gewerkschaftstradition repräsentieren. Freilich bestehen daneben teilweise große Gewerkschaften, die dem Gewerkschaftsbund AFL/CIO nicht angehören. Die Berührungspunkte zwischen den europäischen und den amerikanischen Gewerkschaften sind gering. Ähnlich wie in den Parteiensystemen, so manifestiert sich in den Besonderheiten der europäischen und amerikanischen Gewerkschaften die Tragweite der bestehenden entwicklungsgeschichtlichen und kulturellen Unterschiede zwischen der europäischen und der amerikanischen Industriegesellschaft.

1) Ziele und politische Bindungen

Die Entwicklung zum gegenwärtigen Funktions- und Gesellschaftsverständnis der amerikanischen Gewerkschaftsbewegung verlief keineswegs gradlinig. Sie setzte sich erst im und nach dem Ersten Weltkrieg mit dem Scheitern der militanten Gewerkschaften um die *I.W.W.* (International Workers of the World) durch, die eine sozialistische politische Orientierung besaßen. Die I.W.W. wurden das Opfer massiver staatlicher und privater Repression auf dem Hintergrund eines hysterischen Antikommunismus, der nach der erfolgreichen Russischen Revolution und mit der revolutionären Gärung in Westeuropa in den U.S.A. einen ersten Höhepunkt erreichte. In den heutigen Gewerkschaften hat sich der sog. »Gomperismus« durchgesetzt (benannt nach S. Gompers, dem ersten Präsidenten des Gewerkschaftsbundes AFL), ein elitäres, exklusives Gewerkschaftsverständnis, das sich in der Erfüllung eines einkommensbezogenen Gewerkschaftsmandats erschöpft.

Die amerikanischen Gewerkschaften kennen keine gesellschaftspolitischen Perspektiven, die über den sozialen Status quo hinausweisen. Sie sind aber auch nicht »unpolitisch«: Als Interessenorganisationen der amerikanischen Arbeiter und Angestellten nehmen sie regelmäßig Stellung zu politischen Fragen; sie unterstützen politische Initiativen und Kandidaten für politische Ämter. Sowohl der Gewerkschaftsbund AFL/CIO als auch seine Mitgliedsgewerkschaften, die allerdings in dieser wie auch in gewerkschaftspolitischer Hinsicht Autonomie genießen, engagieren sich in politischen Fragen, die über den engeren gewerkschaftlichen Bereich hinausgehen. In der Regel unterstützen die Mitgliedsgewerkschaften und Dachverbandsorgane der AFL/CIO alle Initiativen in Richtung auf verbesserte sozialstaatliche Leistungen, die für die unteren Mittelschichten und die schwarze Minderheit, in denen sich u.a. Gewerkschaftsmitglieder konzentrieren, nicht unwesentlich den Lebensstandard bestimmen. Naheliegenderweise fördern die Gewerkschaften Vollbeschäftigungsprogramme und arbeitsmarktfördernde Vorstöße und Maßnahmen im Kongreß und in der Bundesadministration. Meist konvergieren die Stellungnahmen der Gewerkschaften mit den Auffassungen der *Demokratischen Partei*, die von den Gewerkschaften in den letzten 50 Jahren nahezu regelmäßig moralische und materielle Unterstützung erhielt. Nichtsdestoweniger sind die Ausnahmen von dieser Regel beachtlich: etliche, auch größere, Gewerkschaften im AFL/CIO und außerhalb ergreifen Partei für die *Republikaner*, und zwar nicht nur punktuell zugunsten gewerkschaftsfreundlicher Kongreßkandidaten der Republikanischen Partei, sondern auch zugunsten Republikanischer Präsidentschaftskandidaten. Die starke Abneigung der Gewerkschaftsfunktionäre gegen die radikalere oder »neuliberale« Strömung in der Demokratischen Partei veranlaßte den AFL/CIO 1972 sogar, dem als »radikal« geltenden Demokratischen Präsidentschaftskandidaten G. McGovern die traditionelle Unterstützung des AFL/CIO für Demokratische Präsidentschaftsanwärter zu verweigern.

Ihren politischen Zielen nach erscheint die amerikanische Gewerkschaftsbewegung eher als eine Lobby mit zwar breit gestreuten, aber doch nur punktuellen politischen Forderungen, denn als eine politische Organisation, die über prinzipielle gesellschaftspolitische Forderungen die langfristige Verbesserung der Lage ihrer Mitglieder anstrebt. Freilich verstehen sich die amerikanischen Gewerkschaften nicht als Repräsentanten der gesamten abhängig beschäftigten Bevölkerung der U.S.A., verkörpern also keinen übergreifenden gesellschaftlichen Vertretungsanspruch, sondern begnügen sich mit der Repräsentation ihrer organisierten und zahlenden Mitglieder. *Die amerikanische Gewerkschaftsbewegung teilt voll und ganz den gesellschaftlichen Konsens über die Vorzüge des bestehenden politischen und wirtschaftlichen Systems.* Der liberale Kern dieses Konsens' schließt Konflikte der Gewerkschaften mit den Arbeitgebern nicht aus. Es handelt sich dabei aber um Konflikte, die in keiner Weise weltanschaulich motiviert sind wie noch teilweise in den westeuropäischen Gewerkschaften, sondern aus der Konkurrenz um eine ökonomische Verteilungsmasse, die starke Anklänge an die Konkurrenz zwischen einzelnen Unternehmen besitzt. Von daher erklärt sich in den U.S.A. das Vorhandensein industrieller Arbeitskonflikte ohne Klassenrhetorik und grundsätzliche soziale Wertkonflikte. Die Arbeitgeber vertreten aus gewerkschaftlicher Sicht politisch, moralisch und geschichtlich legitime Interessen ebenso wie die Gewerkschaften selber.

2) Repräsentation

Der Gewerkschaftsbund AFL/CIO baut auf den früher eigenständigen Gründungsgewerkschaften AFL und CIO auf, die beide konkurrierende Organisationsprinzipien verkörperten. Der ältere Gewerkschaftsbund AFL (American Federation of Labor), der nach dem Niedergang der sozialistisch orientiertenGewerkschaften bis 1935 einzige Gewerkschaftsbund auf der Verbandsszene, repräsentierte kleine, »exklusive« Berufsgewerkschaften, denen Spezialisten und Facharbeiter angehörten. Der später (1935) gegründete Gewerkschaftsbund CIO (Congress of Industrial Organizations) entstand aus der *Spaltung der AFL*, als diese sich wiederholt kompromißlos weigerte, ihre Mitgliedsgewerkschaften für un- und angelernte Arbeiter zu öffnen, und rigoros die Bildung von Branchengewerkschaften ablehnte. Die Integration der früheren AFL-Mitglieder in Branchengewerkschaften oder Gewerkschaften mit einem breiteren, auch ungelernte Arbeiter umfassenden, Organisationsbereich hätte die besonderen Interessen der Facharbeiter mit denen der zahlreichen ungelernten Arbeiter vermengt, die beliebiger ersetzbar waren, in größerer Anzahl zur Verfügung standen und durchweg schlechter bezahlt wurden. Dem CIO schlossen sich 1935 und später ausschließlich Branchengewerkschaften oder Gewerkschaften mit branchendeckendem Charakter (z.B. Minen- oder Stahlarbeiter) an. Eine wichtige Rolle spielte lange die Autoarbeitergewerkschaft als eine Organisation, der fast ausschließlich un- und angelernte Arbeiter angehörten. CIO-Gewerkschaften trugen die Hauptlast der Arbeitskämpfe in den 30er und 40er Jahren, in denen die Gewerkschaften um ihre arbeitsrechtliche Anerkennung als legitime Interessenvertretung kämpften. Nach längeren und komplizierten Verhandlungen kam es 1955 zur *Vereinigung der beiden Gewerkschaftsbünde* in der Gewerkschaftsföderation AFL/CIO.

Die ehemaligen AFL- und CIO-Gewerkschaften bestehen bis heute fort, wenn auch unter der Bezeichnung als AFL/CIO-Gewerkschaften. Nach wie vor kennt die Gewerkschaftsbewegung *kleine Berufsgewerkschaften aus dem AFL-Erbe* und *Industriegewerkschaften aus der CIO-Tradition.* Vor allem wegen der zahlreichen kleinen Berufsgewerkschaften zählt der AFL/CIO die extrem hohe Anzahl von 105 Mitgliedsverbänden (1980). Sämtliche Mitgliedsgewerkschaften besitzen im Verhältnis zu den AFL/CIO-Bundesorganen volle Autonomie. Genaue Zuständigkeitsregelungen der AFL/CIO für bestimmte Berufe und Branchen sollen Auseinandersetzungen zwischen den Gewerkschaften über die Expansion ihrer Organisationsbereiche auf Kosten anderer Gewerkschaften verhindern. Sog. »Departments« koordinieren die Arbeit der Mitgliedsgewerkschaften in bestimmten Organisationsbereichen, etwa in der Industrie, im Handel und im öffentlichen Dienst.

Die amerikanischen Gewerkschaften repräsentieren, soweit sie dem AFL/CIO angehören, ein heterogenes Bündel von organisierten beruflichen und branchenspezifischen Arbeiterinteressen. Dieses Nebeneinander enthält bereits eine hierarchische Abstufung, weil die früheren AFL-Gewerkschaften ausschließlich qualifizierte Arbeitnehmer mit höherem Einkommen und Berufsprestige vertreten, während die industriellen (und früheren CIO-) Branchengewerkschaften die Masse der un- und angelernten, schlechter bezahlten und mit größerem Beschäftigungsrisiko belasteten Arbeiter und Angestellten vertreten. Es kommt hinzu, daß die Branchengewerkschaften bei der großen Zahl ihrer Mitglieder für die beschäftigenden Unternehmen einen wesentlich größeren Kostenfaktor bedeuten als die verstreuten, gut bezahlten Facharbeiter und deshalb bei Lohnverhandlungen mit einer geringeren Konzessionsbereitschaft der Arbeitgeber konfrontiert sind.

Sämtliche AFL/CIO-Gewerkschaften handeln allein für ihre Mitglieder. Die arbeitsrechtlichen Bestimmungen des Bundes und der meisten Unionsstaaten beschränken die Geltung der Tarifverträge allein auf die Gewerkschaftsmitglieder. Die Anzahl der Gewerkschaftsmitglieder und der gewerkschaftliche Organisationsgrad der unselbständig beschäftigten Erwerbsbevölkerung sind relativ gering. Mit 15 Millionen Mitgliedern (1980) ist der AFL/CIO zwar der größte Gewerkschaftsbund eines demokratischen Landes, mit über 22 Millionen Mitgliedern besitzen die U.S.A. eine der größten Gewerkschaftsbewegungen, aber der gewerkschaftliche Organisationsgrad liegt mit 20.8 % (1980) auf dem Niveau Frankreichs, das sich durch einen für europäische Verhältnisse extrem niedrigen gewerkschaftlichen Organisationsgrad der abhängig beschäftigten Erwerbsbevölkerung auszeichnet. Die meisten AFL/CIO-Gewerkschaften haben den Ehrgeiz, bestimmte Unternehmen voll zu organisieren, wobei es sich meist um potente, finanzkräftige Unternehmen handelt, mit denen die Gewerkschaften für ihre Mitglieder günstige Verträge abschließen können. Gut verdienende Mitglieder wiederum sind gute Beitragszahler, weil die Beiträge hoch angesetzt werden können, aus denen dann wieder gute Gehälter für die Gewerkschaftsfunktionäre resultieren.

Demgegenüber kosten Werbekampagnen für Mitglieder in schwer organisierbaren Klein- und Mittelbetrieben viel Geld. Die weniger finanzkräftigen Unternehmen der U.S.A. sind häufig kaum organisiert; sie können keine hohen Tariflöhne zahlen. Mit der Organisierung kleiner und mittlerer Unternehmen gingen die Gewerkschaftsführungen das Risiko ein, die Erwartungen der dort arbeitenden Mitglieder zu enttäuschen. Es kommt hinzu, daß die häufig *gewerkschaftsfeindlichen Unternehmer* in diesen Unternehmenskategorien den Gewerkschaftswerbern erfahrungsgemäß zahlreiche rechtlich gerade noch zulässige und gelegentlich bereits unzulässige Hindernisse entgegenstellen. Nur 49 % aller Betriebswahlen, die von der Bundesarbeitsbehörde zur Feststellung des Belegschaftswillens angeordnet wurden, erbrachten 1980 Mehrheitsvoten für die Gewerkschaften, ein nur geringer Rückgang gegenüber den Vorjahren. Das heißt, daß sich über die Hälfte der befragten Belegschaften für »gelbe« Hausgewerkschaften oder gegen eine Vertretung überhaupt entschied. Ähnlich großen Unternehmen am Markt wollen die AFL/CIO-Gewerkschaften nicht um jeden Preis, schon gar nicht mit hohen Kosten und zweifelhaften Gewinnen, expandieren. Sie begnügen sich damit, ihre »Marktanteile« und jene Märkte zu halten und zu pflegen, die in hohem Maße kalkuliert werden können. Bezeichnenderweise konzentrieren sich die gewerkschaftlich organisierten Beschäftigten bei einem gesamtwirtschaftlichen gewerkschaftlichen Organisationsgrad von ca. 21 % in den Branchen der Rüstungs-, Elektro-, Transport- und Bauindustrie (bei einer Organisationsquote von über 75 %) und der metallverarbeitenden, der Bergbau-, Textil- und Gummiindustrie (bei einem Organisationsgrad von über 50 %). Aus der »ökonomistischen« Einstellung der Gewerkschaften heraus ist der gewerkschaftliche Organisationsgrad der amerikanischen Arbeitnehmerschaft seit 30 Jahren beständig zurückgegangen, ohne daß der AFL/CIO diese Entwicklung anzuhalten vermocht hätte. Der Mitgliederbestand der Gewerkschaften ging zwischen 1978 und 1980 um eine halbe Million zurück, der gewerkschaftliche Organisationsgrad der nicht-landwirtschaftlich Beschäftigten sank im gleichen Zeitraum von 22.3 % auf 20.8 %. Der Gesichtspunkt der unternehmensübergreifenden gewerkschaftlichen Solidarität mit nichtorganisierten Beschäftigten als Mittel zur Durchsetzung von gleichen Lohn- und Arbeitsbedingungen und zur Werbung neuer Mitglieder fehlt im Verhalten der amerikanischen Gewerkschaften. Besonders dieser Umstand macht einen grundlegenden Unterschied zu den europäischen Gewerkschaften aus.

Die »Exklusivität« des AFL/CIO blieb nicht ohne *Kritik aus den eigenen Reihen*. Kritik kam vor allem von den großen industriellen Branchengewerkschaften, die sich für Mitgliederwerbekampagnen stark machten. Die *Autoarbeitergewerkschaft (UAW)* zog sich 1968 aus dem AFL/CIO zurück. Sie war damit die zweite große Gewerkschaft außerhalb des AFL/CIO, 1981 aber, nach einem umfassenden Führungswechsel in den AFL/CIO-Bundesorganen, die erste, die dem Gewerkschaftsbund wieder beitrat. Bei der anderen handelt es sich um die *Teamster-Gewerkschaft (IBT)*. Ursprünglich eine Berufskraftfahrergewerkschaft, vertritt die IBT eine Vielzahl von Mitgliedern in allen Berufen und Branchen. Sie machte sich die Untätigkeit des AFL/CIO zunutze und warb mit Erfolg zahlreiche bislang unorganisierte Beschäftigte. Als Nichtmitglied des AFL/CIO unterliegt sie im Verhältnis zu anderen Gewerkschaften keinem Konkurrenzverbot und hat mit ihrem Renommée, gute Lohnabschlüsse durchzusetzen, etliche Mitglieder der AFL/CIO-Gewerkschaften abgeworben. Politisch verfolgt die IBT keine Ziele, die von denen des AFL/CIO abwichen. Sie zeigt, daß neben dem

AFL/CIO noch viel Raum für andere Gewerkschaften bleibt. Der IBT gehören 2.3 Millionen, der UAW 1.5 Millionen Mitglieder an. Beide erreichen damit allein nahezu ein Viertel des Mitgliederbestandes des AFL/CIO.

3) Organisation und Entscheidungsprozeß

In struktureller Entsprechung zum Dualismus von Berufs- und Industriegewerkschaften zeigen die Organisationsstrukturen der amerikanischen Gewerkschaften erhebliche Unterschiede. In den Betrieben arbeiten *»shop stewards«*, gewerkschaftliche Vertrauensleute, die die Einhaltung der Kollektivverträge überwachen und als Beschwerdeadressaten der Mitglieder in den Unternehmen auftreten. In den U.S.A. werden die Kollektivverträge in der Regel nur für ein bestimmtes Unternehmen ausgehandelt. Die »shop stewards« sind aber nicht in erster Linie Vertrauensleute der Mitglieder, sondern eher Tarifvertragsüberwachungsorgane im Auftrag der Gewerkschaftsvorstände bzw. Gewerkschaftsbürokratie. Die erste wichtige Gewerkschaftsinstanz mit autonomen Rechten sind die 740 *»local unions«*, Zusammenschlüsse der Gewerkschaftsmitglieder einer Branche oder eines Berufs in einer Stadt oder in einem Bezirk. Die Funktionäre der »local union« schließen häufig Kollektivverträge mit den Unternehmen, in denen ihre Mitglieder die Mehrheit der organisierten Beschäftigten stellen. Als wichtigste Organe der Gewerkschaften fungieren die *Gewerkschaftsvorstände*, die ebenfalls Verhandlungsrechte für die Mitglieder geltend machen können, dies aber in unterschiedlicher Weise tun. Besonders im Hinblick auf diese Rolle der zentralen Gewerkschaftsorgane haben sich die Gewerkschaften differenziert.

Die relativ kleinen Berufsgewerkschaften in der AFL-Tradition überlassen die Aushandlung der Tarifvereinbarungen in der Regel den »local unions«. Die größeren Industrie- und Branchengewerkschaften haben sich umfassende Gewerkschaftsbürokratien zugelegt, mit deren Hilfe die Gewerkschaftsvorstände häufig Vereinbarungen für die Mitglieder in den (besonders großen) Unternehmen aushandeln. Die »locals« spielen tarifpolitisch keine oder nur mehr eine geringe Rolle und dienen in diesen Gewerkschaften hauptsächlich als Überwachungs- und Beschwerdeinstanzen. Das Arbeitsrecht der U.S.A. ist eine noch kompliziertere Materie als in europäischen Ländern, weil die einschlägigen Bundesgesetze von weiteren, von Unionsstaat zu Unionsstaat variierenden Gesetzen und Vorschriften ergänzt werden, die nur versierte Gewerkschafts- und Arbeitsjuristen beherrschen. Die größten und beschäftigungsintensivsten Unternehmen, mit denen es die Branchengewerkschaften typischerweise zu tun haben, erstrecken sich oft über eine Vielzahl von Unionsstaaten. Deshalb haben die Gewerkschaftsbürokratien ihre Zuständigkeit immer stärker auf Kosten der lokalen Gewerkschaftsorgane in Anspruch genommen.

Die starke Zentralisierung der Gewerkschaftskompetenzen bei den Gewerkschaftsbürokratien fällt umso stärker ins Gewicht, als die Gewerkschaftsmitglieder ihrer Gewerkschaft eine konsumptive Haltung entgegenbringen, bei der ein Gewerkschaftspräsident und seine Vorstandskollegen sich des Votums der Mitglieder bei den Organisationswahlen sicher sein können, solange sie den Arbeitgebern gute Abschlüsse abringen. Hierin stecken auch die Ursachen für das Eindringen der *Korruption* in einige Gewerkschaften.

Lange und ungefochten amtierende Gewerkschaftsführer können den hauptamtlichen Funktionärskörper ihrer Organisation durch eine entsprechende Personalpolitik mit ihren Vertrauensleuten besetzen und innergewerkschaftliche Opposition, etwa gegen selbstherrlichen Führungsstil, Gehälter und Nebeneinkünfte der Führungsspitze, oder Korruptionsvorwürfe mit dem Hinweis auf ihren Erfolg in der Lohnpolitik entkräften oder verharmlosen. Die weitgehend passive Mitgliedschaft gehört der Gewerkschaft zum erheblichen Teil deshalb an, weil dies materielle Vorteile bringt oder weil die geltenden Tarifbestimmungen die Gewerkschaftsmitgliedschaft zur Einstellungsvoraussetzung machen. Die meisten Mitglieder kümmern sich kaum darum, welche Privilegien sich ihre Gewerkschaftsführer zuschanzen, mit welchen Mitteln diese ihre innergewerkschaftlichen Gegner und Rivalen bekämpfen, welche Absprachen offenbar die Arbeitgeber begünstigen und gleichzeitig den Gewerkschaftsführungen organisationspolitische Vorteile in inneren Machtkämpfen verschaffen. In einigen Gewerkschaften, namentlich bei den Teamsters (IBT), ist Korruption ein großes Problem. Insgesamt charakterisiert sie aber nur einen kleinen und nicht einmal repräsentativen Teil der Gewerkschaften, obgleich sie auf Tendenzen wie Bürokratisierung, Zentralisierung und Mitgliederpassivität aufbaut, die in allen US-Gewerkschaften wirksam sind.

4) Unternehmer

Die Interessenpolitik der amerikanischen Unternehmer zeichnet ein extremer Partikularismus aus. Zwar existieren einige große Unternehmerverbände wie die *Chamber of Commerce* und die *National Association of Manufacturers*, aber es handelt sich hier um vergleichsweise schwache Organisationen, die ihren Mitgliedsfirmen gegenüber keine Autorität besitzen oder geltend machen. Ihre Hauptaufgabe besteht darin, gemeinsame Produzenteninteressen einer Branche politisch beim Kongreß und bei der Bundesbürokratie zu repräsentieren. *Arbeitgeberverbände kennt die amerikanische Verbandslandschaft überhaupt nicht.* Kollektive Interessenpolitik ist den amerikanischen Unternehmern fremd. Darin unterscheiden sie sich fundamental von den europäischen Unternehmern, die in den historisch klassengeprägten europäischen Gesellschaften jenseits allen Konkurrenzverhaltens ihre gemeinsamen Interessen sehr genau wahrnehmen, weil sie mit der gemeinsamen Herausforderung ihrer Interessen durch die Gewerkschaften und die gesellschaftlichen Reformabsichten der sozialistischen Parteien konfrontiert sind. Aus dieser Situation heraus entwickelten die europäischen Unternehmer schlagkräftige Interessenvertretungen, sowohl für den Umgang mit den Gewerkschaften als auch für den Umgang mit den Regierungen und Verwaltungen. Demgegenüber fehlt es den amerikanischen Unternehmern an historischen Erfahrungen mit populären Weltanschauungen und ernstzunehmenden politisch-sozialen Kräften, die Legitimität und Macht privaten Kapitaleigentums in Frage stellen. Auf diesem Hintergrund betreiben die amerikanischen Unternehmen eine ungeordnete, geradezu »individualistische« Interessenpolitik im Verhältnis zur Regierung und zu den Gewerkschaften.

Die Autonomie des einzelnen Unternehmens bestimmt den Blickwinkel amerikanischer Manager und Eigentümer. Diese wollen freie Handhabe bei der Gestaltung der Unternehmensbeziehungen nach außen, handele es sich um die Marktbeziehungen zu anderen Unternehmen oder um die Arbeitsbeziehungen zu den Gewerkschaften oder um die Beziehungen zur Regierung. Bezeichnend für das fehlende Interesse an den bestehenden Unternehmerverbänden und für deren Funktionsschwäche ist der Umstand, daß alle Großunternehmen entweder ständige Lobbyisten in Washington unterhalten, die dort beim Kongreß ihre Interessen wahren sollen, oder die Dienstleistungen der vielfältigen Lobby-Firmen in Anspruch nehmen, die auf Honorarbasis die besonderen Anliegen ihrer Großwirtschaftskunden bei den zuständigen Stellen vorbringen. Für die Beziehungen zu den Gewerkschaften bedarf es keiner Lobby. In Entsprechung zu den Gewerkschaften unterhalten die Großfirmen Arbeitsrecht- und Kollektivvertragsspezialisten oder sie nehmen entsprechende Anwaltshilfe in Anspruch, um Vereinbarungen mit den Gewerkschaften auszuhandeln, die auf die Gewerkschaftsmitglieder des jeweiligen Unternehmens zugeschnitten sind.

Das Einzelunternehmen ist in jeder Hinsicht der einzige wirklich bedeutende unternehmerisch-interessenpolitische Akteur in den U.S.A. Diese Beobachtung läßt sich noch weiter dahin einengen, daß nur den Großunternehmen eigentliche Bedeutung zukommt, die über ausreichende organisatorische und finanzielle Kraft verfügen, um ihre politischen und Arbeitsbeziehungen effektiv zu regeln. Die kleinen und mittleren Unternehmen geraten dabei ins Hintertreffen: sie sehen es als ihr vitales Interesse an, die Gewerkschaften überhaupt aus ihren Betrieben herauszuhalten und staatliche Regelungen der Wirtschaft überhaupt auf ein Minimum zurückzuschrauben, weil sie zu schwach sind, ihre Autonomie in Vereinbarungen mit den Gewerkschaften wahrzunehmen und durch gezielte Vorstellung bei den politischen Instanzen abzusichern.

Der Interessengegensatz zwischen kleinen und großen Firmen ist nicht eigentümlich für die U.S.A. Spezifisch ist vielmehr das Ausmaß des Problems, das in den europäischen Ländern durch die Unternehmerverbände gemildert wird, die auch die Interessen der kleinen und mittleren Unternehmen im Auge behalten. Infolgedessen verhalten sich die amerikanischen Klein- und Mittelunternehmer extrem gewerkschaftsfeindlich und ablehnend gegenüber Regierungseingriffen in die Wirtschaft sowie generell gegenüber der Regierungsbürokratie. Diese Anti-Haltung konzentriert sich in den südlichen und südwestlichen Unionsstaaten, wo die im Norden ansässigen Großunternehmen nur punktuell operieren. Sie manifestiert sich politisch darin, daß die unionsstaatliche Gesetzgebung dieser Region die Organisationsrechte der Gewerkschaften außerordentlich stark einschränkt, während die Dominanz der Großunternehmen in den länger und durchgreifender industrialisierten Nordost-und Mittelweststaaten dort eine gewerkschaftsfreundlichere Gesetzgebung ermöglicht hat. Allgemein bleiben die Konflikte der Klein- und Mittelunternehmen mit den Gewerkschaften gering, weil diese - was besonders für den AFL/CIO gilt - von sich aus wenig unternehmen, um ihre Mitgliedschaft bis in diese Unternehmenssektoren hinein auszudehnen.

Alle amerikanischen Unternehmer bis auf wenige prominente Ausnahmen, ob nun Eigentümer oder Manager in größeren oder kleineren Unternehmen, verstehen eine Erweiterung der Gewerkschaftsrechte und der Staatstätigkeit oder bereits das erreichte Niveau der wirtschaftsbezogenen Staatseingriffe als Gefährdung ihrer Autonomie und der Profitabilität ihrer Unternehmen. Dies geht so weit, daß sie gelegentlich sogar eine Regierungspolitik ablehnen, die objektiv den übergreifenden, gemeinsamen Interesssen ihrer Unternehmen dient (und wie sie in Europa von den Unternehmerverbänden gefördert und mitgestaltet wird). Politisch resultiert daraus eine einhellige Präferenz für neo-liberale und monetaristische Wirtschaftskonzepte, die vor allem in der Republikanischen Partei breiten Anklang finden. Die Demokraten, keineswegs unternehmerfeindlich, werden von Eigentümern und Managern weithin abgelehnt, weil sie historisch mit den Anfängen einer interventionistischen (bzw. Keynesianischen) Wirtschaftspolitik, mit der politischen Emanzipation der Gewerkschaftsbewegung, mit hohen Sozialausgaben sowie mit steigenden Haushalten und Steuerlasten in Verbindung gebracht werden.

5) Arbeitsbeziehungen

a) Verrechtlichung

Die Grundzüge des amerikanischen Arbeitsrechts bestimmt das *Wagner Act von 1935*, das erstmals die nicht-landwirtschaftlichen Arbeitgeber unter bestimmten Voraussetzungen zur Anerkennung der Gewerkschaften als Kollektivverhandlungspartner verpflichtete. Für Landarbeiter gilt das Arbeitsrecht bis heute nicht. Arbeitnehmer haben danach das Recht, sich gewerkschaftlich zu organisieren und eine Gewerkschaft als ihre Interessenvertretung für Tarifverhandlungen mit den Arbeitgebern zu bestimmen. Eine durch das Gesetz geschaffene Arbeitsbehörde (NLRB = National Labor Relations Board) übt eine Aufsicht über die Tarifparteien aus: sie bestimmt die Größe der Tarifverhandlungseinheiten und überwacht die gewerkschaftsinternen Organisationswahlen. Für diese Wahlen können alle Gewerkschaften kandidieren, die in einem Unternehmen Mitglieder nachweisen. Diejenige Gewerkschaft, für die eine absolute Mehrheit der organisierten Belegschaftsmitglieder votiert, vertritt sämtliche Gewerkschaftsmitglieder des Unternehmens unabhängig von deren Zugehörigkeit zu bestimmten Gewerkschaftsorganisationen. Das Wagner Act bestimmt weiterhin, daß die NLRB Neuwahlen anordnen muß, wenn 30 % der Organisierten dies verlangen und damit der Auffassung Ausdruck geben, daß eine Gewerkschaft nicht mehr zufriedenstellend die gesamte organisierte Belegschaft repräsentiert. Die Arbeitgeber müssen eine gewählte Gewerkschaft anerkennen und mit ihr verhandeln, wobei ihnen das Gesetz streng verbietet, die Beschäftigten am Beitritt zu einer Gewerkschaft zu hindern. In allen Streitigkeiten, die unter der Wagner Act anfallen, ist die NLRB die erste Instanz, gegen deren Entscheidung Berufung bei den Bundesgerichten eingelegt werden kann.

Die Bestimmungen des Wagner Act werden ergänzt durch zwei weitere Gesetze, die den Rechtsstatus der amerikanischen Gewerkschaften festschreiben. Das *Taft-Hartley-Act von 1947* ermächtigt den Präsidenten der Vereinigten Staaten, einen Streik für achtzig Tage auszusetzen, wenn dieser zu der Auffassung gelangt, daß der Streik wichtige nationale Interessen berühre. Darüber hinaus räumt es den Unionsstaaten die Möglichkeit ein, durch entsprechende Gesetze Kollektivvereinbarungen zu verbieten, die für die Beschäftigten eines Unternehmens den Beitritt zu einer Gewerkschaft vorschreiben. 22 Unionsstaaten im konservativen Süden und Südwesten haben entsprechende Gesetze verabschiedet, die sich in der Praxis als ein Einfallstor für die Einstellung von Streikbrechern in Arbeitskämpfen erwiesen haben. Seit der Verabschiedung des Taft-Hartley-Act arbeiten die Gewerkschaften – vergeblich – besonders auf eine Revision dieser Bestimmung, des Artikels 14 B, hin. Das Taft-Hartley-Act verbot ebenfalls den bis dahin teilweise bestehenden *»closed shop«*, die gleichzeitige Entlassung aus einem Betrieb mit der Kündigung der Gewerkschaftsmitgliedschaft. Das *Landrum-Griffin Act von 1959*, das als Reaktion auf spektakuläre Korruptionsenthüllungen in der Teamster-Gewerkschaft verabschiedet wurde, unterwirft die Gewerkschaften schließlich einer Fülle von rechtlichen Regelungen im Hinblick auf ihre innere Struktur.

b) Tarifverträge

Zum Inhalt der Tarifverträge schweigt die Gesetzgebung. Die Tarifverträge sind komplizierte Vertragswerke, die über die engeren Lohnvereinbarungen hinaus Rechte und Pflichten der Gewerkschaften und ihrer Mitglieder einerseits und die der Arbeitgeber andererseits genau festlegen. Die »local union«, die zuständige Gewerkschaftsstelle eines Bezirks, überwacht gemeinsam mit den »shop stewards« die Beachtung der Verträge. Alle Tarifverträge enthalten Bestimmungen über die Behandlung der Streitigkeiten zwischen den Belegschaften und den Unternehmensleitungen, sog. *»grievance procedures«*. Gewerkschaftsmitglieder, die sich unfair behandelt glauben, wenden sich an die »local union«, die sich ggf. mit dem Arbeitgeber in Verbindung setzt. Größere Bedeutung haben die Beschwerdeprozeduren nicht erlangt, weil die Gewerkschaften häufig kein Interesse daran zeigen, Beschwerden nachzugehen.

Tarifverträge werden vorzugsweise für einzelne Unternehmen abgeschlossen, wobei die Verhandlungsführung bei den meisten Industriegewerkschaften in den Händen der zentralen Gewerkschaftsvorstände liegt. Nichtsdestoweniger zeigt die amerikanische Tarifvertragslandschaft eine heterogene Struktur. Berufsgewerkschaften tätigen Abschlüsse oft in kleinen und kleinsten Betrieben und Betriebszweigen, die Industriegewerkschaften in der Regel auf der Ebene weitverzweigter Großunternehmen. Im Bergbau gelten Verträge sogar für die gesamte Branche. Die vorwiegend unternehmenszentrierte Verhandlungsstrategie hat für die Gewerkschaften den Vorzug, daß sie ihre Forderungen den Gegebenheiten, im besonderen der Leistungsfähigkeit der Unternehmen, anpassen und so jeweils optimale Ergebnisse für ihre Mitglieder erzielen können. In den organisierten Unternehmen und Betrieben streben die Gewerkschaften hohe Organisationsquoten, womöglich die Vollmitgliedschaft der Belegschaft in einer Gewerkschaft, an. Damit wollen sie die Koppelung der Gewerkschaftsmitgliedschaft mit dem Genuß der von den Gewerkschaften ausgehandelten Leistungen erreichen.

Die Organisationsrechte bilden aus der Sicht der Gewerkschaften das Kernstück der Tarifverträge. Die für die Gewerkschaften günstigste Regelung ist der *»union shop«*: alle neu angestellten Arbeitnehmer eines Unternehmens müssen nach spätestens 30 Tagen der Gewerkschaft beitreten. Die »modifizierte« Version des »union shop« befreit einige Belegschaftsmitglieder von der Organisationspflicht. Nach dem Modell des *»agency shop«* wird auf den obligatorischen Beitritt verzichtet. An seine Stelle tritt aber auch für die nicht-organisierten Belegschaftsmitglieder die Verpflichtung, Beiträge an die Gewerkschaft abzuführen. In allen Fällen läuft die »shop«-Klausel darauf hinaus, daß sich die Gewerkschaft ihre Leistungen durch Beiträge entgelten läßt.

Andere, für die Gewerkschaften unvorteilhaftere, Regelungen sehen nur ein Versprechen der Arbeitgeber vor, vorzugsweise Gewerkschaftsmitglieder einzustellen, oder ein Verbot des Gewerkschaftsaustritts für die Laufzeit gültiger Tarifverträge. Obligatorische negative Koalitionsfreiheit besteht im breiten Rahmen - auf der Grundlage des Artikels 14 B des Taft-Hartley-Act - lediglich in den südlichen Unionsstaaten. Dort zeigt sich auch die Kehrseite der Koalitionsfreiheit und die keineswegs ausschließlich organisationsegoistische Funktion der »shop«-Klauseln: in den Südstaaten können Arbeitgeber unter dem Schutz der unionsstaatlichen Gesetze Arbeitskämpfe mit Streikbrechern oder arbeitgeberfrommen »gelben« Gewerkschaften unterlaufen. Der »shop« als die optimale Regelung aus gewerkschaftlicher Sicht kann am ehesten in den Großunternehmen durchgesetzt werden, die ein großes Interesse am Arbeitsfrieden bzw. ungestörten Produktionsverlauf besitzen. Von daher erklärt sich die Präferenz der Gewerkschaften für Unternehmensabschlüsse mit den Großkonzernen: von den Unternehmen mit über 1.000 Beschäftigten haben über 60 % den »union shop« anerkannt.

Das zweite Merkmal vieler amerikanischer Tarifverträge sind die sog. *»seniority rules«*, Bestimmungen zur Arbeitsplatzsicherung. Diese Senioritätsbestimmungen unterscheiden die amerikanischen Gewerkschaften von den europäischen in krassester Weise. Sie differenzieren die Belegschaften nach ihrer Unternehmenszugehörigkeit, wobei Arbeitnehmer, die einem Betrieb länger angehören, einen stärkeren Entlassungsschutz genießen als die noch nicht so lange eingestellten Kollegen. Solidarität zwischen den einzelnen Beschäftigtengruppen kommt nur schwer zustande: die »betriebsälteren« Arbeitnehmer orientieren sich, relativ entlassungssicher, an ihren sozialen und Einkommensbesitzständen, jüngere Arbeitnehmer stellen, am stärksten von Entlassungen bedroht, die Sicherheit ihrer Arbeitsplätze in den Vordergrund. Die Beschäftigten»aristokratie« der »dienstältesten« Belegschaftsangehörigen kann auf diese Weise ihre Privilegien auf Kosten der jüngeren Kollegen absichern. Dieser Umstand kommt sowohl den Unternehmern wie den Gewerkschaftsführungen entgegen, weil sich unter diesen Voraussetzungen nur schwer eine breite Solidarisierung der Arbeitnehmer gegen die Arbeitgeber oder gegen die Gewerkschaftsvorstände entfalten kann.

In ihrer tarifpolitischen Funktion erweisen sich die amerikanischen Gewerkschaften als Vehikel betrieblicher Partikularinteressen unter den organisierten Beschäftigten. Sie nehmen diese Interessen vorzugsweise und auf der Grundlage wechselseitiger Vorteile in Zusammenarbeit mit den Arbeitgebern wahr. Nur ein Teil der über 1.000 Tarifverträge in den U.S.A. kommt erst nach Streiks oder anderen Arbeitsunterbrechungen zustande. Etliche Arbeitskämpfe sollen die Anerkennung der Gewerkschaften überhaupt erzwingen oder entstehen aus Protest gegen Mißstände in nicht-organisierten Unternehmen. Dort, wo die Arbeitgeber die Gewerkschaften erst einmal akzeptiert haben, schätzen sie diese oft als disziplinierende Kraft, die sich auch Produktivitätsüberlegungen nicht verschließt. Es bedarf schon eines durchaus nicht seltenen vollständigen Zusammenbruchs der wechselseitigen Verständigung oder einschneidender Eingriffe in den Besitzstand auch der privilegierteren Beschäftigten mit hoher Betriebsseniorität, um Arbeitskämpfe auszulösen. Häufig stehen dann auch die Arbeitgeber ökonomisch mit dem Rücken zur Wand, so daß Arbeitskämpfe, wenn sie schon unausweichlich geworden sind, mit großer Erbitterung, ja Militanz, geführt werden, nicht selten lange andauern und volkswirtschaftlich empfindliche Verluste verursachen (vgl. *Tabelle 18* auf S. 142). Zwischen privaten und öffentlichen Arbeitgebern besteht in den geschilderten Grundlinien der Arbeitsmarktbeziehungen keinerlei Unterschied.

c) Rolle der Regierung

Der amerikanische Arbeitsmarkt zeichnet sich durch eine lange Tradition der Interventionsfreiheit von seiten der Regierung aus. Die Republikanische Administration des Präsidenten Nixon brach 1971/73 mit dieser Tradition, als sie einen Lohn-Preis-Stopp anordnete, der von den Gewerkschaften vehement abgelehnt wurde. Die Kooperation sowohl der Gewerkschaften als auch der Unternehmer blieb gering, ebenso der Erfolg des ganzen Unterfangens. Es ist unwahrscheinlich, daß künftige Administrationen abermals zu diesem Mittel der Inflationskontrolle greifen werden.

III. Japan

Japans Gewerkschaften bewegen sich in einer »dualistischen« Volkswirtschaft, die in einen hochproduktiven modernen und in einen technologisch rückständigen traditionellen Sektor gespalten ist. Strukturell bilden sich in den Arbeitsbeziehungen moderne industrielle Konfliktstrukturen und überkommene Sozialnormen ab.

1) Ziele und politische Bindungen

Nach europäischen Begriffen handelt es sich bei den japanischen Gewerkschaften um *Richtungsgewerkschaften*. Die größte Gewerkschaft, der Gewerkschaftsbund *Sohyo*, steht der Sozialistischen Partei (SPJ) nahe, die zweitgrößte Gewerkschaft, der *Domei*, der Demokratisch-Sozialistischen Partei (DSP); ein dritter größerer Gewerkschaftsbund, *Churitsuroren*, ist weltanschaulich neutral. Eigene, von denen der Bezugsparteien abweichende politische Ziele kennen die Gewerkschaften nicht. Die Abhängigkeiten laufen aber eher von den Gewerkschaften zu den Parteien und nicht umgekehrt. Die SPJ kann sich als Partei überhaupt nur aufgrund ihrer engen Allianz mit dem Sohyo behaupten. Repräsentanten des *Sohyo* und seiner Mitgliedsgewerkschaften haben Sitz und Stimme auf dem Kongreß und in den Führungsgremien der SPJ. Langdienende und erfolgreiche Gewerkschaftsführer bemühen sich um die Kandidatur für den Reichstag. Den heftigen Richtungsauseinandersetzungen in der SPJ entsprechen Kämpfe zwischen linken und rechten, radikalen und gemäßigten Faktionen um die Kontrolle der Mitgliedsgewerkschaften im Sohyo, die in der SPJ gelegentlich eine andere Linie vertreten als die Sohyo-Bundesorgane. Die meisten Soyho-Gewerkschaften treten offiziell wie die SPJ dafür ein, eine umfassende Verstaatlichungspolitik einzuleiten und Investitionsentscheidungen nach dem Gesichtspunkt des öffentlichen Nutzens zu treffen. Der nächstgrößere Gewerkschaftsbund *Domei* gründete sich 1964 aus mehreren kleinen Gewerkschaftsverbänden. Er lehnt sich an die anti-marxistische DSP an. Die Identifikation des Domei mit der DSP ist unübersehbar: weder der Domei noch die DSP wollen eine radikale Umwandlung der bestehenden Verhältnisse, sondern lediglich sozialstaatliche Korrekturen am privatwirtschaftlich fundierten Marktsystem und dessen Effektivierung.

Die Gewerkschaften repräsentieren zusammen mit den Linksparteien bzw. mit der linken Opposition die wichtigsten westlich orientierten Kräfte Japans, die von ihren Zielen her einen Bruch mit den traditionellen sozialharmonistischen Normen anstreben müssen. Nichts in der japanischen Tradition bietet sich als Grundlage für die Polarisierung zwischen Arbeitgebern und unselbständig Beschäftigten an. Der *Domei* weicht noch vergleichsweise gering von vorherrschenden Sozialnormen ab, indem er u.a. die Aufgabe annimmt, gemeinsam mit dem Management zur Produktivitätssteigerung der Unternehmen beizutragen. Der *Sohyo* geht erheblich weiter, indem er eine Angleichung der gewerkschaftlichen Rechte, des Arbeitsrechts und der Belegschaftsmitspracherechte in den Unternehmen an europäische Vorbilder verlangt. Dabei geht er von der Denkweise einer klassendichotomischen Gesellschaft aus. Er setzt sich damit nicht nur in Opposition zum »mainstream« der japanischen Gesellschaft, sondern auch zu eingefahrenen

Einstellungen und sozialharmonistischen Denkweisen in seiner eigenen Mitgliedschaft.

2) Repräsentation

Die Mitgliedsgewerkschaften der großen Gewerkschaftsbünde organisieren ihre Mitglieder nach dem *Branchenprinzip*. Nur Zweidrittel aller japanischen Gewerkschaften gehören einem der Dachverbände an. Japan weist mit ca. 34 % (1980) einen im Vergleich zu vielen europäischen Industrieländern mittleren gewerkschaftlichen Organisationsgrad seiner unselbständigen Erwerbsbevölkerung auf. Dem *Sohyo* gehören 37 % aller gewerkschaftlich organisierten Beschäftigten an, dem *Domei* 18 %, dem *Churitsuroren* 11 %, 34 % aller Gewerkschafter organisieren sich *außerhalb der Dachverbände*. Alle Gewerkschaften, sowohl das gute Drittel der »unabhängigen« Gewerkschaften als auch die den Dachverbänden angehörenden Gewerkschaften stellen kaum mehr dar als lockere Zusammenschlüsse von Gewerkschaften, die lediglich die Beschäftigten eines einzelnen Unternehmens repräsentieren. Die über 10 Millionen Gewerkschaftsmitglieder verteilen sich auf 60 Tausend Unternehmensgewerkschaften. Die *»Unternehmensgewerkschaft«* ist geradezu charakteristisch für die Struktur des japanischen Arbeitsmarktes. Sie verkörpert das Produkt einer Synthese zwischen dem Organisationsbedürfnis der abhängig Beschäftigten in einer Industriegesellschaft, die ihre Einkommens- und Arbeitsinteressen kollektiv artikulieren müssen, und der vertikalen Segmentierung der japanischen Gesellschaft.

Die Unternehmensgewerkschaften knüpfen, wie unten zu zeigen ist, in der gewerkschaftlichen Praxis an überkommene soziale Verhaltensweisen in Japan an. Diese den Unternehmen durchaus willkommene Kontinuität wurde von konservativen japanischen Politikern gefördert. So verfügte die japanische Gesetzgebung zu Beginn der 20er Jahre (die Gewerkschaften wurden seit 1912 geduldet, aber erst nach 1945 vollständig legalisiert), die zur damaligen Zeit kleinen, aber rasch zum Arbeitskampf bereiten Gewerkschaften dürften sich nur auf Unternehmensebene organisieren. Diese Einschränkung fiel zwar erst 1945 fort, aber nichtsdestoweniger zogen es viele Gewerkschafter auch aus eigenem Antrieb vor, die gewerkschaftlichen Aufgaben in Gestalt der Unternehmensgewerkschaft zu erledigen. Es gründeten sich nach 1945 die erwähnten Industriegewerkschaften und Gewerkschaftsbünde, unter deren Dach sich aber weiterhin autonome Unternehmensgewerkschaften behaupteten.

Die japanische Kultur transportiert soziale Werte wie Konfliktvermeidung, Gruppenloyalität und Anerkennung hierarchischer Sozialbeziehungen in die Arbeitswelt. Wie die traditionelle japanische Großfamilie, so ist besonders das große moderne japanische Unternehmen eine *ökonomische Leistungsgruppe*, die materielle Existenzbedürfnisse des einzelnen befriedigt, und *soziale Lebensgruppe*, die Freizeit- und soziale Kontaktbedürfnisse erfüllen soll. Im Rahmen eines Unternehmens, und dort wieder im Rahmen kleiner Abteilungen und Arbeitsgruppen, wird die Einheit von beruflicher und außerberuflicher Lebensphäre gewahrt, die das traditionelle bzw. vorindustrielle Japan kennzeichnete. »Privatheit« und »Funktionalität«, Mitgliedschaft oder Beschäftigung in Verbänden und Unternehmen zur Befriedigung individueller Bedürfnisse und selektive, beliebige Gestaltung der außerberuflichen Sozialbeziehungen sind den meisten Japanern fremd. Dem entspricht die auffällige Verbands- und Vereinsarmut der japanischen Gesellschaft, die mit der Fülle der freiwilligen Vereine mit Geselligkeitsfunktionen in westlichen Gesellschaften kontrastiert. Anerkennung suchen Japaner nicht individuell, um persönliches Ansehen zu gewinnen, sondern kollektiv, um das Ansehen ihrer Organisation, ihren Unternehmens zu steigern; soziale Anerkennung wird über die Mitgliedschaft in einer renommierten, leistungsfähigen Organisation vermittelt. Viele japanische Arbeiter und Angestellte identifizieren sich daher mit den Zielen und der Struktur der Firmen, in denen sie arbeiten.

Besonders die japanischen *Großunternehmen* tun ein übriges, um die traditionsbedingte Identifikation der Beschäftigten mit ihren Firmen zu stärken. Durch ihr Renommée als tragende Säulen der japanischen Exportwirtschaft und Repräsentanten japanischen Management- und Technologieerfolgs vermitteln sie ihren Beschäftigten große soziale Geltung im Vergleich mit den Beschäftigten kleiner und unbekannter Unternehmen. Die kapitalkräftigen Großunternehmen organisieren darüber hinaus auf eigene Kosten die Freizeitgestaltung der Belegschaften, die auf diese Weise auch »nach Feierabend« im sozialen Beziehungskreis des Arbeitsplatzes bleiben. Ferner garantieren die Unternehmen ihren Beschäftigten Lebenszeitbeschäftigung und Regelaufstieg nach Betriebszugehörigkeitsdauer. Alles dies sichert den Großunternehmen einen Zustrom von qualifizierten Bewerbern. Schlechte Auftragslage und Kostensteigerungen kompensieren die Großunternehmen in der Regel nicht durch Entlassungen eigener Mitarbeiter, sondern durch die Kündigung und Verringerung ihrer Aufträge an die kleinen Zulieferbetriebe, in denen die Mehrzahl der japanischen Arbeiter tätig ist. Die Beschäftigten in diesen kleinen Unternehmen genießen keinen der Vorteile, die Großunternehmen ihren Beschäftigten gewähren können; die kleinen und mittleren Betriebe vermitteln kein Sozialprestige, sie bieten keine freizeitwerten Leistungen und reagieren auf rückläufige Aufträge mit Entlassungen. Die Klein- und Mittelbetriebe fungieren als »Konjunkturpuffer«, der die Beschäftigten der privilegierten Großunternehmen gegen Risiken abdeckt.

Die *Unternehmensgewerkschaften operieren fast ausschließlich in den Großunternehmen*, die nur rund ein Drittel aller Arbeiter und Angestellten Japans beschäftigen. In Unternehmen über 1 000 Beschäftigte arbeiten 62 % der japanischen Gewerkschaftsmitglieder (1974), weitere 32 % in Unternehmen mit über 500 Beschäftigten. Die typischen Unternehmensgewerkschaften engagieren sich ganz für die spezifischen Interessen bestimmter Belegschaften und, da diese sich kulturbedingterweise nicht im Gegensatz zu den Unternehmensleitungen sehen, für die allgemeineren Zielen des Unternehmens bzw. des Managements. Tarifverhandlungen finden in einer konsensualistischen Atmosphäre statt, wobei Konflikte selten auftreten und häufig nur symbolisch angezeigt werden. Solidarität mit Gewerkschaften in anderen Unternehmen praktizieren die Unternehmensgewerkschaften nicht, noch streben sie diese an. Arbeiter konkurrierender Unternehmen gelten nicht als Kollegen in derselben sozialen Lage, sondern als Parteigänger eines fremden Unternehmens, das mit dem eigenen Unternehmen im Wettbewerb steht. Unter diesen Umständen besitzen die Führungsorgane der Branchengewerkschaften keine Autorität und beanspruchen diese auch gar nicht erst.

Die Erfahrung des Unternehmens als subjektive Interessengemeinschaft von Beschäftigten und Arbeitgebern stellt sich in den *Klein- und Mittelbetrieben* Japans gar nicht erst ein. Diese Unternehmen beschäftigen eine Mehrheit der arbeitenden Bevölkerung und ermöglichen durch ihre geringen Sozialleistungen, ihre Niedriglöhne und ihre Kostensteuerung über kurzfristige Einstellungen und Entlassungen die günstige Preisgestaltung der Großunternehmen, die ihre Produkte in großem Ausmaß von diesen Klein- und Mittelbetrieben zuliefern oder vorfertigen lassen. Die Verhältnisse in diesen kleineren Unternehmen sind vielfach patriarchalisch geprägt, die Gewerkschaften besitzen oft gar keine oder nur wenige Mitglieder. Gewerkschaftliche Strukturen von der Art der Unternehmensgewerkschaften können nicht Fuß fassen, weil das Verhältnis zwischen Arbeitgebern und Beschäftigten stärker polarisiert ist und die Gewerkschaften zu schwach sind. Sofern die Gewerkschaften in diesen Unternehmen eine Bedeutung besitzen, betrifft diese allein die zentralen Gewerkschaftsorgane, die über Einzeltarifverträge mit den Arbeitgebern gewerkschaftlichen Schutz und gewerkschaftliche Leistungen aushandeln.

Den gewerkschaftlich am besten organisierten Wirtschaftsbereich stellen die öffentlichen Betriebe und Verwaltungen (mit einem gewerkschaftlichen Organisationsgrad von über 70 %) dar. Technisch gesehen, sind auch die öffentlichen Gewerkschaften Unternehmensgewerkschaften, aber in Unternehmen mit Monopolcharakter und von nationaler Ausdehnung. *Der Gewerkschaftsbund Sohyo zählt zu über Zweidrittel seiner Gesamtmitgliedschaft in öffentlichen Unternehmen und Verwaltungen* (vorwiegend bei den kommunalen Diensten und bei der Bahn). Kollektivvereinbarungen zwischen der Regierung und den Gewerkschaften gelten aus der Sache heraus landesweit. Darüber hinaus besitzen die Gewerkschaften aber keine legalen Kampfmittel; sie können Arbeitskämpfe nur illegal führen, was voraussetzt, daß sie von allen betroffenen öffentlichen Beschäftigten getragen werden. Schließlich genießt der öffentliche Dienst (ausgenommen die Verwaltungsbeamten) kein hohes Sozialprestige, die Identifikation der Beschäftigten mit dem Arbeitgeber ist gering, die sozialen Leistungen des Staates sind mäßig. Anders als in vielen kleinen Privatbetrieben, die diese Eigenschaften mit den öffentlichen Arbeitgebern teilen, sind aber die gewerkschaftlichen Organisationsmöglichkeiten im öffentlichen Dienst bzw. in den Staatsbetrieben besser. Diese Umstände mögen erklären, warum in Japan gerade die Interessen der öffentlichen Arbeitnehmer und Arbeitgeber häufiger und schärfer in Auseinandersetzungen aufeinanderprallen als in den gewerkschaftlich hochorganisierten, mitgliederstarken Großunternehmen. Auf diesem Hintergrund ist auch zu verstehen, warum der Sohyo als eine »radikale«, der SPJ nahestehende Gewerkschaft vor allem öffentliche Beschäftigte als Mitglieder zählt, während die übrigen Gewerkschaften, ob nun »unabhängig« bzw. keinem Dachverband angehörend oder im Domei organisiert, hauptsächlich in der Privatwirtschaft operieren. Die Masse der schlechtgestellten Arbeiter und Angestellten in den unterkapitalisierten Klein- und Mittelunternehmen wird von den Gewerkschaften kaum erfaßt und bestimmt Struktur und Handeln der Gewerkschaften nur geringfügig.

3) Organisation und Entscheidungsprozeß

Neun Zehntel der japanischen Gewerkschafter treten individuell der Gewerkschaft eines bestimmten Unternehmens bei. *Die Branchengewerkschaften kennen daher überwiegend nur Kollektivmitglieder in Gestalt einzelner Unternehmensgewerkschaften*, ähnlich wie die Gewerkschaftsbünde Zusammenschlüsse von Branchenverbänden darstellen. Die Unternehmensgewerkschaften weisen eine vergleichsweise einfache Struktur auf. Die Gewerkschaftsorgane, im besonderen die Gewerkschaftsführer und Vorstände, die als Ansprech- und Verhandlungspartner der Arbeitgeber auftreten, werden in kleinen Unternehmen von einer Vollversammlung der Mitglieder gewählt. In diesen überschaubaren Gewerkschaftseinheiten wird über die Tarifvorschläge und Verhandlungsergebnisse mit den Arbeitgebern durch Mitgliedervollversammlungen entschieden.

Die *Unternehmensgewerkschaften der größten Firmen*, die bis zu einer Million Mitglieder erreichen, beteiligen die Mitgliederbasis an Personal- und Sachentscheidungen durch die Wahl von Delegierten. Die in allen japanischen Organisationen verbreitete Praxis der Beratungskonferenzen, der Diskussion von Initiativen der Organisationsspitzen bis hinab auf die unterste Ebene, kennzeichnet auch die Gewerkschaften: unterbreitet die Gewerkschaftsführung einen Verhandlungsvorschlag, so wird dieser von den Mitgliedern oder ihren Delegierten besprochen, bevor der Vorstand bzw. die Verhandlungskommission einen Vorschlag ganz offiziell, dann aber auf der Basis eines breiten Konsens', vorgelegt. Die Funktionäre der Unternehmensgewerkschaften amtieren oft ehrenamtlich; sie werden für ihre Aufgabe vom Unternehmen für eine gewisse Zeit unter Wahrung aller Betriebszugehörigkeitsrechte »beurlaubt« und kehren danach wieder in die betriebliche Arbeit zurück. Die Fluktuation der Gewerkschaftsführungen ist erheblich, ihr Durchschnittsalter gering. Als Kandidaten werden oft Angestellte bevorzugt, die aus ihrer Tätigkeit im Unternehmen heraus bereits eine gewisse Erfahrung im Umgang mit Organisationsaufgaben besitzen. Bis zu einer gewissen Funktionsschwelle dürfen den Unternehmensgewerkschaften auch leitende Angestellte angehören. Die Folgen für eine mit den Unternehmenszielen vereinbare Gewerkschaftspolitik liegen bei diesen Rekrutierungsmerkmalen auf der Hand.

Die *zentralen Gewerkschaftsorgane* auf Branchengewerkschaftsebene erfüllen hauptsächlich vermittelnde Aufgaben. Sie informieren die Unternehmensgewerkschaften über die angestrebten und erzielten Abschlüsse in vergleichbaren Unternehmen und koordinieren die Eröffnung der Lohnrunden in den Betrieben mit den Planungen der Gewerkschaftsbünde für die zentrale propagandistische *»Lohnoffensive«*, den sog. »shunto«. Im bescheidenen Rahmen werden die zentralen Gewerkschaftsorgane als Verhandlungspartner der Arbeitgeber in jenen Unternehmen aktiv, in denen es zwar eine Reihe von Gewerkschaftern gibt, wo die Arbeitgeber aber keine Unternehmensgewerkschaft dulden oder anerkennen. Die Gewerkschaftsbünde repräsentieren die Gewerkschaften in der Öffentlichkeit und organisieren tarifpolitische wie auch allgemein politische Kampagnen im Namen der Gewerkschaften, politische Aktionen stets in enger Abstimmung mit den politischen Parteien. Darüber hinaus kommt ihnen keine Bedeutung zu.

4) Unternehmerverbände

Die Unternehmerverbände Japans favorisieren die wirtschaftlichen Großunternehmen. Sie organisieren die unternehmerischen Interessen in funktional differenzierten Verbänden, die freilich über ihre Führungsorgane eng miteinander verflochten sind. Der *Keidanren* repräsentiert die wichtigsten Brancheninteressen der japanischen Wirtschaft, aber lediglich große Unternehmenseinheiten. Auch die staatlichen Unternehmen gehören dem Unternehmerverband Keidanren an. Der Verband vertritt vor allem die exportwirtschaftlichen Interessen seiner Mitglieder und richtet seine Anstrengungen auf die Außenwirtschaftspolitik, wobei besonders dem Ministerium für Technologie und Außenhandel (MITI) große Aufmerksamkeit gilt. Der Keidanren repräsentiert nichtsdestoweniger die unternehmerischen Interessen an allen Aspekten der Regierungstätigkeit. Er unterhält einen differenzierten Verbandsapparat, der sich professionell mit verschiedenen Bereichen der Wirtschaftspolitik beschäftigt. Dieser wiederum arbeitet eng mit den einschlägigen Regierungsbehörden und dem Parteiapparat der regierenden LDP zusammen. Vor allem im Verhältnis zwischen dem Keidanren und den Ministerien findet ein reger Austausch statt. Neben dem Keidanren stehen weitere Unternehmerverbände, so der *Zeikei Doyukai*, ein Zusammenschluß jüngerer Unternehmer und Manager, der aber keine vom Keidanren abweichenden Ziele verfolgt, sondern sich eher als der fortschrittlichere und sozial aufgeschlossenere Teil der Unternehmerschaft versteht und in diesem Sinne auf die Unternehmen einwirken will; so ferner die *Verbände der Klein- und Mittelunternehmer*, deren Einfluß vergleichsweise gering bleibt. In den nach europäischem Vorbild eingerichteten *Handelskammern*, denen alle Unternehmen angehören müssen, spielen die Tokio Kammern eine Führungsrolle, die wiederum von den japanischen Großunternehmen geprägt wird.

Der Arbeitgeberverband *Nikkeiren* sichert die großwirtschaftlichen Interessen auf tarifpolitischer Seite ab. Vor den Gewerkschaften hat der Nikkeiren zwei Vorteile: zum einen koordiniert er den Arbeitgeberstandpunkt gegenüber den partikularisierten Unternehmensgewerkschaften viel effektiver als die schwachen Branchen- und Zentralverbände der großen Gewerkschaftsbünde es könnten, zum zweiten verfügt der Nikkeiren über ausgezeichnete Beziehungen zum Arbeitsministerium. Unter den gegenwärtigen Umständen kann das Arbeitsressort nicht gegen die Stimme des Nikkeiren besetzt werden.

Die Verbandsmitglieder des Unternehmensbereiches üben eine strenge Verbandsdisziplin. Ihre Standpunkte vertreten sie aber nicht vermittels offizieller Stellungnahmen, sondern durch informelle Kontakte ihrer Spitzenfunktionäre mit Regierungsmitgliedern, durch den informellen, aber regelmäßigen Austausch zwischen Regierungs- und Verbandsbürokratien. Seit 1966 bilden die Spitzen des Keidanren, des Nikkeiren und des Zeikei Doyukai einen *informellen Dachverband der Großwirtschaft*, den sog. *»Sanken«*. Es entspricht der regulären politischen Praxis in Japan, daß sog. »Klubs«, die exklusiv für den Premierminister oder andere Minister reserviert sind, Spitzenpolitiker und Manager und unternehmerische Verbandsfunktionäre zu einem Meinungsaustausch zusammenbringen, bei dem beide Seiten erfahren, was sie in bestimmten Fragen voneinander erwarten dürfen.

Die Zusammenarbeit des Staates mit den Privatunternehmen beruht in Japan auf einer festeren traditionellen Grundlage als in irgendeinem anderen

Land, weil die moderne industriekapitalistische Entwicklung nach 1868 von der Regierung überhaupt erst angestoßen wurde. Die großen Privatunternehmen entstanden erst in den 80er Jahren des letzten Jahrhunderts aus der Veräußerung der bis dahin staatseigenen Industriebetriebe an private Interessenten. Der Vorrang der Großunternehmen in den unternehmerischen Interessenverbänden und im Einfluß auf die Regierungspolitik ist keine japanische Besonderheit, wird aber in Japan noch durch Faktoren gefördert, die in der nationalen Kultur wurzeln: seit 1945 gründet sich Japans Bedeutung in der Welt nicht mehr auf seine militärische Überlegenheit in Ostasien, sondern auf seinen Rang als die nach den U.S.A. größte und die unbestritten leistungsfähigste Volkswirtschaft der kapitalistischen Welt. Vor allem die exportstarken Großunternehmen im Fahrzeug-, Optik- und Elektronikbereich begründen die starke Stellung Japans auf den Märkten der westeuropäischen Industrieländer und der U.S.A.

Das internationale Renommée Japans geht auf seine weltwirtschaftliche Position, diese geht auf wenige leistungs- und umsatzstarke Industriegiganten zurück. Das nationale Interesse, wie es die Regierung versteht, Japan als gleichberechtigte und starke »östliche« Nation im Kreise der ökonomisch teilweise absteigenden »westlichen« kapitalistischen Länder zu etablieren, sowie das Interesse der Großunternehmen an günstigen Produktionsbedingungen, geringen Steuerlasten, schwachen Gewerkschaften, am sektoralen Dualismus der Volkswirtschaft und an geringen Umweltschutzauflagen fließen zusammen. In diesem politischen »Ambiente« Japans liegt die hohe, selbst für kapitalistische Länder extreme Rezeptivität der japanischen Regierung für großunternehmerische Interessen begründet, die ihrerseits, betrachtet man die Entfernung Japans zu seinen westlichen Märkten, ein hohes Maß an staatlichen Vorgaben benötigen, um ihre Wettbewerbsvorteile zu halten.

5) Arbeitsbeziehungen

Die *rechtliche Normierung* der Arbeitsbeziehungen ist in der japanischen Privatwirtschaft kaum, aber stärker für den öffentlichen Sektor ausgebildet. Angestellte und Arbeiter in privaten Unternehmen dürfen sich gewerkschaftlich organisieren und legal streiken. Tarifverträge besitzen keine Allgemeinverbindlichkeit, sondern gelten nur für ein Unternehmen, das mit einer Gewerkschaft einen Vertrag aushandelt. Den Beschäftigten in den staatlichen Verwaltungsbehörden ist es untersagt, Organisationen zum Zweck tarifvertraglicher Vereinbarungen mit dem Staat als Arbeitgeber zu bilden. Die Arbeiter der Staatsunternehmen dürfen sich zwar organisieren, Tarifverhandlungen führen und Verträge durch ihre Gewerkschaften aushandeln lassen, aber der Streik als gewerkschaftliches Kampfmittel ist auch ihnen verboten.

Tarifverhandlungen werden in der Privatwirtschaft in der Regel zwischen den Unternehmensleitungen und den Unternehmensgewerkschaften ausgehandelt. Dabei müssen die Gewerkschaften hohe sozialpsychologische Barrieren überwinden, weil die japanischen Arbeiter und Angestellten in den großen, gewerkschaftlich hochorganisierten Wirtschaftsunternehmen sich willig in die Unternehmenshierarchie einfügen und ihr Verhältnis zu den Vorgesetzten und Managern nicht antagonistisch erleben, sondern als (im Kern harmonische) Interessengemeinschaft. Für gewöhnlich verhalten sich die Unternehmensgewerkschaften selber als integraler Bestandteil des ganzen Unternehmens; sie gehen keineswegs darauf aus, ihre Aufgaben im Konflikt mit dem Management zu bewältigen.

Die Unternehmen erkennen ihrerseits die Gewerkschaften als wichtigen Faktor des betrieblichen Geschehens an, der die Beschäftigten in sozialen Belangen im Sinne der »human relations« noch enger an das Unternehmen bindet. Mit Billigung der Unternehmensleitungen sind die meisten Großunternehmen als *»union shops«* organisiert, d.h. neu eingestellte Beschäftigte müssen der Unternehmensgewerkschaft beitreten. Für die Gewerkschaften stellt sich im allgemeinen bei aller Konfliktarmut im Verhältnis zu den Arbeitgebern das Problem, ihre Mitglieder für die Bereitschaft zu einem Arbeitskonflikt zu mobilisieren, wenn auslaufende Tarifverträge erneuert werden müssen. Die Legitimität auch der Unternehmensgewerkschaften beruht letztlich darauf, daß sie für ihre Mitglieder Einkommensverbesserungen durchsetzen, die über dem Angebot der Arbeitgeber liegen. Verzichteten sie darauf, würden sie für ihre Mitglieder unwichtig. Es kommt nicht selten vor, daß Unternehmensgewerkschaftsfunktionäre abgewählt werden, die sich dem Vorwurf der Nachgiebigkeit von seiten radikalerer Gewerkschaftsmitglieder aussetzen.

Der *Mobilisierungsaufwand* der gesamten Gewerkschaftsbewegung vor der Eröffnung von Tarifgesprächen erscheint nach europäischen oder amerikanischen Maßstäben und erst recht vor dem Hintergrund des üblicherweise minimalen industriellen Konfliktniveaus gewaltig. Er ist aber unverzichtbar. Die Strategie der Gewerkschaften hebt darauf ab, durch eine radikale, kämpferische Rhetorik in Unternehmensversammlungen und in der Öffentlichkeit, durch Massendemonstrationen und Arbeitsniederlegungen die Beschäftigten so stark in eine Widerspruchshaltung zu den Arbeitgebern hineinzuversetzen, daß sie wenigstens für die Dauer der Tarifrunden ihre Identifikation mit dem Unternehmen und ihre normalerweise konsensualistischen Beziehungen zu Vorgesetzten und zum Management vernachlässigen und auf Aufforderung der Gewerkschaften sogar zu einem Arbeitskampf bereit wären. Um einen optimalen Mobilisierungseffekt zu erzielen, bündeln die drei großen Gewerkschaftsbünde und deren Mitgliedsgewerkschaften ihre propagandistischen Anstrengungen im sog. *»Frühlingssturm« (»shunto«)*, mit dem die Vorbereitungen für die Tarifverhandlungen in den Unternehmen auf denselben Zeitraum fallen. Die Gewerkschaftsbünde geben in Zusammenarbeit mit den angeschlossenen Gewerkschaften die zentralen Losungen und Forderungen aus; die Unternehmensgewerkschaften präzisieren diese für die jeweiligen Unternehmen, wobei sie häufig ihre eigenen Forderungen mit bereits erzielten günstigen Vereinbarungen in ähnlichen Unternehmen begründen.

Arbeitsniederlegungen im Zusammenhang mit Tarifverhandlungen kommen vor, besitzen meist aber nur symbolischen Charakter, etwa in Gestalt von Streiktransparenten oder auf den Streik hinweisenden Armbinden; die normale Arbeit geht dabei oft weiter. (Vgl. dazu die geringe durchschnittliche Streikdauer, *Tabelle 18*, S. 142.) Empfindliche Störungen des Wirtschaftsprozesses verursachen lediglich die Warnstreiks in öffentlichen Versorgungsbetrieben, vorwiegend im Nahverkehr der Eisenbahnen. Zwar finden die Verhandlungen mit den Arbeitgebern oft in der künstlich aufgeladenen Atmosphäre der mit Maximalforderungen mobilisierten Belegschaft statt, aber die Verhandlungen selber folgen dem üblichen Kompromißverhalten, wobei die Gewerkschaften ihre Ausgangsforderungen reduzieren und die Arbeitgeber ihr Gegengebot aufstocken. Der Kompromiß gilt aber erst dann, wenn sich die Gewerkschaftsvertreter der Zustimmung der Belegschaft oder ihrer Delegierten versichert haben. Nicht selten kommt es vor, daß die gewerkschaftlichen Verhandlungsführer dabei zum Gefangenen ihrer eigenen Maximalforderungen werden: die eben mit großem Aufwand in kämpferische Stimmung versetzten Belegschaften zeigen sich mit dem Kompromiß unzufrieden, während die Gewerkschaftsführer nunmehr im Interesse einer Einigung mit den Arbeitgebern abwiegeln. In der Regel sanktionieren die Belegschaften oder ihre Delegierten zwar am Ende die vorgeschlagenen Kompromisse. Die Reputation der Gewerkschaft und ihrer Führer leiden aber in diesem Prozeß.

Bedingungen und Verlauf der Tarifverhandlungen nähren Spaltungen und Gruppenbildungen in den Gewerkschaften, sofern sie radikaleren Belegschaftsrepräsentanten Argumente liefern, mit denen diese die Ablösung der amtierenden Funktionäre betreiben. Gelegentlich spalten sich Unternehmensgewerkschaften, indem sich ein Teil der Funktionäre und Mitglieder als »Zweitgewerkschaft« im Unternehmen konstituiert und sich einem anderen Gewerkschaftsbund anschließt. Hin und wieder fördern die Unternehmer die Bildung solcher »Zweitgewerkschaften«, um auf diese Weise eine weniger »radikale«, dem Management geneigtere Belegschaftsvertretung zu installieren. Nach dem Abschluß eines neuen Tarifvertrages pendeln sich regelmäßig die Beziehungen zwischen Belegschaft, Gewerkschaft und Arbeitgebern wieder auf ihren kooperativen »Normalzustand« ein.

Teil D
Regierungssystem

I. Westeuropa

Mit Ausnahme der Schweiz besitzen alle westeuropäischen Industriegesellschaften *parlamentarische Regierungssysteme*. Das Parlament tritt als zentrales politisches Legitimationsorgan für Regierung und Verwaltung auf. Die Kabinette verfügen als politisch verantwortliche Spitzen der Exekutive nach dem *Gewaltenteilungsprinzip* über bestimmte autonome Rechte, befinden sich aber durch eine dem parlamentarischen Regierungssystem eigentümliche *»Gewaltenverschränkung«* in Abhängigkeit vom Parlament: Regierungen amtieren solange, bis das Mandat des Parlaments endet oder bis eine parlamentarische Mehrheit ihnen das Vertrauen entzieht oder verweigert.

Das parlamentarische Vertrauen ist das Kernstück des modernen Parlamentarismus. Regierungen bedürfen nicht der permanenten ausdrücklichen Legitimation an parlamentarischen Mehrheiten; auch Minderheitsregierungen bleiben in einigen europäischen Ländern, so besonders in Skandinavien, lange im Amt. Aber sie können nicht gegen den erklärten Widerspruch bzw. das Mißtrauen einer Parlamentariermehrheit im Amt bleiben. Die Regierungen ihrerseits besitzen das Privileg, die Auflösung des Parlaments und damit Neuwahlen zu veranlassen. Das Auflösungsrecht drückt den *Regierungscharakter des parlamentarischen Systems* aus: gelangt eine Regierung zu der Auffassung, sie könne mit dem Parlament nicht mehr weiterregieren, so bleibt ihr die Alternative zwischen Rücktritt und Parlamentsauflösung, wobei die Parlamentsauflösung in der Erwartung vorgenommen wird, daß Neuwahlen klarere Verhältnisse und größere Regierungsmehrheiten hervorbringen.

Der moderne Parlamentarismus wird von der überragenden Rolle der politischen Parteien in Politik und Gesellschaft bestimmt. In der Regel entscheiden Parteien über das Schicksal von Regierungen, wenn auch in der Regel über das geschlossene Votum ihrer Vertreter im Parlament vermittelt. Das Interesse zumindest der größeren Parteien geht dahin, ihre Vorstellungen in der Regierung zu verwirklichen, sei es allein oder in Bündnissen mit anderen Parteien. Die Regierungsparteien gewähren daher den Vorschlägen »ihrer« Kabinette in der Regel kategorische Unterstützung. Die Regierungen treten im modernen Parlamentarismus als dominierende Akteure auf. Nur in Krisensituationen, bei Kabinettsrücktritten, Minderheitsregierungen und bei Koalitionsverhandlungen tritt das Parlament als selbständiger Akteur stärker hervor, aber bezeichnenderweise in seiner fraktionellen, nach Parteien geordneten, Untergliederung. Die Realität des modernen Parteienstaats hat das Gleichgewicht zwischen Parlament und Regierung, das von den klassischen Parlamentarismustheorien postuliert wurde, aber nur in der kurzen Ära des liberalen, vordemokratischen Parlamentarismus im 19. Jahrhundert je bestanden hat, entscheidend zugunsten der Regierung verschoben.

1) Parlament

Bei den meisten europäischen Parlamenten handelt es sich um *Zweikammerparlamente*, die noch auf der Unterscheidung der liberalen Verfassungen des 19. Jahrhunderts zwischen »Unterhaus« und »Oberhaus« aufbauen. *Einkammerparlamente* gibt es nur in den skandinavischen Staaten. Politische Bedeutung kommt ausschließlich den vom Volk direkt gewählten unteren Kammern zu. Die *»Oberhäuser«* besitzen in *Großbritannien*, *Frankreich* und *Österreich* nach den Verfassungen mindere Rechte im Vergleich zu den unmittelbar gewählten Volksvertretungen: in der Gesetzgebung haben Unterhaus- (Großbritannien), Nationalversammlungs- (Frankreich) und Nationalratsentscheidungen (Österreich) Vorrang; die Kabinette sind allein von den direkt gewählten Kammern abhängig. In den *Niederlanden*, in *Belgien* und in *Italien* dagegen besitzen die »Oberhäuser« (in den Niederlanden die »Erste Kammer«, in Italien und Belgien »Senate«) förmlich gleiche Rechte mit den »unteren« Kammern (»Zweite Kammer« in den Niederlanden, »Abgeordnetenhaus« in Belgien und Italien), obgleich diese in den Niederlanden und Belgien nur indirekt vom Volk gewählt werden. Allerdings verzichten in allen genannten drei Ländern die »Oberhäuser« darauf, die parlamentarischen Rechte anders als in erster Linie förmlich und politisch mit größter Zurückhaltung wahrzunehmen, so daß auch dort die direkt gewählten Kammern den politisch relevanten Teil der jeweiligen Parlamente darstellen. Die *Bundesrepublik Deutschland* ist ein Sonderfall: der *Bundesrat* ist kein Teil eines Zweikammerparlaments, sondern ein gesondertes Verfassungsorgan, wirkt aber durch die über dreißig Jahre hinweg stetig angewachsene Bedeutung der sog. »Zustimmungsgesetze« des Bundes als Teilhaber an der Bundesgesetzgebung bei vielen, und dazu bei den wichtigsten, Gesetzen faktisch als politisch relevante »zweite Kammer«.

In *Frankreich*, in den *Niederlanden*, in *Österreich* werden die sog. »zweiten Kammern« indirekt vom Volk legitimiert, indem ausschließlich lokale Amtsträger (Frankreich), die Landtage (Österreich) oder die Provinzen (Niederlande) ein Wahlrecht ausüben. Nach Verfassungspostulat (Frankreich,

Österreich) oder Verfassungspraxis (Niederlande) setzt sich in Konflikten zwischen der »ersten« und der »zweiten« Kammer die direkt gewählte Volksvertretung durch oder die »zweite« Kammer hält sich von vornherein aus Konflikten heraus. Die *Bundesrepublik* ist auch hier eine Ausnahme: Über den Bundesrat können die Länder, wie es auch seit Beginn der 70er Jahre geschieht, die Gesetzgebung und Regierungsfähigkeit im Bund blockieren. Freilich muß dabei berücksichtigt werden, daß bundesstaatliche bzw. Länderinteressen nicht der in erster Linie motivierende Faktor für den Gebrauch der *»Zustimmungsgesetze« als »Mitregierungsvehikel« des Bundesrates* sind, sondern der Umstand, daß im Bundesrat die Oppositionspartei im Bundestag die Mehrheit erringen kann. Parteienkonkurrenz überlagert die Mitentscheidungsrechte der Länder auf zentralstaatlicher Ebene, so wie der Vorrang des Bundes in der Gesetzgebung die Länderautonomie auf Personal- und Verwaltungsfragen einengt. Nichtsdestoweniger bleibt die Bundesrepublik das einzige parlamentarisch regierte Land Europas, in dem der Föderalismus die Durchsetzungskraft der zentralstaatlichen Regierung entscheidend hemmen kann.

Die Parlamente basieren erklärterweise auf Parteien, nicht auf Persönlichkeiten. In unterschiedlichen Varianten halten sich die europäischen Wahlsysteme an das Prinzip der *Verhältniswahl*, bei der in erster Linie Parteilisten und erst ergänzend Persönlichkeiten zur Wahl stehen. In einigen Ländern wird den Wählern die Möglichkeit eingeräumt, auf den Parteilisten eine Präferenz für bestimmte Kandidaten aufzuzeigen (*Niederlande*, *Italien*), in der *Bundesrepublik Deutschland* ermöglicht das Zweitstimmenverfahren die getrennte Wahl einer Parteiliste und eines Kandidaten. Im Vordergrund steht aber stets die Listenwahl, deren Bedeutung der geringe Gebrauch der Kandidatenpräferenzstimmen in den Niederlanden oder die seltenen »Überhangmandate« in der Bundesrepublik unterstreichen. Das Verhältniswahlsystem will intentional eine spiegelbildliche Repräsentation der Wähler erreichen und weicht von dieser Absicht mit *Sperrklauseln* für kleine und kleinste Parteien (*Schweden*: 4 %; *Bundesrepublik*: 5 %) nur deshalb und insoweit ab, um parlamentarische Mehrheitsbildungen durch allzu große Mandatszersplitterung nicht zusätzlich zu erschweren.

Je nach dem Ausmaß der politisch-gesellschaftlichen Fragmentierung in den europäischen Industrieländern verteilen sich die Parlamentsmandate auf eine Vielzahl von Parteien. In keinem anderen Land außer *Österreich*, das die Verhältniswahl praktiziert, besitzt eine Parlamentsfraktion einer Partei im Regelfall die notwendige Mehrheit für die Regierungsbildung. Aus diesem Grunde basieren die meisten europäischen Kabinette auf *Parteienkoalitionen*. In der *Bundesrepublik* und in den *Benelux-Ländern* genügen im allgemeinen zwei der drei größeren Parteien, um gemeinsam eine Regierung zu bilden. In *Italien* bedarf es dazu (angesichts der Koalitionsverweigerung der Christdemokraten an die Kommunisten) eines Bündnisses von vier bis fünf Parteien. In *Norwegen*, *Dänemark* und *Schweden* besteht eine oft bewiesene Abneigung gegen Koalitionen, auch wenn dort keine Partei über die parlamentarische Mehrheit verfügt. Statt dessen ziehen es die weltanschaulich verwandten Parteien vor, die *Kabinettsbildung einer Minderheitspartei* zu überlassen und dieser in parlamentarischen Abstimmungen die notwendigen Mehrheiten zu verschaffen.

Regierungen werden in den westeuropäischen Ländern auf der Grundlage der Wahlergebnisse bzw. der Mandatsverschiebungen zwischen den Parteien, der Verhandlungen zwischen den Parteien und ggf. aufgrund vorweg geleisteter Bündnisversprechen gebildet. Die Parteien mediatisieren mithin den im Hinblick auf die gewünschte Regierungsformel oft nicht erkennbaren Wählerwillen. Lediglich Großbritannien und Frankreich verzichten auf eine Verhältnis- bzw. Listenwahl. Die dort geltenden *Mehrheitswahlsysteme* unterscheiden sich in mancher Hinsicht, basieren aber beide auf dem Grundsatz der Personenwahl, wobei in Großbritannien in Einmannwahlkreisen der Kandidat mit der relativen Wählerstimmenmehrheit, in *Frankreich* - notfalls in zwei Wahlgängen - der Kandidat mit der absoluten Mehrheit ein Parlamentsmandat gewinnt. Die Existenz über Jahrzehnte und Generationen hinweg sozio-kulturell fundierter politischer Parteien und Richtungen kanalisiert die Wählerstimmen in beiden Ländern hin auf wenige politische Alternativen, so daß am Ende auch dort Kandidaten weniger zählen als die Parteien, die sie vertreten. Insoweit bestehen keine Unterschiede zu den Ländern mit Verhältniswahlsystemen. Ein beträchtlicher Unterschied liegt freilich darin, daß die britischen und französischen Wahlsysteme die nach Wählerstimmen stärkste Partei mit einem im Verhältnis zu den Urwählerstimmen überproportionalen parlamentarischen Mandatspaket ausstatten, das oft schon reicht, um auf dieser Basis eine *Alleinregierung einer einzigen Partei* einzusetzen, was in *Großbritannien* fast regelmäßig, in *Frankreich* häufig eintritt (vgl. *Tabelle 1* auf S. 62). Zählt man die beiden konservativen französischen Parteien als Einheit, als die sie bis 1981 auftraten, so hat in Frankreich das seit 1958 geltende Mehrheitswahlsystem ähnliche Ergebnisse erzielt wie in Großbritannien. Der Hauptunterschied zwischen den Wahlsystemen und, daraus folgend, zwischen den Parlamenten der westeuropäischen Industriegesellschaften liegt in ihrer unterschiedlichen Mehrheitsbildungskapazität.

2) Staatsoberhaupt und Kabinett

In einigen Ländern werden die parlamentarischen Mechanismen durch die weitgesteckten Befugnisse der Staatsoberhäupter modifiziert. In den konstitutionellen Demokratien *Skandinaviens*, der *Benelux-Länder* und *Großbritan-*

niens hat die Krone im wesentlichen nur mehr zeremonielle Funktionen, ähnlich wie der *deutsche Bundespräsident* und der *italienische Staatspräsident*, die beide nicht direkt vom Volk, sondern von Repräsentativkörperschaften gewählt werden, der erste von der Bundesversammlung (Bundestag und gleichviele Vertreter der Landtage), der zweite von beiden Kammern des italienischen Parlaments. Demgegenüber sind die Staatspräsidenten *Frankreichs* und *Finnlands politische Akteure, die nach ihren Befugnissen nicht nur nach eigenem Gutdünken aktiv in die Regierungspolitik eingreifen dürfen, sondern dies auch wirklich tun.*

Der französische Staatspräsident in der 1958 begründeten V. Republik wird aufgrund einer 1962 verabschiedeten Verfassungsänderung *unmittelbar vom Volk gewählt.* Den Premierminister und das Kabinett überragt der Staatspräsident an politischer Bedeutung. Die bisherigen Staatspräsidenten waren ausnahmslos in der Lage, durch Ernennung und Entlassung des - der Nationalversammlung verantwortlichen - Premierministers die maßgeblichen *Grundlinien der französischen Politik* zu bestimmen, weil ihre Partei in der Nationalversammlung stets die Mehrheit besaß oder sich auf die Unterstützung der eigenen durch andere Parteien in der Nationalversammlung verlassen konnten. Schwere Konflikte wären unvermeidlich, wenn Staatspräsident und Parlamentsmehrheit unterschiedlichen Parteien angehörten. Um solchen Konflikten auszuweichen, kann ein Staatspräsident die Nationalversammlung auflösen oder zurücktreten. Der erste sozialistische Staatspräsident der V. Republik löste nach seiner Wahl die Nationalversammlung auf und wurde in seiner Erwartung einer sozialistischen Mehrheit bestätigt. Nichtsdestoweniger bleiben die Möglichkeiten für einen schwer lösbaren Konflikt zwischen Staatspräsident und Parlament groß, falls doch einmal die Situation eines parlamentarischen Mehrheitsverlustes für die Partei des Staatspräsidenten eintritt, dieser sich aber weigern sollte, zurückzutreten. In ihren naheliegenden Möglichkeiten für schwere Verfassungskonflikte ist die förmliche und die praktizierte Verfassung der V. Republik unter den westeuropäischen Ländern einzigartig.

Der *finnische Staatspräsident* wird *indirekt*, über eigens gewählte Wahlmänner, *vom Volk gewählt*. Die Nominierung der Wahlmänner kontrollieren die Parteien, so daß am Ende Bündnisse und Absprachen zwischen den Parteien über die Wahl des Staatspräsidenten entscheiden. Die Verfassung räumt diesem die Möglichkeit ein, erheblichen *Einfluß auf die Kabinettsbildung und die Regierungspolitik* zu nehmen. Tatsächlich haben die finnischen Nachkriegspräsidenten ihr Amt vor allem in den Sinne ausgeübt, daß sie bestimmte, von ihnen bevorzugte Koalitionen zwischen den größeren finnischen Parteien förderten. Regierungsbildungen sind eine häufige Aufgabe des Staatspräsidenten, da Koalitionsregierungen wegen des stark zersplitterten Parteiensystems und der heterogenen Regierungsmehrheiten oft schon nach kurzer Zeit zerfallen und auf anderer Geschäftsgrundlage neugebildet werden müssen.

3) Parlament und Regierung

Die parlamentarischen Regierungssysteme zeichnet eine enge Verbindung zwischen den führenden Parteiorganen der im Parlament vertretenen Parteien und den führenden Gremien der Parlamentsfraktionen aus. Die Akzente liegen dabei von Land zu Land anders. In *Großbritannien*, wo die außerparlamentarischen Parteien mehr oder weniger den politischen Primat der Konservativen und der Labour-Fraktion anerkennen, rekrutieren sich die Kabinettsminister ausschließlich aus den Führungsrängen der Parlamentsfraktionen. In ähnlicher Weise verfahren die *skandinavischen Länder*, wobei freilich bedacht werden muß, daß dort die Spitzen der Parlamentsfraktionen und die Minister gleichzeitig wichtige Ämter in den (außerparlamentarischen) Parteien bekleiden. Auch in der *Bundesrepublik Deutschland* bleibt festzustellen, daß dort Bewährung in der Fraktion und im Parteivorstand die wichtigsten Kriterien bei der Kabinettsrekrutierung sind, daß aber zusätzlich die Ministerpräsidenten und Landesregierungen ein bedeutendes Personalreservoir für Bundesregierungen darstellen.

In den westeuropäischen Ländern ist die *Professionalisierung parlamentarischer Führungsrollen* weit gediehen. Selbst in den kleineren Ländern, in denen noch etliche Parlamentarier einem privaten Beruf nachgehen, setzen sich die Fraktionsvorsitzenden, ihre Stellvertreter sowie die Ausschußvorsitzenden oder die Ausschußobleute der verschiedenen Fraktionen aus langgedienten »Berufspolitikern« zusammen, die nicht nur den parlamentarischen Betrieb durchschauen und beherrschen, sondern auch bestimmte Politikbereiche, die sie parlamentarisch betreuen. Darüber hinaus implizieren ihre Aufgabe und die Dauer ihrer parlamentarischen Tätigkeit engen Kontakt mit Ministern und Exekutivbeamten, die die jeweilige Regierungspolitik in Parlamentsausschüssen vertreten und erklären. Ein Teil der führenden Fraktionspolitiker besitzt häufig eigene Erfahrungen im »Regierungsgeschäft«, weil beim Wechsel der Regierungen frühere Minister in die Fraktionen zurückkehren. Schließlich bringt es die Funktion führender Fraktionsämter mit sich, daß Fraktionspolitiker ihre Informationen, Vorschläge und Entscheidungen nicht nur mit ihrer Fraktion, sondern auch mit ihren Parteien rückkoppeln müssen. Das gilt in gleichem Maße für die Kabinette, im besonderen für die Minister in Koalitionskabinetten. Die europäischen Parlamente lassen keine besonderen Zugangsberufe erkennen, die in irgendeiner Weise als geeignet für einen Aufstieg ins Parlament erscheinen. Bereits in den Parteien zählen in erster Linie politische Qualifikationen und Professionalisierungsmerkmale als Kriterien der Abgeordnetennominierung (vgl. dazu die *Tabelle 19*).

Tabelle 19: Sozialstruktur der Parlamentarier in westeuropäischen Industrieländern (in v.H.)

<table>
<tr><th></th><th>Unternehmer und leitende Angestellte</th><th>Freie Berufe</th><th>Beamte</th><th>mittlere und einfache Angestellte</th><th>Arbeiter</th><th>Partei- und Verbandsfunktionäre; Wahlbeamte</th></tr>
<tr><td>Bundesrepublik (1976)</td><td>13</td><td>13</td><td>31</td><td>8</td><td>1</td><td>17</td></tr>
<tr><td>Großbritannien (1974)</td><td>22</td><td>23</td><td>1</td><td>3</td><td>6</td><td>7</td></tr>
<tr><td>Schweden (1968)</td><td colspan="2">30</td><td colspan="2">28</td><td>7</td><td>23</td></tr>
<tr><td>Österreich (1978)</td><td>7</td><td>3</td><td></td><td colspan="2">6</td><td>44</td></tr>
<tr><td>Schweiz (1968)</td><td>9</td><td>34</td><td>7</td><td>12</td><td></td><td>30</td></tr>
<tr><td>Frankreich (1981)</td><td>27</td><td>16</td><td>29</td><td>3</td><td>3</td><td></td></tr>
</table>

Regierungsmitglieder im parlamentarischen Regierungssystem sind selten »Amateure«. Durch ihre parlamentarische Erfahrung haben sie in der Regel auch eine Vorbereitung für Aufgaben erhalten, die sie als politische Spitzen der Exekutive erfüllen müssen. Die einzige Erfahrung, die das Parlament nicht vermitteln kann, ist die administrative Leitung großer bürokratischer Komplexe. Um Probleme zu verringern, die aus diesem Erfahrungsmangel entstehen können, haben sich viele europäische Länder dafür entschieden, in der einen oder anderen Form die höchsten Fachbeamten der Ressorts nach politischen Kriterien zu berufen, damit den Regierungsmitgliedern gleichermaßen politisch loyale wie fachlich zuverlässige Mitarbeiter zur Hand gehen. Zusammenfassend läßt sich festhalten, daß die Rekrutierungsmechanismen der parlamentarischen Regierungssysteme Westeuropas darauf angelegt sind, parlamentarische Erfahrung, Vertrautheit mit politischen Sachproblemen und der Arbeit der Regierungsbehörden sowie die Absicherung der parlamentarischen bzw. Regierungsarbeit in den Parteigremien zu kombinieren. Der moderne Parlamentarismus setzt den multifunktionalen Berufspolitiker geradezu voraus. Vor diesem Hintergrund erklärt sich das Unbehagen an parlamentarisch nicht sozialisierten »Fachleuten«, im besonderen an »Beamtenministern«, die zwar die Probleme und die Verwaltung ihrer Ressorts im Griff haben mögen, denen aber oft die Voraussetzungen fehlen, um ihre Politik im Parlament und in den Regierungsparteien politisch zu erklären und abzustützen.

Im *Gesetzgebungsprozeß* haben die Parlamente in der Regel lediglich ratifizierende Funktionen. Die meisten und nahezu alle wichtigen Gesetzesvorlagen gehen von der Regierung aus. Ihre Erfolgsquoten sind, bedingt durch Parteidisziplin in parlamentarischen Abstimmungen, hundertprozentig. Bei richtungspolitisch relevanten Entscheidungen treten die Regierungen in der Regel in Vorberatungen mit den Fraktionen und mit ihren Parteien ein, die in diesem Prozeß - oft maßgeblich - auf die Regierungsvorstellungen einwirken können. Dort, wo es um grundlegende Grundsätze der regierungstragenden Partei oder Parteien geht, oder dort, wo vitale Interessen der Stammwählerschaft der Parteien auf dem Spiel stehen, gilt die übliche Erfahrung nicht, wonach im wesentlichen die Regierungsbehörden, im besonderen aber die höheren Verwaltungsbeamten, im Zusammenspiel mit den Kabinettsministern den Inhalt der Gesetze bestimmen, die das Parlament beschließt. Im übrigen wirkt die Überlegenheit der Exekutive überwältigend: Die Parlamentsmehrheiten kontrollieren den Arbeitsplan und das Verfahren der Gesetzgebung. Tatsächlich folgen die Parlamentsmehrheiten aber den Vorstellungen der Regierungen, welches Problem wann zur Entscheidung anstehen soll, weil sie ihr politisches Schicksal mit dem der Regierungen verknüpfen. Eigene Initiativen über komplizierte Sachverhalte kann ohnehin keine Parlamentsfraktion entfalten, weil ihr keine Komplexe vom Umfang und von der technischen Kompetenz der Regierungsbehörden zur Verfügung stehen, ohne die keine verwaltungs- oder regierungstauglichen Gesetzesentwürfe entwickelt werden können. Gerade im Bereich der Routinegesetzgebung, die das Gros der Parlamentstätigkeit beansprucht, nimmt die Verwaltung den größten Einfluß auf die Politik. Praktisch bestimmen die Präferenzen der Regierungen, womit sich die Parlamente beschäftigen und in welcher Rangordnung und Reihenfolge.

Die relative inhaltliche Machtlosigkeit der Parlamente im Gesetzgebungsprozeß hat die Abstimmung der Gesetzesentwürfe mit den betroffenen gesellschaftlichen Interessen nahezu vollständig auf Regierung und Verwaltung verlagert. Die Konsultation und Rücksprache mit den Verbänden ist in modernen Industriegesellschaften für jede Regierung unverzichtbar, weil viele Gesetze, vor allem im wirtschaftlich-sozialen Bereich, Folgewirkungen zeitigen können, die nicht beabsichtigt sind, aber durch Befragung der in den betreffenden Bereichen tätigen Verbände besser erkannt, eingeschätzt und verhindert werden können. Dabei ist es allzu offensichtlich, daß die Verbände ihre Stellungnahmen so abfassen, daß sie Lösungen nahelegen, die ihnen zum Vorteil gereichen. Die Parlamente werden über ihre Ausschüsse erst dann am Entscheidungsprozeß beteiligt, wenn sie sich mit Vorlagen befassen, die bereits die Gesichtspunkte der Verbände miteinbeziehen und die in der Regel ohne größere Veränderungen übernommen werden. Angesichts der klaren Mehrheitsverhältnisse und der disziplinierten Abstimmungsloyalität der Parlamentsmehrheit im Verhältnis zur Regierung wird das Parlament für Verwaltung und Verbände zu einem Faktor, der nicht viel zählt. Ausschlaggebend ist die Sanktionierung der ausgehandelten Vorlagen durch die Regierung. Bei alledem muß aber nochmals betont werden, daß dies meist nur für die sog. *Routinegesetzgebung* gilt, nicht für Entscheidungen, die Öffentlichkeit, Parteien und Parlament als hochkarätige oder kontroverse *Richtungsentscheidungen* ansehen. In diesen Fällen gewinnen die Fraktionen und Parteien für die Regierung größte Bedeutung.

Die meisten Parlamente konterkarieren die Ressortgliederung der Exekutive mit ständigen *Parlamentsausschüssen*, die Gesetzesvorlagen beraten und dabei den Rat von Experten heranziehen, Beamte und Minister zur Erläuterung der Vorlagen herbeirufen u.ä. Die fachliche Komponente dieser Parlamentsorganisation wird vollständig vom Dualismus zwischen Regierungsfraktionen und Oppositionsfraktionen bestimmt. Abstimmungen folgen hier wie im Plenum strikt den Fraktionslinien. Der Hauptzweck des Ausschußsystems erscheint informationsbildend und erzieherisch, vor allem für die Oppositionsfraktionen: die Abgeordneten erhalten regelmäßig Gelegenheit, nähere Details und Hintergründe zu erfragen, führende Ressortbeamte kennenzulernen, ihr Bild von der Arbeit der Ressorts und den Grundzügen der verschiedenen Politikbereiche abzurunden. Auf diese Weise können sie sich systematisch in die Probleme und Arbeit der Exekutive hineindenken – eine Tätigkeit, die den Fraktionen zustatten kommt, wenn sie, nach längerer Oppositionszeit, nach Ressortministern für eine von ihnen mitzutragende Regierung Ausschau halten.

4) Regierung und Verwaltung

Die Regierungsorganisation in der Tradition der westeuropäischen Länder basiert auf dem *Berufsbeamtentum*, das sich u.a. durch seine *große fachliche Professionalisierung* auszeichnet. Der Eintritt in die Verwaltungslaufbahnen regelt sich nach Bildungsqualifikationen, die gelegentlich durch fachliche Qualifikationen ergänzt werden. Bis hinauf in die höchsten Beamtenfunktionen erfolgt der Aufstieg nach Dienstalter und fachlicher Bewährung. Nur die allerhöchsten führenden Beamtenstellen reservieren einige Länder für sog. *»politische Beamte«*, die im Unterschied zu allen übrigen Beamten nach politischen Gesichtspunkten eingesetzt und entlassen werden. Die »politischen« Beamten sollen durch ihre Versetzbarkeit gewährleisten, daß ein Minister in seinem Ressort wenigstens einen oder mehrere Beamte vorfindet, von denen er persönliche Loyalität erwarten kann und die er in vollem Vertrauen damit beauftragen kann, stellvertretend seine Politik gegenüber dem Korps der Karrierebeamten durchzusetzen.

Die Institution des »politischen Beamten« besteht in *Dänemark*, *Norwegen* und *Schweden*, wo jeweils der höchste Ressortbeamte, ein Staatssekretär, nicht den Regeln der Karrierebeförderung unterliegt; »politische« Staatssekretäre kennen auch die *Niederlande*. Den großzügigsten Gebrauch von dieser Einrichtung macht die *Bundesrepublik*, die bis hinunter zu den Abteilungsleitern in den Ministerien Behördenfunktionen »politischen Beamten« überträgt. Andere Länder, so *Frankreich*, *Italien*, *Belgien*, *Österreich*, verzichten auf »politische« Beamte, tragen aber auf andere Weise dem Umstand Rechnung, daß politische Ressortleiter im Ministerrang mit ihren hauptsächlich parlamentarischen Erfahrungen Vertrauensleute mit bürokratieerfahrenem Hintergrund benötigen. In diesen Ländern umgeben sich Regierungschefs und Minister mit »persönlichen« Ministerkabinetten, die sich aus Karrierebeamten zusammensetzen, die Minister bei ihrer Arbeit beraten. Die Ministerkabinette sind aber kein Bestandteil der regulären Behördenorganisation. *Großbritannien* ist das einzige parlamentarisch regierte europäische Land, das sowohl auf »politische Beamte« als auch auf Ministerkabinette verzichtet.

Die *bundesstaatliche oder dezentralisierte staatsrechtliche Organisation* einiger Länder hemmt die Durchsetzungsfähigkeit der zentralstaatlichen Instanzen keineswegs. Dies ist auch nicht ihr Sinn. Die Bundesgesetzgebung verdrängt oder präformiert maßgeblich die Gesetzgebungstätigkeit der Länder in den parlamentarisch regierten Bundesstaaten *Österreich* und *Bundesrepublik Deutschland*. Die Gestaltungsräume der Länder sind gering. In der Bundesrepublik beschränken sie sich auf die Schul- und Kommunalgesetzgebung und im übrigen auf ein Ermessen in der Ausführung der Bundesgesetze. Die in den 70er und 80er Jahren durchgeführten *Dezentralisierungsmaßnahmen in Frankreich und Italien* verlagerten lokal und regional bedeutsame Entscheidungen auf entsprechende Selbstverwaltungsorgane, beließen aber alle übrigen Kompetenzbereiche in der Kontrolle der Zentralregierungen. Hinsichtlich des Ausmaßes der zentralen Politikkontrolle durch die Regierungen erscheinen die Unterschiede zwischen den föderativen, den dezentralisierten und den stärker zentralisierten Einheitsstaaten Westeuropas innerhalb relativ geringer Spannbreiten. Auch die verschiedentliche Beteiligung der Selbstverwaltungen an der nationalen Gesetzgebung wird durch den Primat des Zentralstaates überlagert.

5) Gerichtsbarkeit

Alle westeuropäischen Länder erkennen eine *unabhängige Rechtsprechung* an. Eine *Verfassungsrechtsprechung*, deren Autorität über Parlament und Regierung steht, kennen nur die *Bundesrepublik*, *Österreich*, die *Schweiz* und *Ita-*

lien. Lediglich in der *Bundesrepublik* verfügt das Verfassungerischt nicht nur über die entsprechenden förmlichen Handhaben, um ggf. Entscheidungen des Gesetzgebers zu korrigieren und zu annullieren, sondern dort hat es auch umfassenden Gebrauch davon gemacht. Die übrigen Länder, die keine Verfassungsgerichte kennen, beschränken die Rolle der Gerichte darauf, die Übereinstimmung des Verwaltungshandelns mit den Gesetzen zu überprüfen und die Gesetze zu interpretieren. *Verfassungsgerichte sind in Bundesstaaten unverzichtbar*, da Kompetenzkonflikte zwischen Bund und Ländern auf Dauer nicht zu vermeiden sind. Das *schweizerische und* das *österreichische Verfassungsgericht* beschränken sich darauf, in bundesstaatlichen Streitigkeiten aktiv zu werden. Spektakulär griff das österreichische Gericht ein einziges Mal in die Politik ein, als es 1955 der Regierung verbot, gemeinsam mit den Spitzenverbänden der Gewerkschaften und Arbeitgeber ein »Wirtschaftsdirektorium« zu gründen, das alle wirtschaftspolitischen Fragen einstimmig entscheiden sollte.

Eine wesentlich andere Entwicklung nahm das *deutsche Verfassungsgericht*, nicht allein aus eigenem Zutun, sondern weil die Verfassung bzw. das Grundgesetz es verpflichtet, bei Anrufung verbindlich eine Entscheidung zu treffen. Das Bundesverfassungsgericht ist das einzige Beispiel eines aktiven Gerichtshofes in Europa, der häufig in die Rolle eines politisch relevanten Akteurs gerät. Das gilt im besonderen für jene Urteile, die *nicht* im Zusammenhang mit der verfassungsrechtlichen Fundierung der Grundrechte und der Staatsorganisationen des noch jungen Staates »Bundesrepublik Deutschland« standen, mithin für Urteile, bei denen es um kontroverse politische Sachfragen ging: Fernsehurteil, Ostverträge, Hochschulrecht, Mitbestimmung. Hier wurde das Verfassungsgericht zum Instrument der parlamentarischen Opposition, die aus eigenem Recht oder über die von ihr kontrollierten Landesregierungen zum Kreis der Klageberechtigten vor dem Bundesverfassungsgericht gehört. Allein der Umstand, daß im Wege der abstrakten Normenkontrolle noch vor Inkrafttreten eines Gesetzes auf Verfassungswidrigkeit geklagt werden kann, lädt die politischen Entscheidungsträger, letztlich also die Parteien, dazu ein, als letzte Zuflucht politische Kontroversen vor das Verfassungsgericht zu tragen, wobei dieses anders als sein amerikanisches Gegenstück nicht einmal die Möglichkeit besitzt, sich den Kontroversen mit dem Hinweis auf »politische Fragen« zu entziehen.

Tatsächlich kann es das Verfassungsgericht nicht vermeiden, Urteile zu fällen, die wie eine Parteinahme in politischen Auseinandersetzungen wirken. Zwar hat das Bundesverfassungsgericht nur selten die Entscheidungen politischer Mehrheiten aufgehoben. Aber seine Interpretationen engen künftige Gesetzgeberentscheidungen unvermeidlich ein. Die deutsche Verfassungsgerichtsbarkeit ist ein Bruch mit dem im übrigen Europa vorherrschenden politischen und Rechtsdenken, wonach der Wille der gesetzgebenden

Mehrheiten souverän ist und wonach es der Geltung moralischer Grundsätze und kultureller Überlieferung überlassen bleibt, wirksame Kontrollen gegen den Mißbrauch politischer Mehrheiten auszuüben. Es liegt auf der Hand, diesen Bruch aus der jüngsten deutschen Vergangenheit zu erklären.

6) Der Sonderfall Schweiz

Die Schweiz bietet in vieler Hinsicht ein anderes Bild als die übrigen westeuropäischen Länder. Die Unterschiede rühren aus der *historischen Sonderentwicklung* der Schweiz her. Zunächst besitzt die Schweiz *kein parlamentarisches Regierungssystem*. Dabei ist zu bedenken, daß die Schweiz seit dem 14. Jahrhundert bereits den Einfluß einer Adelsschicht abschüttelte und *vormoderne republikanische Selbstverwaltungsformen* praktizierte. Die Liberalisierung der Schweiz in der ersten Hälfte des 19. Jahrhunderts konnte sich nicht gegen Adelsprivilegien oder gegen absolutistische Herrschaftsformen richten, die es beide nicht gab. Infolgedessen machte auch eine Parlamentarisierung in der Schweiz wenig Sinn, weil es einfach an dem Herrscher fehlte, dem es einen Selbst- oder Mitregierungsanspruch des Volkes abzuringen gegolten hätte. Bei der *Liberalisierung der Schweiz* ging es einfach darum, die Oligarchisierung politischer Rechte durch einen kleinen Kreis von Patrizierfamilien aufzubrechen und darüber hinaus einen Mechanismus zu finden, um im Verhältnis der historischen Schweizer Bundeskantone zueinander das Mehrheitsprinzip verbindlich festzulegen. Mit der *Einführung des allgemeinen Männerwahlrechts* zu den neugeschaffenen bundesstaatlichen Gesetzgebungsorganen und den Einrichtungen der plebiszitären Demokratie (Volksbegehren, Volksabstimmungen) löste die Schweiz das erste, mit einer *modernen Bundesstaatsverfassung nach amerikanischem Vorbild* löste sie das zweite Problem (1848).

Die schweizerische Regierung, der *Bundesrat*, stellt ein Kollektivorgan dar, das zwar von der Bundesversammlung, der Legislative, gewählt wird, von dieser aber nicht abgesetzt werden kann. Das Mandat des Bundesrates endet mit Ablauf der Legislaturperiode. Die *Bundesversammlung* ist eine echte Zweikammerlegislative, deren beide Kammern, von denen die eine als Vertretung der Teilstaaten, der Kantone, angelegt ist, direkt vom Schweizer Volk gewählt werden; beide Kammern, Nationalrat und Ständerat, genießen im Gesetzgebungsprozeß gleiche Rechte und nehmen diese auch wahr.

Das *Parteiensystem* der Schweiz weist demgegenüber große Ähnlichkeit mit denen der benachbarten katholischen Länder auf. Freilich zeichnen sich die Parteien durch für ganz Europa einzigartige Beziehungen zueinander aus. Seit 1943 sind alle größeren schweizerischen Parteien, die Sozialisten, die Christdemokraten, die Liberalen und die Volkspartei, nach einem bestimmten Schlüssel, der zuletzt 1959 geändert wurde, im Bundesrat vertreten. Die Konzepte der »Regierungs- und Oppositionsparteien« haben angesichts dieser praktischen »Allparteienregierung« keine Bedeutung. Tatsächlich ist Parteidisziplin in den Abstimmungen der schweizerischen Bundesversammlung weitgehend verfallen. Abgeordnete aller Parteien finden sich in verschiedenen *Interessenkoalitionen* zusammen, die je nach der anstehenden Frage ihre Zusammensetzung wechseln. Überfraktionelle Arbeitskreise zu bestimmten Politikbereichen treten in Konkurrenz zu den parteilich organisierten Fraktionen. Die Schweiz ähnelt im Bündnisverhalten der Parteien und im Verhältnis von Legislative und Exekutive stärker den U.S.A. als den benachbarten europäischen Ländern.

Die Regierung und die Interessenverbände beherrschen den politischen Prozeß viel krasser als in den parlamentarisch regierten Nachbarländern. Die mächtige *Bundesbürokratie* lädt die *Verbände* vorab zur Darlegung ihrer Standpunkte zu geplanten Gesetzesentwürfen ein, bevor diese durch den Bundesrat der Legislative zur Kenntnis gelangen. Allenfalls noch der Bundesrat kann Korrekturen an den von der Bürokratie in Kooperation mit den Verbänden erarbeiteten Entwürfen anbringen, tut dies aber selten und auf alle Fälle diskret. Die Bundesversammlung ratifiziert nur mehr vorgefertigte Ergebnisse. Sind die *Verbände* dennoch aus irgendwelchen Gründen nicht mit einem Gesetz zufrieden, so bleibt ihnen der Rekurs auf das *Referendum* oder die *Verfassungsinitiative*, die vollständig zu Instrumenten der Verbände denaturiert sind, weil in der Regel nur diese den finanziellen und organisatorischen Aufwand erbringen können, der für eine erfolgreiche Referendumskampagne erforderlich ist. Auch in der dominierenden Rolle der Verbände in der Politik ähnelt die Schweiz den U.S.A., ist aber gleichzeitig mit der schwachen und politisch passiven Bundeslegislative deren genaues Gegenteil.

II. U.S.A.

Die U.S.A. praktizieren ein *präsidentielles Regierungssystem*, eine unter allen demokratisch-kapitalistischen Ländern einzigartige Form der Repräsentativregierung. Dieses Regierungsssystem basiert wie auch die parlamentarischen Regierungssysteme auf dem *Gewaltenteilungsprinzip*. Anders als diese verkörpern die U.S.A. aber eine rigide *»Gewaltentrennung«*, d.h. die Legislative, der Kongreß, und die Exekutive, der Präsident, gehen aus separater Volkswahl hervor. Die Exekutive steht politisch nicht zur Disposition des Kongresses. Beide amtieren für feste Wahlperioden. Im Gesetzgebungsprozeß müssen aber beide zusammenwirken: der Präsident benötigt für seine Politik Gesetze, die ihm der Kongreß verweigern kann. Umgekehrt kann der Präsident Gesetzesbeschlüsse des Kongresses durch sein Veto zum Scheitern bringen.

Die strikte Gewaltentrennung im amerikanischen Regierungssystem ruft geradezu nach Mechanismen, die ein koordiniertes Handeln des Präsidenten und des Kongresses ermöglichen. Dabei ist zu bedenken, daß die *amerikanische Verfassung* zu einer Zeit und für eine bäuerlich-mittelständische Gesellschaft entworfen wurde, die mit einem Minimum an Gesetzen auskamen und in der die meisten der notwendigen Gesetze in den lokalen Selbstverwaltungen und allenfalls auf der Ebene der Unionsstaaten anfielen. Noch bis in die 20er Jahre dieses Jahrhunderts kamen die U.S.A. schlecht und recht mit wenigen Bundesgesetzen und einer rudimentären Bundesverwaltung aus und sahen sie sich mit Problemen konfrontiert, deren Lösung in der Regel keine administrativen oder gesetzgeberischen Daueraufgaben nach sich zog. Erst der Einbruch der Weltwirtschaftskrise und der »New Deal« *Roosevelts* brachten hier Veränderungen, die zwar nicht konstitutionell, aber in der politischen Praxis das *Verhältnis zwischen Präsident und Kongreß* veränderten, als der Präsident selber zum aktiven und zum bedeutendsten Initiator von Gesetzesvorschlägen wurde. Technisch steht dem Präsidenten das Initiativrecht nicht zu. Faktisch ist es heute selbstverständlich.

Die Arbeitsteilung zwischen Legislative und Exekutive in den U.S.A. hat sich den Verhältnissen in den parlamentarisch regierten Industriegesellschaften angenähert: Der Präsident schlägt vor, der Kongreß nimmt an oder stimmt zu. Allerdings bleibt ein entscheidender Unterschied zu den parlamentarischen Regierungssystemen, weil der Kongreß nicht jeden Vorschlag des Präsidenten akzeptiert. In den U.S.A. fehlen Parteien europäischen Zuschnitts, die als Klammer zwischen Exekutive und Legislative dienen. Es fehlt daher auch die Parteidisziplin im Kongreß. Von daher kennzeichnen Kompromißsuche, wechselseitige Forderungen und ihre »Aushandlung« in Bargaining-Prozessen die Beziehungen zwischen Exekutive und Legislative. Ohne Zustimmung des Kongresses bewegt sich im amerikanischen Regierungssystem nichts, so daß der Kongreß, in ähnlicher Weise wie die politischen Parteien in Europa, als das Schlüsselelement des amerikanischen Regierungssystems angesehen werden muß. *Im politischen Prozeß der U.S.A. überwölbt eine rege Interaktion zwischen Vertretern des Kongresses, dem Präsidenten, den Regierungsbehörden sowie den organisierten gesellschaftlichen Interessen die förmlich nach wie vor voneinander isolierten Gewalten der Legislative und der Exekutive.* Es hat gewissermaßen eine informelle »Gewaltenintegration« stattgefunden, die sich sehr kompliziert ausnimmt, schwer überschaut werden kann, aber das gesamte Institutionengefüge überhaupt handlungsfähig macht. Diese informelle Gewaltenverschmelzung führt aber nicht – wie, über die Parteien vermittelt, in den europäischen parlamentarischen Regierungssystemen – zur Konzentration politischer Macht bei der Exekutive, sondern zu einer *diffusen Machtfragmentierung* zwischen dem Präsidenten, den Regierungsbehörden, den Kongreßausschüssen und führenden Kongreßpolitikern.

1) Kongreß

Der amerikanische Kongreß ist eine echte *Zweikammerlegislative*. Er setzt sich aus *Senat* und *Repräsentantenhaus* zusammen. Der erste wird nach den Grundsätzen der *relativen Mehrheitswahl* durch die Einwohner der Unionsstaaten gewählt, wobei jeweils zwei Senatoren ihren Unionsstaat für sechs Jahre repräsentieren. In 435 Wahlkreisen werden ebenfalls nach dem relativen Mehrheitswahlsystem alle zwei Jahre die Mitglieder des Repäsentantenhauses gewählt. *Im Gesetzgebungsverfahren sind Senat und Repräsentantenhaus völlig gleichberechtigt*. Privilegien genießt der Senat insofern, als allein er völkerrechtliche Verträge ratifizieren und vom Präsidenten vorgeschlagene Personen für führende Verwaltungsämter und Richterstellen bestätigen und ihrer Ernennung den Weg bahnen kann, das Repräsentantenhaus insofern, als es allein die Gesetzesinitiative für Ausgabenbewilligungen der Bundesregierung ergreifen kann. Bevor ein Gesetzesvorschlag vom Kongreß verabschiedet wird, müssen sich zuvor beide Kammern auf gleichlautende Gesetzestexte einigen. Dazu wird es häufig erforderlich, daß beide Kammern in ad-hoc einberufenen *Vermittlungsausschüssen* ihre Differenzen bereinigen, indem sie auf dem Kompromißwege Abstriche an ihren jeweiligen Beschlüssen vornehmen.

Senat und Repräsentantenhaus leisten den Großteil der Gesetzesarbeit in *Ständigen Ausschüssen* und in *Unterausschüssen*. Gesetzesinitiativen der Senatoren und Abgeordneten oder vom Weißen Haus inspirierte Gesetzesvorschläge werden zunächst in einem der 16 Ständigen Ausschüsse des Senats oder in einem der 22 Ständigen Ausschüsse des Repräsentantenhauses beraten, die wiederum in den letzten 15 Jahren verstärkt dazu übergegangen sind, die entsprechenden Initiativen noch weiter nach unten an spezialisierte Unterausschüsse weiterzuleiten. Diese Unterausschüsse, von denen es allein im Repräsentantenhaus heute etwa 130 gibt, bestehen oft aus nicht mehr als einem halben Dutzend Kongreßmitgliedern, manchmal aus noch weniger Mitgliedern. Die Arbeit in den Ausschüssen und Unterausschüssen hat anders als die Ausschußarbeit in parlamentarischen Regierungssystemen reale politikgestaltende Bedeutung. Sie ist das eigentliche Kernstück der Gesetzgebungsarbeit. Die Ausschüsse und Unterausschüsse verfügen über eine große Anzahl von Mitarbeitern und umfassende Hilfsdienste. Senat und Repräsentantenhaus verfügten 1975 für die einzelnen Mitglieder und für die Ausschußarbeit über eine Stabskapazität von nahezu 11.000 Mitarbeitern, eine Verdoppelung gegenüber dem Vergleichsjahr 1965.

Bei der Beratung einzelner Gesetzesprojekte werden zum Zweck der Information und Entscheidungshilfe Beamte der mit den Materien vertrauten Behörden, Interessenvertreter und Sachverständige eingeladen. Die Interessenvertreter versuchen, möglichst in jeder Beratungsstufe auf den Gesetzgebungsprozeß Einfluß zu nehmen. Dies beginnt gelegentlich damit, daß bestimmte Interessenten Kongreßmitglieder für eine Gesetzesinitiative gewinnen, setzt sich fort über Stellungnahmen in den Ausschüssen sowie die Vorlage von argumentationsstützenden Materialien und endet damit, daß breit angelegte Kampagnen unternommen werden, um im Plenum beider Kammern dafür zu sorgen, daß eine Vorlage je nach Standpunkt der interessierten Interessenvertreter von möglichst vielen Kongreßmitgliedern unterstützt oder abgelehnt wird. Die *Plenarberatungen* beenden den Gesetzgebungsprozeß in beiden Kammern. Meist geht es dort um die Annahme der entsprechenden Ausschußempfehlungen. Gelegentlich wird dort aber auch noch versucht, Änderungen an den Ausschußempfehlungen vorzunehmen.

Die notwendigen Fähigkeiten, die von Kongreßmitgliedern verlangt werden, sind: Verhandeln mit Abgeordneten und Senatoren, mit Interessenvertretern und Beamten; Kompromisse schließen, Überreden und Überzeugen. Es handelt sich um Eigenschaften, die amerikanische Rechtsfakultäten professionell vermitteln. Daher rührt bereits eine starke Affinität des Anwaltsberufs in den U.S.A. zur Politik, die noch wesentlich dadurch verstärkt wird, daß das Amt des öffentlichen Anklägers (Staatsanwalts) eines der publizitätsträchtigsten und als erster Schritt zu einer erfolgreichen politischen Karriere beliebtesten politischen Ämter darstellt, das häufig noch durch Volkswahl besetzt wird. Über die Hälfte der Mitglieder des Repräsentantenhauses waren 1971 (53 %) Anwälte, die in politischen Rechtspflegeämtern tätig gewesen waren. (Die nächstgrößeren Gruppen nach der beruflichen Herkunft waren Geschäftsleute bzw. Unternehmer (25 %), dann medienspezifische Berufe (11 %) sowie schließlich Wissenschaftler, Ingenieure, Hochschullehrer u.ä. (8 %).

Die *»Lobby«* ist eine charakteristische Einrichtung im Umfeld des Kongresses, derer sich die gesellschaftlichen Interessen bedienen, um auf die Entscheidungen des Kongresses Einfluß zu nehmen. Verbände und große Unternehmen unterhalten in Washington Büros, in denen professionelle »Lobbyisten« arbeiten. Andere Interessenten nehmen ad-hoc die Dienstleistungen von »Lobby-Firmen« in Anspruch. Ohne die Hilfe eines »Lobbyisten« kann es keinem Interessenten gelingen, sich im Kongreß zurechtzufinden und darüber hinaus die richtigen Personen und Ansatzpunkte herauszufinden, über die private Interessen geltend gemacht werden können. »Lobbyisten« kennen Senatoren und Abgeordnete oder deren engere Mitarbeiter, sie besitzen genaue Kenntnisse der Verfahrensregeln, wissen, bei wem sie ihr Anliegen erfolgreich zu Gehör bringen können und bei wem nicht. Es ist für sie besonders wichtig zu wissen, aus welchen Wahldistrikten Kongreßmitglieder kommen und ob Senatoren oder Abgeordnete mit Hinweisen auf die Interessen und Empfindlichkeiten ihrer Wähler für bestimmte Absichten empfänglich gemacht werden können. In genau der gleichen Weise, wie private »Lobbyisten« Einfluß im Kongreß suchen, gehen die »Lobbyisten der Exekutive«, die für die Beziehungen zum Kongreß zuständigen Mitarbeiter des Präsidenten und der Ministerialbehörden vor.

2) Kongreß und Präsident

Seit *F. D. Roosevelt* legt jeder Präsident alljährlich sein *Gesetzgebungsprogramm* vor, den Plan der Gesetzesvorhaben, die für die kommende Sitzungsperiode des Kongresses vorgeschlagen werden sollen. Es liegt beim Präsidenten, den Kongreß anzuhalten, damit sich dieser mit den entsprechenden Initiativen beschäftigt und sie in seinem Sinne erledigt. Seine formellen Möglichkeiten, dies zu tun, sind gering. Sie beschränken sich auf *öffentliche Erklärungen und offizielle »Botschaften« an den Kongreß*. Die Autonomie des Kongresses ist real. Jedes der beiden Häuser kontrolliert seine eigene Tagesordnung und bestimmt Priorität und Reihenfolge der ihm vorliegenden Gesetzesentwürfe. Dem Präsidenten bleiben keine anderen Mittel als *persönliches Werben* für seine Vorhaben bei einflußreichen Kongreßmitgliedern, ein gutes und *respektvolles Verhältnis zum Kongreß* und ein kluger Einsatz seiner Kongreßbeauftragten, d.h. der *Kongreßlobbyisten des Präsidenten und der einzelnen Bundesbehörden*, kurz: Aktivitäten, bei denen eine gewisse Kongreßerfahrung außerordentlich hilfreich erscheint. Allerdings trägt das amerikanische Regierungssystem in keiner Weise institutionelle Vorsorge dafür, daß Präsidentschaftskandidaten diese Erfahrungen mitbringen.

Sämtliche Kongreßmitglieder sind »Berufspolitiker«, von denen die einflußreicheren dem Kongreß seit mehreren Jahrzehnten angehören und bereits verschiedene Präsidenten überdauert haben. Auch die Präsidenten sind im allgemeinen Berufspolitiker, aber oft mit einem ganz anderen Hintergrund. Von den seit 1933, seit dem Beginn der modernen Präsidentschaft, amtierenden Präsidenten können lediglich vier, *Truman*, *Kennedy*, *Johnson* und *Ford*, als »Kongreßberufspolitiker« gelten, die alle Voraussetzungen mitbrachten, um in professionell angemessener Weise mit dem Kongreß umzugehen. Alle übrigen Präsidenten, von denen *Eisenhower* sogar als politischer »Amateur« überhaupt gelten muß, gelangten nach vorausgehenden Karrieren als »Exekutivpolitiker«, *Nixon* als Vizepräsident, *Roosevelt*, *Carter* und *Reagan* als Unionsstaatengouverneure, in die Präsidentschaft.

Das Auswahlverfahren für die Präsidentschaftskandidaten der beiden großen Parteien hebt auf Qualitäten wie Fernsehwirksamkeit, wirkungsvolle öffentliche Auftritte, Stegreifreden zu einer Fülle von Themen, glaubwürdige Identifikation mit populären Auffassungen in aktuellen Streitfragen oder Auswahl eines fähigen Wahlkampfmanagements ab, auf Eigenschaften, die im besonderen seit der Ausweitung der Präsidentschaftsvorwahlen viel zählen. Zwar gibt es auch erfahrene Kongreßpolitiker, die über diese Eigenschaften verfügen. Aber ihre kongreßspezifischen Fähigkeiten, Ausschußarbeit, Verfahrensbeherrschung und Kenntnis wichtiger Politikbereiche, geben ihnen keinen Vorsprung vor kongreßunerfahrenen Bewerbern. Das Ergebnis der modernen Präsidentschaftswahlprozeduren sind u.a. Präsidenten vom Zuschnitt *Nixons*, *Carters* und *Reagans*, die als ausgesprochene »Kongreßamateure« ihre Amtsperiode durch eine Fülle von häufig vermeidbaren Konflikten und Mißverständnissen mit dem Kongreß markierten. Viele dieser Schwierigkeiten wurden darüber hinaus noch von engen Mitarbeitern dieser Präsidenten verursacht, deren Unkenntnis der Umgangsregeln im Verhältnis zum Kongreß ebenso groß war wie die ihrer Chefs.

Die Interventionen des Präsidenten in den Gesetzgebungsprozeß beschränken sich auf Projekte, denen die Präsidenten große politische Relevanz und richtungsweisenden Charakter für ihr gesamtes innen- und außenpolitisches Programm zusprechen. Den größten Teil der Gesetzesinitiativen, die von der Exekutive ausgehen, produzieren Behörden in den verschiedenen Zweigen der Bundesverwaltung, die ihre Projekte auch im weiteren Verlauf des Gesetzgebungsprozesses durch ihre eigenen Beamten und Kongreßlobbyisten selber betreuen. Die Kongreßlobbyisten der gesamten Bundesverwaltung beziffern sich auf mehrere Dutzend, die des Präsidenten selten auf mehr als ein halbes Dutzend. Die Hauptaufgabe der *Kongreßlobbyisten im Präsidialamt* besteht darin, die Fraktionsführer des Senats und des Repräsentantenhauses, die im wesentlichen Tagesordnungen und Sitzungspläne gestalten, über die Absichten des Präsidenten auf dem laufenden zu halten, sie in bestimmten Fällen für eine aktive Unterstützung des Präsidenten zu gewinnen, den Präsidenten über die Stimmung der Senatoren und Abgeordneten zu informieren und für ihn die Chance abzuschätzen, ob und in welcher Gestalt seine Pläne im Kongreß Aussicht auf Erfolg haben. Wie die Erfahrung jedoch zeigt, können auch die tüchtigsten Kongreßlobbyisten einen nicht durch eigene Kongreßerfahrung sozialisierten Präsidenten nicht immer vor massiven Fehleinschätzungen bewahren.

Die *Beziehungen zwischen den einzelnen Bundesbehörden und dem Kongreß* erweisen sich als stabiler und berechenbarer als die zwischen den wechselnden Präsidenten und dem Kongreß. In der Regel haben es diese Behörden mit einem oder zwei Ausschüssen zu tun, die in jedem Haus des Kongresses den Arbeitsbereich der Behörde in der Gesetzgebungsarbeit betreuen. Die Behördenlobbyisten und führende Beamte kennen einander, wissen, was sie füreinander tun können und arrangieren sich miteinander.

Der Kongreß nimmt über seine Ausschüsse nicht nur Gesetzgebungsaufgaben wahr, sondern auch eine *laufende Verwaltungskontrolle*. Diese Kontrolle reicht oft weiter als dies aus den förmlichen Zuständigkeiten des Kongresses zu entnehmen wäre. Das Geld, mit dem die Behörden im laufenden Haushaltsjahr arbeiten müssen, wird von den Fach- und Haushaltsausschüssen des Kongresses zugeteilt. Die Mitsprache des Kongresses reicht dabei bis zum Stellenplan der einzelnen Behörden. Faktisch kann die Opposition eines Ausschusses gegen einen mißliebigen Behördenleiter unter Umständen die Arbeit einer Behörde schwer beeinträchtigen. Aus diesen Gründen besteht in verschiedenen Teilen der Bundesverwaltung große Bereitschaft, Kongreßmitgliedern in bestimmten Ausschüssen gefällig zu sein, wie auch umgekehrt sich die Kongreßausschüsse für Gefälligkeiten revanchieren, indem sie auf Vorstellungen einer Behörde mit großem Wohlwollen eingehen.

Durch die Tätigkeit privater Lobbyisten, die ihre Bemühungen auf einen Kongreßausschuß konzentrieren, und anderer Interessenvertreter, die Einfluß bei der zugeordneten Exekutivbehörde geltend zu machen versuchen, sowie durch den vom Kongreß und von den Behörden gesuchten Rat unabhängiger Experten entstehen sog. *»issue networks«*. Diese »issue networks« bringen eine Vielzahl von Personen zusammen, die zwar aus unterschiedlichen Bereichen kommen, die aber ein Interesse an der wie auch immer gearteten Klärung und Lösung bestimmter Sachprobleme verbindet. Durch die Ballung von legislatorischem und administrativem Sachverstand, Fachwissen und interessenpolitischer Parteinahme wirken diese »networks« auf Außenstehende undurchdringlich, solange sich die Beteiligten miteinander arrangieren und bestehende Differenzen nicht nach außen tragen. In diesem Sinne genießen sowohl einzelne Behörden als auch Kongreßausschüsse in vielen Fragen, die keine größere Öffentlichkeit mobilisieren oder in Kontroversen zwischen Präsident und Kongreß verwickelt werden, erhebliche Autonomie. Die Gewaltentrennung zwischen Legislative und Exekutive ist in solchen Bereichen in der politischen Praxis am weitesten überwunden.

Die *Kongreßfraktionen der politischen Parteien* dienen in erster Linie prozeduralen und organisatorischen Zwecken. Die Mehrheitsführer in Senat und Repräsentantenhaus stellen die Agenden beider Kammern auf; alle Ausschußvorsitzenden werden von der jeweiligen Mehrheitsfraktion gestellt. Ob allerdings die Senatoren und Abgeordneten einem Gesetzesentwurf oder einer Ausschußempfehlung zustimmen, hängt allein von ihnen ab. Die Fraktionen verhängen keine Sanktionen, falls Kongreßmitglieder entgegen dem Votum der meisten Fraktionskollegen abstimmen. Zwar bemühen sich die Fraktionsführer in den wichtigsten kontroversen Angelegenheiten, möglichst alle Fraktionsmitglieder zu geschlossenem Abstimmungsverhalten zu veranlassen. Wenn aber häufiger Demokraten und Republikaner mit der Mehrheit ihrer Parteifreunde votieren, liegt das eher daran, daß sie sozial und interessenpolitisch ähnlich strukturierte Wahlkreise vertreten als daß sie sich einer nicht vorhandenen und undurchsetzbaren Parteidisziplin fügten. Sogar Präsidenten, deren Partei sich im Kongreß in der Minderheit befindet, finden auf diesem Hintergrund Mehrheiten. Auf der anderen Seite verhindert das Präsidentenveto, daß Kongreßmehrheiten - vorbehaltlich einer Zweidrittelmehrheit, die in beiden Kammern das Veto zurückweist - dem Präsidenten ihren Willen aufzuzwingen. Die fehlende Parteidisziplin erhebt jedes Kongreßmitglied zu einem potentiell wichtigen Akteur, auch Kongreßmitglieder der Minderheitsfraktionen.

3) Präsident und Verwaltung

Die amerikanische Bundesverwaltung umfaßt ein Konglomerat verschiedener Behörden, die teilweise in *Departments* eingebaut sind (Äquivalente der Ministerien in parlamentarischen Regierungssystemen), teilweise aber eine gewisse Unabhängigkeit genießen. Eine Sonderstellung nehmen die *Independent Regulatory Agencies* ein, die erklärte Marktregulierungsfunktionen ausüben und in ihren Entscheidungen keinerlei Weisungen unterliegen. Dazu gehören die Bundesbank (Federal Reserve System), die Börsenaufsicht, die Flugsicherheit, der Rundfunk und die Eisenbahnen. Die dem Präsidenten unterstellten Verwaltungsbehörden kennen diese Weisungsfreiheit nicht. An der Spitze dieser Behörden, der Departments, stehen die sog. *»Sekretäre«*, die die Politik eines Ressorts gegenüber dem Präsidenten, dem Kongreß und der Öffentlichkeit vertreten, sowie über 800 (1976) weitere *»politische Beamte«*, die vom Präsidenten vorgeschlagen, vom Senat bestätigt (oder, was selten geschieht, abgelehnt) und (im Bestätigungsfall) dann vom Präsidenten ernannt werden. Weitere 2.000 Beamte werden ohne Zustimmungsbedürftigkeit durch den Senat von den »Sekretären« als den politischen Leitern der großen Bundesverwaltungseinheiten ernannt.

Das Gros der Bundesbeamten, darunter auch der höheren Beamten, setzt sich aus *Karrierebeamten* zusammen, die eine einschlägige Fachausbildung nachweisen und allgemein den vom Personalverwaltungsamt (Civil Service Commission) der Bundesregierung festgelegten Kriterien entsprechen müssen. Die amerikanischen Beamten sollen in erster Linie *Fachleute* sein, die kraft Ausbildung etwas von der Materie verstehen, mit der sich ihre Behörde beschäftigt. Schon daraus ergibt sich eine geringe Mobilität der Karrierebeamten zwischen den einzelnen Behörden, die ja alle nur bestimmte Fachleute anfordern.

Die amerikanische Verwaltung kennt kein höheres Verwaltungsbeamten-»Korps« mit einer allgemeinen Verwaltungsausbildung oder -erfahrung, das aus Beamten bestünde, die nach allgemeinen, verwaltungsbezogenen Managementgrundsätzen jedes Ressort ungeachtet seiner fachlichen Zuständigkeit leiten oder dort in führenden Positionen arbeiten könnten. Gerade höhere Beamte dieser Art charakterisieren die europäischen Ministerialverwaltungen. Die äquivalenten Funktionen eines in allgemeinen Führungsaufgaben geschulten Karrierebeamtentums werden in der amerikanischen Bundesbürokratie »politischen Beamten« übertragen.

Die Definition des »politischen Beamten« wechselt: von Zeit zu Zeit ziehen Präsident und Personalamt den Kreis der »Karrierebeamten« weiter oder enger. Bedeutung hat die *Unterscheidung zwischen »politischen« und »Karrierebeamten«* vielfach praktisch nur insoweit, als »politische Beamte« von außerhalb der betreffenden Behörde, aber aus einer anderen Bundesbehörde, oder zwar aus derselben Behörde, dann aber unter Vernachlässigung von Dienstalter und Vorgesetztenbeurteilung ernannt werden. Viele »politische Beamte« (1975: 92 %) steigen tatsächlich in derselben Behörde auf, ein kleinerer Teil (5 %) kommt aus anderen Behörden. Allerdings bleiben immerhin noch etliche »Verwaltungsaußenseiter« (1975: 3 %), regelmäßig ca. zwischen 200–300 »politische Beamte«. Diesen Außenseitern, zu denen in der Regel alle Department-Sekretäre und die meisten sonstigen höchsten Ressortbeamten gehören, ist das politische Milieu Washingtons vielfach nicht geläufig.

Der Umstand der »verwaltungsexternen« Rekrutierung ist den betreffenden »politischen Beamten« oft sehr hinderlich, weil sogar erfahrene Administratoren aus der Geschäftswelt oder aus dem Verbands- und Wissenschaftsbetrieb erst lernen müssen, sich im komplizierten Beziehungsgeflecht zwischen den Behörden, dem Präsidialamt, den zugeordneten Kongreßausschüssen und den beteiligten Interessenvertretern zurechtzufinden, das als sog. »issue network« die formelle Funktionsteilung zwischen Verwaltung und Gesetzgebung immer stärker überlagert hat: Alle Beteiligten an diesen »networks« suchen ihre Position zu verteidigen und ihre Vorstellungen durchzusetzen, ob nun die Behördenvertreter Verbündete unter den Kongreßmitgliedern suchen oder die Kongreßmitglieder sich eine faktische Mitsprache bei bestimmten Verwaltungspraktiken oder administrativen Personalentscheidungen sichern wollen. Karrierebeamte, die in einer Behörde »groß geworden« sind, beherrschen die Spielregeln. Behördenfremde Außenseiter lernen sie oft nie oder erst so spät, daß weder sie noch die Behörde daraus einen Nutzen ziehen können, weil die Amtszeit eines Präsidenten endet oder der »politische« Behördenchef zurücktritt und damit oft auch die Dienstzeit der von ihm ernannten oder zur Ernennung vorgeschlagenen übrigen »politischen Beamten« endet.

Die Fluktuation unter den »politischen Beamten« der amerikanischen Bundesverwaltung ist erheblich. Sie ist ein Ausdruck für die Unzugänglichkeit der gewachsenen Beziehungsmuster des »Washington Establishment«

für administrative Außenseiter und für die relativ große faktische Autonomie der zahlreichen einzelnen Bundesverwaltungsbehörden, in der sich nicht zuletzt die »außerlegislatorischen Ausläufer« der politischen Macht des Kongresses manifestieren. Eine feste, zentrale Kontrolle der gesamten Bundesexekutive ist schwierig, wahrscheinlich sogar unmöglich. *Auch im Verhältnis zur hierarchisch gegliederten Bundesbürokratie kann ein Präsident nur »überzeugen«, aber nicht erfolgreich »befehlen« oder »anordnen«.* Im Bewußtsein der relativen Selbständigkeit der Verwaltung haben verschiedene Präsidenten versucht, durch den Ausbau des Präsidialamtes eine stringente Kontrolle des weitläufigen Verwaltungsapparates zu erreichen, am krassesten in Gestalt der von Publizisten so getauften »imperialen Präsidentschaft« *R. Nixons*. Gelungen ist es keinem. Dennoch übt das *Präsidialamt* (Executive Office of the President) zweifellos eine Rahmenkontrolle aus, so vor allem durch das Office of Management and Budget (OMB), das die Ausgabenanforderungen der Behörden koordiniert und eine laufende Übersicht über die in Arbeit befindlichen Gesetzesentwürfe erstellt, auf deren Grundlage es nach den Richtlinien des Präsidenten eine gewisse Prioritätenfolge festlegt.

Die Tragweite der Bundesverwaltung reicht vertikal bis auf die Ebene der lokalen Verwaltungen hinab. Die Bundesverwaltung führt jene Gesetze, die der Kongreß beschließt, selber aus. Die gesamte Gesetzgebung im Sozial- und Bildungsbereich und der inneren Sicherheit obliegt den Unionstaaten ebenso wie die Ausführung der entsprechenden Gesetze. Der Bund präformiert allerdings Gesetzgebung und Verwaltung der subnationalen Verwaltungen auf dem Wege sogenannter *»grants-in-aid«*. Für Aufgaben, bei denen der Bund keine formelle Zuständigkeit besitzt, bietet er sog. »grants«, Bundeszuschüsse, an, falls die Unionsstaaten oder eine lokale Verwaltung sich bereit zeigen, für diesen Zweck selber Geld auszugeben. Freilich gewährt der Bund seine Zuschüsse nur unter der Voraussetzung, daß die Unionsstaaten oder Gemeinden als Gegenleistung bestimmte Richtlinien beachten, die der Bundesgesetzgeber oder die Bundesbürokratie aufgestellt haben. Diese Richtlinien haben den Bund faktisch in vielerlei Hinsicht zum Mitgestalter der Politik in den Unionsstaaten und Kommunen gemacht. Im Vergleich mit dem Föderalismus in westeuropäischen Ländern haben sich die amerikanischen Unionsstaaten aber ungleich größere Gestaltungsräume bewährt.

4) Gerichtsbarkeit

Die Gerichte spielen im amerikanischen Regierungssystem eine herausragende Rolle, wobei dem Obersten Bundesgericht die größte Bedeutung zukommt. Jedes amerikanische Bundesgericht kann Bundesgesetze auf ihre Übereinstimmung mit der Verfassung überprüfen. Die Verfassung steht über dem Gesetz: entgegen der Rechtsauffassung oder Verfassungsauslegung der meisten europäischen Gerichte kann sich die Mehrheit in den Gesetzgebungsorganen irren und setzt sich dem Risiko aus, daß die Gerichte ihren Willen negieren. Die U.S.A. kennen nur eine allgemeine Gerichtsbarkeit, keine spezielle Verfassungsgerichtsbarkeit. Verfassungsrechtsprechung ist ein gewöhnlicher Teil der üblichen Gerichtstätigkeit. Klageberechtigt ist jeder amerikanische Bürger, der sich in seinen verfassungsmäßigen Rechten verletzt glaubt. Das letzte Wort in Verfassungsstreitigkeiten spricht wie bei allen anderen Rechtsstreitigkeiten das *Oberste Bundesgericht*.

In der Wahrnehmung seiner verfassungsgerichtlichen Funktion ist das Oberste Bundesgericht freier als andere Verfassungsgerichte, etwa als das deutsche Bundesverfassungsgericht. Einzige Voraussetzung für sein Tätigwerden ist das Vorliegen einer Klage bei den Bundesgerichten. Wenn das Oberste Bundesgericht an der Verfassungsmäßigkeit eines Bundesgesetzes oder eines Unionsstaatengesetzes zweifelt, so wartet es entweder, bis die bundesgerichtlichen Instanzen durch *Berufung* bis hinauf auf die höchstrichterliche Ebene angerufen werden, oder oder es ergreift noch vor der Erschöpfung des Instanzenweges die *Initiative*, indem es eine Streitigkeit vor einer unteren Instanz an sich zieht, der es grundsätzliche Bedeutung für die verfassungsmäßigen Grenzen des Gesetzgebers zuerkennt. Dabei spielt es keine Rolle, ob es bei der betreffenden Streitigkeit um einen gewöhnlichen Rechtsstreit oder um einen bewußt als »verfassungsrechtlichen Musterprozeß« angelegten Streit geht.

Die Instrumentalisierbarkeit des Obersten Bundesgerichts für politische und verbandliche Interessen ist gering. Ein Kläger kann die Gerichtsbarkeit und schon gar nicht das Oberste Bundesgericht dazu zwingen, in einer Sache so oder so oder überhaupt zu entscheiden. Die Gerichte können Klagen schlicht als unbegründet zurückweisen. Das Oberste Bundesgericht schützt sich davor, gegen seinen Willen in politische Kontroversen einzutreten oder hineingezogen zu werden, indem es Fragen, die ihm zur Entscheidung vorgelegt werden, zu *»politischen Fragen«* erklärt, die der Rechtsprechung nicht zugänglich seien. Was freilich »politische Fragen« sind, beantwortet das Gericht in unterschiedlichen Zusammensetzungen und zu verschiedenen Zeiten unterschiedlich. Das Gericht hat vielfach gezeigt, daß es sich nicht scheut, »politische« Entscheidungen zu treffen, wenn es dies für richtig hält Viele verfassungsrechtliche Grundsatzurteile kommen in ihrer Detaillierung und vor allem in ihrer mit Verfassungsrang ausgestatteten Verbindlichkeit Gesetzen gleich. In der Tat steht das Oberste Bundesgericht nicht selten als *»Ersatzgesetzgeber«* in Situationen, wo der Kongreß oder die Unionsstaaten unwillig oder unfähig sind, ein Problem aufzugreifen, das nach Meinung der Gerichte dringend einer Lösung bedarf, um einem Verfassungsauftrag gerecht zu werden (z.B. bei der Regelung der Schwangerschaftsunterbrechung, der Anpassung der Wahlkreisgrenzen an die Bevölkerungsentwicklung, der rassischen Gleichberechtigung.

Die Verfassung der U.S.A. ist ein 200 Jahre altes, nur selten geändertes und dazu sehr knapp gehaltenes Dokument. Die Aussagen der Verfassung auf gesellschaftlichen Wandel anzuwenden, ihnen zeitgemäße Deutungen zu geben - alles dies besorgt letztlich das Oberste Bundesgericht. Konservative und liberale, passive und hochaktive Phasen der Verfassungsrechtsprechung wechseln einander ab. In diesem Jahrhundert verband das Oberste Bundesgericht judikativen Aktivismus mit einem ausgeprägten *sozialen Konservatismus*, als es bis 1938 alle Ansätze in Richtung auf sozial- und wirtschaftspolitische Intervention für verfassungswidrig erklärte. Seither hat das Gericht den modernen interventionistischen Staat akzeptiert, verpflichtete aber seit Mitte der 50er Jahre den Bundes- und die Unionsstaatengesetzgeber zur *aktiven Wahrung der Bürgerrechte*, indem es zahlreiche Gesetze nullifizierte, die eine Diskriminierung auf der Grundlage von Rasse und Geschlecht vornahmen oder tolerierten.

Konservative und liberale, aktive und passive Richter finden sich im Obersten Bundesgericht zusammen. Ihre Auffassungen sind bekannt, abweichende oder Sondervoten einzelner Richter werden veröffentlicht. Bei der Ernennung der Bundesrichter werden strenge professionelle Maßstäbe beachtet. Mehrfach hat der Senat Richterkandidaten abgelehnt, die eine schlechte berufliche Reputation hatten. Nichtsdestoweniger spielen politische Überlegungen bei den Richterernennungsvorschlägen der Präsidenten eine Rolle, was im übrigen im Kongreß keinerlei politischen Anstoß erregt. Die große Bedeutung des Obersten Bundesgerichts mag man aus der Tatsache erkennen, daß seit 1817 mit stets neuen Begründungen die Bundesgesetzgebungskompetenz bis auf ihren gegenwärtigen Umfang allein auf der Grundlage der Verfassungsbestimmung über die Regelung des zwischenstaatlichen Handels ausgedehnt wurde.

III. Japan

Japan besitzt ein *parlamentarisches Regierungssystem*. Der Kaiser, bis 1945 noch mit wichtigen politischen Rechten ausgestattet, hat in der Nachkriegsverfassung nur mehr protokollarische Funktionen. Die Funktionsweise des Regierungsprozesses hat sich allerdings den spezifischen kulturellen Überlieferungen und den bestehenden Mehrheitsverhältnissen so stark angepaßt, daß der japanische Parlamentarismus sich in vieler Hinsicht vom Parlamentarismus in den westlichen Industrieländern unterscheidet.

1) Parlament

Der japanische Reichstag ist ein *Zweikammerparlament.* Er setzt sich aus dem *Abgeordnetenhaus* oder »Unterhaus« und aus dem »*Rätehaus*« oder »Oberhaus« zusammen. Allerdings genießt das Oberhaus mindere Rechte im Vergleich zum Unterhaus: *Die Regierung ist allein vom Vertrauen des Unterhauses abhängig;* im Gesetzgebungsprozeß entscheidet bei Nichtübereinstimmung mit dem Oberhaus letztlich das Votum des Unterhauses. Seine zentrale Aufgabe, eine Regierung auf der Grundlage einer parlamentarischen Mehrheit zu bilden, hat das Parlament bislang mühelos wahrnehmen können: die LDP, seit 1955 alleinregierende japanische Mehrheitspartei, stellt unter den Bedingungen des in Japan geltenden absoluten Mehrheitswahlrechts in der Mehrzahl der Wahlkreise die stärkste Partei.

Die Dauerregierung der LDP bestimmt die parlamentarische Praxis der Nachkriegszeit. Die Lenkung der Parlamentsagenda besorgt im Unterhaus ein interfraktioneller Koordinierungsausschuß, der sich darum bemüht, im Konsens aller Beteiligten einen Gesetzgebungs- und Tagungsplan zu erstellen. Die parlamentarischen Beratungen leitet der Sprecher des Unterhauses, dem die Geschäftsordnung umfangreiche Vollmachten zuspricht. Ganz im konsensualistischen Stil der japanischen Gesellschaft sucht die LDP-Mehrheitsfraktion parlamentarische *Übereinkünfte mit den Oppositionsfraktionen.* Zuweilen kommt es vor, daß die Opposition sich diesem Konsensansinnen verweigert. In diesen Situationen macht die Mehrheit von ihrer Überlegenheit Gebrauch und »boxt« ihre Vorstellungen ohne Rücksicht auf die Opposition durch. Darauf antworten dann die Oppositionsparteien häufig mit *Obstruktion,* deren Rigorosität auffallend mit den sonst üblichen konsensualistischen Verhaltensweisen kontrastiert und wahrscheinlich nur aus deren vorübergehendem Zusammenbruch erklärt werden kann: durch bewußte Fehler und betont langsame Zählweise werden Abstimmungen verzögert und sabotiert, Sprecher der Regierungspartei werden am Reden gehindert, Oppositionsabgeordnete blockieren dem Sitzungspräsidenten den Zugang zur Präsidiumstribüne oder sie versperren seinen Dienstraum. Üblicherweise praktizieren Regierungs- und Oppositionsabgeordnete *strenge Fraktionsdisziplin.*

2) Parlament und Regierung

Das Parlament wählt die Regierung. Umgekehrt besitzt die japanische Regierung aber nicht das förmliche Recht, das Parlament aufzulösen. In der Praxis wird ihm dieses Recht aber nicht streitig gemacht. *Unter den bislang herrschenden Mehrheitsverhältnissen wurde das Parlament als Entscheidungsfaktor gänzlich vernachlässigt.* Wie das Parlament entscheidet, hängt im wesentlivon der Parteibürokratie der LDP und der Regierungsbürokratie ab. Dies ist prinzipiell in parlamentarischen Regierungssystemen nicht ungewöhnlich. Spezifisch für Japan sind jedoch Art und Intensität dieser Abhängigkeit. Der Premierminister wird in der Auseinandersetzung zwischen den einzelnen Faktionen der LDP um die Parteipräsidentschaft bestimmt. Der siegreiche LDP-Präsidentschaftskandidat wird als Premierminister bestätigt oder er löst nach bisher stets respektierter Gewohnheit den bisher amtierenden LDP-Premierminister ab. Die übrigen Kabinettsminister ernennt der Premierminister, meist nach vorausgehenden Vereinbarungen mit den LDP-Faktionen. Als LDP-Präsident ernennt der Premierminister die führenden Funktionäre des LDP-Parteiapparates, so auch die Leiter des Politikbeirates der LDP, der eine Vielzahl von Abteilungen umfaßt. Alle Gesetzesinitiativen, die dem Parlament vorgelegt werden, benötigen zuvor die *Zustimmng des LDP-Politikbeirates und des LDP-Parteivorstandes.* Tatsächlich haben die Gesetzesinitiativen ihren Ursprung aber in der Regierungsbürokratie. Gesetzesvorlagen aus dem Parlament heraus sind immer seltener geworden. Ihre Erfolgsaussichten sind gering.

Förmlich gesehen, dominiert die Regierung den Gesetzgebungsprozeß. Tatsächlich verbirgt sich dahinter aber in größerem Maße als in anderen parlamentarischen Systemen die *Beherrschung des Gesetzgebungs- und Regierungsprozesses durch eine elitäre höhere Beamtenschaft,* die eng mit den großen unternehmerischen Wirtschaftsverbänden kooperiert. Die Mehrzahl der Gesetze entsteht in den Ministerialverwaltungen. Dort werden sie nach den in Japan üblichen Praktiken des »*ringi-sei*« auf allen Ebenen und in allen Abteilungen solange diskutiert und hin- und hergereicht, bis Konsens hergestellt ist. Gleichzeitig zirkulieren die Entwürfe im Politikbeirat des LDP-Apparates und bei wirtschaftlich relevanten Entwürfen in den Abteilungen der Verbandsbürokratie der Unternehmervereinigung Keidanren. Die *Wirtschaftsverbände* prüfen die Entwürfe unter dem Gesichtspunkt der Produktivität und internationalen Wettbewerbsfähigkeit der japanischen Großunternehmen. Die *LDP* prüft sie nach ihrer politischen und propagandistischen Verwertbarkeit für die Popularität der LDP, besonders in den Hochburgen der Partei. Die mit zahlreichen dirigistischen Kompetenzen sogar im Wirtschaftsbereich ausgestattete Regierungsbürokratie orientiert sich an ihrem Interesse, Kontrolle und Mitsprache in allen gesellschaftlichen Bereichen zu behalten. Das Kabinett sanktioniert in der Regel nur Entwürfe, die (von den anfänglichen Impulsen der verantwortlichen Minister abgesehen) ohne sein Zutun im politischen Machtdreieck Regierungsbürokratie-Wirtschaftsverbände-LDP entstanden sind. Das Parlament seinerseits ratifiziert die Regierungsvorlagen blind.

Der Umstand, daß viele Probleme schon gar nicht mehr in Gesetzesform aufgegriffen, sondern im Wege eines *großzügig gefaßten Verordnungsrechts der Regierung* behandelt werden, zeigt eine Konsequenz der skizzierten Entscheidungsprozesse. Die Regierungsbürokratie ist der zentrale Akteur im japanischen Parlamentarismus der LDP-Ära. Die Regierungspartei, das Parlament und sogar das Kabinett erscheinen schon selber als »demokratische« und »parlamentarische« Anhängsel eines »bürokratisch-industriellen« Machtkomplexes, der das gesamte politische System beherrscht. Dies zeigt sich nicht zuletzt daran, daß ehemalige höhere Regierungsbeamte in den LDP-Fraktionen des Parlaments und im Kabinett neben den aus der lokalen Politik aufgestiegenen »Berufspolitikern« das zweite und wichtigere personelle Element darstellen.

3) Regierung und Verwaltung

Die japanische Regierungsbürokratie wurde bereits sehr früh in der Modernisierungsphase Japans im letzten Drittel des letzten Jahrhunderts nach europäischen Vorbildern aufgebaut. Neben den Ressortchefs selber kennen die Ministerien lediglich einen »politischen Vizeminister« als politischen Beamten. Eine persönliche Kontrolle über ihre Ressorts streben die japanischen Minister aber gar nicht erst an. Nach dem auch in anderen Großorganisationen gebräuchlichen Muster regen sie Dinge an, machen sie Vorschläge, belassen im übrigen aber dem behördenüblichen Verfahren seinen Lauf.

Die *höheren Beamten in den Ministerien* prägen den Stil und die Politik der Ressortverwaltungen. Diese Beamten, die einen wesentlich strengeren »Korpsgeist« verkörpern als die Beamtenschaft der europäischen Ministerialverwaltungen, rekrutieren sich aus einem engen Kreis von Universitätsabsolventen, die vor Antritt ihrer Beamtenlaufbahn eine schwierige Eignungsprüfung bestehen müssen. Das Gros der höheren Beamten besteht aus *Absolventen der Rechtswissenschaftlichen Fakultät an der Universität Tokio,* der ältesten und renommiertesten Universität Japans. Die juristische Ausbildung der meisten höheren Beamten liege keinesfalls abseits ihrer späteren beruflichen Tätigkeit, da ein Jurastudium in Japan obligatorische Studienfächer in Staatswissenschaft, Managementkunde und Politischer Wissenschaft vorschreibt. *Das Beamtenrecht zwingt die höheren Beamten zu einer frühzeitigen Pensionierung* spätestens Ende der vierziger oder Anfang der fünfziger Lebensjahre. Darin liegt eine der Ursachen für die Expansion des Beamtenelements in politischen und gesellschaftlichen Führungspositionen.

Viele Pensionäre aus der höheren Beamtenschaft, die sich begreiflicherweise nicht so früh zur Ruhe setzen wollen, treten in Privatunternehmen ein, wo sie mit ihren Kenntnissen des politischen und Verwaltungsapparats und durch fortbestehende Kontakte zu früheren Kollegen mit Ratschlägen nützlich sein können. Hinzu kommt, daß sich Beamte in Erwartung des frühen Ruhestandes bereits rechtzeitig, solange sie noch ihren Dienst tun, nach

Anschlußbeschäftigung umsehen. Ein anderer Teil der pensionierten Beamtenelite wendet sich der Politik zu. Kontakte zu Politikern, Abgeordneten, Parteifunktionären der LDP und Ministern bringt die Arbeit der höheren Beamten zwangsläufig mit sich. Diese Verbindungen bilden den Grundstock politischer Karrieren in der regierenden LDP. Das gilt im besonderen für *Reichstagskandidaturen früherer Beamter in erfolgversprechenden Wahlkreisen*, die sowohl die Fürsprache des LDP-Parteiapparates als auch einer der zahlreichen LDP-Faktionen im Reichstag voraussetzen - beides Voraussetzungen, die ein im Umgang mit Tokioer Politikern erfahrener Beamten oft besser erfüllt als ambitionierte Lokalpolitiker in den LDP-Hochburgen der japanischen Provinz. Ganze LDP-Faktionen, die oft mit überwiegenden »Lokalpolitiker-Faktionen« in Fehde liegen, setzen sich aus früheren Beamten zusammen. Abgeordnete dieser Faktionen bieten sich aufgrund ihrer Vorerfahrungen besonders für Kabinettsämter an. Vier Fünftel der zwischen 1958 und 1972 gewählten LDP-Reichstagsabgeordneten waren ehemalige Beamte. Die führenden Funktionäre des LDP-Parteiapparates setzen sich zu einem Drittel aus Beamtenpensionären zusammen; frühere Spitzenbeamte stehen den meisten und den wichtigsten Kabinettsressorts vor. Die amtierenden und die früheren höheren Beamten der japanischen Ministerialbürokratie bilden eine Elite mit ähnlichen Erfahrungen, Denkmustern und Werten, die staatliche und unternehmerische Interessen wirkungsvoll integriert und von daher eine offenere und angreifbarere Interessenpolitik der Großwirtschaft erübrigt.

4) Regierung und Verbände

Regierung, Verwaltung und Großindustrie Japans verfolgen keine divergierenden Ziele. Die wirtschaftliche Stärke Japans auf der Grundlage seiner effizienten Großunternehmen liegt im Interesse der auf internationale Geltung hinarbeitenden Regierung (und vieler Japaner) ebenso wie im ökonomischen Interesse der Unternehmen. Politik und Privatwirtschaft sind seit den Anfängen der japanischen Industrialisierung eng miteinander verwoben. Ohne staatliche Vorgaben hätte es im nach europäischen Maßstäben spätmittelalterlichen Japan gegen Ende der Tokugawa-Periode keine Entfaltung privatkapitalistischer Unternehmen geben können. Auch heute fließen staatliche Wirtschaftspolitik und Investitionspolitik der privaten Unternehmen ineinander. In welcher Weise dies im regulären politischen Prozeß geschieht, wurde oben geschildert.

Darüber hinaus finden *regelmäßige Treffen des Premierministers mit führenden Managern* statt, auf denen im Beisein der Wirtschafts- und Finanzminister die Grundlagen der japanischen Wirtschafts- und Außenwirtschaftspolitik vorgezeichnet werden. Derartige informelle Treffen der Regierungs-

und Großunternehmensvertreter charakterisieren die Zusammenarbeit von Wirtschaft und Politik. Förmliche Zusammenkünfte oder Spitzengespräche zwischen den Verbänden und dem Kabinett sind nicht üblich. Ihren krassesten Ausdruck findet die *Zusammenarbeit von Staat und Unternehmen im Ministerium für Technologie und Außenhandel (MITI),* das über ein vielfältiges Instrumentarium verfügt, mit dem es, wenn es wollte, die nach außen gerichtete Unternehmenspolitik durch die Verweigerung von Ausfuhrgenehmigungen vollständig drosseln und reglementieren könnte. Tatsächlich agiert das MITI als Vermittler zwischen verschiedenen Bracheninteressen und als Impulsgeber für Investitionsentscheidungen der Großunternehmen, die ihre Investitions- und Produktionspläne in enger Absprache mit dem MITI festlegen.

5) Staatsaufbau und Gerichtsbarkeit

Japan ist, wie viele europäische Länder, ein *zentralistischer Staat.* Unter dem Einfluß der amerikanischen Militärregierung wurde in die neue japanische Verfassung auch ein *Verfassungsgericht* eingefügt. Soweit dieses aber bemüht wurde, um Verfassungsprobleme zu klären, entschied es sich dahin, die Verfassungsmäßigkeit der Gesetze und Regierungsakte anzunehmen. In beider Hinsicht, im Staatsaufbau und in der Staatsgerichtsbarkeitspraxis, unterscheidet sich Japan kaum von den meisten europäischen Ländern.

Schlußbetrachtung

Westeuropa, die U.S.A. und Japan stellen Varianten demokratisch-kapitalistischer Industriegesellschaften dar. Bestimmte, durch das demokratische Herrschaftssystem und die kapitalistische Wirtschaftsordnung bedingte Strukturmerkmale finden sich in allen betrachteten Industrieländern. Wie in der Einleitung erwähnt, kann aufgrund dieser Tatsachen das Mißverständnis entstehen, daß Probleme und Phänomene in den außereuropäischen Industrieländern mit dem Maßstab der europäischen Verhältnisse gemessen werden. Das muß nicht heißen, daß diese Mißverständnisse vermieden werden, wenn man das Vorhandensein offenbarer Unterschiede zugesteht. Im Gegenteil: Die Mißverständnisse werden dadurch oft noch größer, wenn Dinge, die aus ähnlichen politisch-ökonomischen Strukturen nicht herzuleiten sind, auf »Mentalitäten« zurückgeführt werden oder wenn sie durch die Zuschreibung persönlicher Eigenschaften wie »Fleiß« und »Disziplin« an Kollektive wie »Arbeiter«, »Volk« oder »Gewerkschaften« plausibel gemacht werden sollen. Derartige Simplifizierungen mögen sich zwar für moralische Appelle eignen, etwa in dem Sinne, daß den bundesdeutschen Gewerkschaften die »fleißigen« japanischen Arbeiter als nachahmenswertes Beispiel vor Augen geführt werden, so etwa im Sommer 1981 vom damaligen Bundeswirtschaftsminister Graf Lambsdorff. Handelte es sich dabei nur um schiefe, von politischen Absichten geleitete Vergleiche einiger Politiker, so könnte man darüber hinweggehen. Bedauerlicherweise steckt das Problem tiefer.

Die vergleichende politologische Betrachtung im besonderen der entwickelten demokratischen Industrieländer kann sich nur schwer den Schwierigkeiten entziehen, die daraus entstehen, daß sie bestimmte Erscheinungen in verschiedenen Ländern mit denselben Begriffen umschreiben muß. Dies ist noch unproblematisch, wenn von Parlament, Regierung, Verwaltung, d.h. vom staatlich-institutionellen Gerüst dieser Länder die Rede ist. Viele andere Bezeichnungen verlieren ihre Schärfe, wenn sie die Verhältnisse in unterschiedlichen Gesellschaften kennzeichnen, so etwa »Parteien«, »Liberalismus«, »Konservatismus«, ja sogar »Gewerkschaften«. Es handelt sich dabei um Begriffe, für die es allgemein akzeptierte fachliche Definitionen gibt, die aber in der Anwendung auf den Vergleich verschiedener Länder meist bestimmte Assoziationen »transportieren«, die aus der Sicht des Betrachters von den Verhältnissen geprägt sind, die dieser Begriff in einem bestimmten, sehr vertrauten Land oder Umfeld erfaßt. Um andere Länder zu verstehen, aber in einer geläufigen Sprache zu beschreiben, ist es erforderlich, sich zu vergegenwärtigen, welche tatsächlichen Sachverhalte mit derselben Begrifflichkeit in verschiedenen Ländern angesprochen werden. Es kommt also darauf an, einen Ländervergleich mit einem gewissen Bewußtsein von den Unterschieden in der Geschichte, in den politisch relevanten kulturellen Normen und in den politischen und sozialen Insititutionen zu betreiben. Im folgenden soll auf die oben dargebotenen Länderskizzen zurückgreifend kurz dargelegt werden, daß ein »assoziatives«, an den westeuropäischen Zuständen orientiertes Herangehen an die Betrachtung der entwickelten außereuropäischen Industrieländer leicht in Sackgassen führt, wenn diese Unterschiede vernachlässigt werden.

In Westeuropa entstanden *Parteien* zunächst als lockere bürgerliche Honoratiorenveranstaltungen, später als hochkomplexe Organisationen. Vor allem in der letzten Gestalt bestimmen sie die modernen westeuropäischen politischen Systeme. Parteien organisieren Wahlkämpfe, stellen das Kandidatenaufgebot zusammen, formulieren Programme und Zielvorstellungen, steuern maßgeblich die Entscheidungsprozesse im Parlament, bilden Regierungsbündnisse und sprengen sie. Parteien als Organisationen stellen neben den Regierungsmechanismen des Parlamentarismus in der Politik der westeuropäischen Industrieländer ein Element dar, ohne das diese überhaupt nicht verständlich würde. Den Organisationscharakter der Parteien unterstreicht ihr - in der Regel - geschlossenes Auftreten im Parlament. Schließlich stehen die Parteien, jedenfalls die größeren, in bestimmten weltanschaulichen Traditionen - als liberale, konservative, christliche oder sozialistische Parteien.

Auf dem Hintergrund dieses Parteienbildes kann ein europäischer Betrachter leicht auf eine falsche Fährte gelangen, wenn er nach den U.S.A. blickt: auch dort wird er auf Parteien stoßen; er wird beim genauem Hinsehen sogar Funktionäre und Parteibüros finden, ja sogar vertraute Richtungscharakterisierungen wie »liberal« oder »konservativ«. Allerdings wird er bald feststellen, daß alles, was über die amerikanischen Parteien in Analogie zu den westeuropäischen Parteien in Erfahrung zu bringen ist, beim Verständnis des politischen Systems der U.S.A. nicht viel weiter hilft und sogar eher Verwirrung stiftet. Ad-hoc aufgebotene persönliche, »private« Wahlkampforganisationen der Parteienkandidaten und die Millionen Vorwähler treten als die wichtigsten Akteure in der Parteienlandschaft auf - Institutionen, die man in Europa überhaupt nicht kennt. Geschlossenes Auftreten, etwa im Kongreß, der Bundeslegislative, ist den Parteien fremd. Die Etiketten »liberal« und »konservativ« bedeuten dem nur mit westeuropäischen Parteien vertrauten Betrachter nicht viel und hatten in den U.S.A selber stets nur eingeschränkte Bedeutung als Anhaltspunkte für die Erklärung politischer

Vorgänge und Interessenlagen. Es sei nur daran erinnert, daß sich die größten gesellschaftlichen Gegensätze, die zwischen Schwarzen und Weißen, weitgehend mit dem Gegensatz zwischen Armen und Reichen decken, aber vom Parteiensystem kaum ausgedrückt werden. Offenkundig ist die Bedeutung der amerikanischen Parteien gering, auf alle Fälle viel geringer als entsprechend die der westeuropäischen Parteien. Eine »Schlüsselinstitution« zum Verständnis des gesamten Regierungssystems und der vorherrschenden politischen Konfliktlinien sind die amerikanischen Parteien jedenfalls nicht.

Wenn die Presse in der Bundesrepublik Deutschland etwa herausstellt, daß der amerikanische Präsident Reagan 1982 als Republikaner gegen den Widerstand seiner Parteifreunde im Kongreß und mit Unterstützung der »oppositionellen« Demokraten Steuererhöhungen durchzusetzen vermochte, dann liegt dem ein von Europa geprägtes Verständnis der politischen Parteien zugrunde. Derlei ist in der U.S.A. politischer Alltag. Die anscheinend marginale Rolle der amerikanischen Parteien (als politische Organisationen und Weltanschauungsträger) verweist den Betrachter vielmehr darauf, nach anderen Institutionen Ausschau zu halten, deren Kenntnis ihm einen umfassenderen Einblick in das politische System gewährt, bzw. ohne die das System als ganzes nicht verstanden werden könnte. Ganz offensichtlich stellen der amerikanische Kongreß und die Bundesadministration (Präsident und Bundesverwaltung) solche »Schlüsselinstitutionen« dar, so daß ein vergleichender europäischer Betrachter sein Augenmerk besser von vornherein darauf und nicht zunächst auf die Parteien richtet, wenn er nach Orientierungspunkten sucht, die ihm ein Verständnis politischer Vorgänge erleichtern.

Im Falle Japans erscheint es wiederum angebracht, eine hohe Relevanz der politischen Parteien anzunehmen. Das soll nicht heißen, daß die Vorstellungen von den europäischen Parteien ohne weiteres auf Japan übertragen werden dürften, was sich schon wegen des für europäische Verhältnisse einzigartigen Immobilismus der Parteienlandschaft verbietet. Freilich wird der Betrachter, der die seit Kriegsende andauernde Regierung Japans durch die Konservativen und die hilflosen Bemühungen der zersplitterten Opposition nicht leichthin übergeht, allein durch die Verknüpfung der Regierungspartei mit der Staatsbürokratie und den Großkonzernen sowie durch die allenthalben verbreitete und akzeptierte Korruption darauf stoßen. daß die Parteien nur eines, wenn auch ein wichtiges, Element einer sozio-politischen Gesamtstruktur bilden, die in anderem Lichte zu sehen ist als die der westeuropäischen Länder.

Die *Gewerkschaften* der meisten westeuropäischen Länder enthalten ein konfliktorisches Moment, das über die einkommens- und arbeitsplatzbezogenen Arbeitgeber-Arbeitnehmer-Konflikte hinausgeht, die beispielsweise auch in den amerikanischen Gewerkschaften festzustellen sind und letztlich die

Basis gewerkschaftlicher Organisation überhaupt bilden. Die meisten europäischen Gewerkschaften verstehen sich ausdrücklich oder unausgesprochen auch als politische Organisationen, die sich nicht auf einkommenspolitische Aufgaben beschränken lassen, sondern - zumindest programmatisch - eine Veränderung des gesellschaftlichen Rahmens selber anstreben, in dem sie operieren. Diese Zielsetzung gilt namentlich für die erklärtermaßen sozialistischen Gewerkschaften und für jene Gewerkschaftsbünde, die den sozialistischen Parteien nahestehen. Diese Gewerkschaften sehen es als ihre Aufgabe an, einen möglichst großen Teil der unselbständig Beschäftigten in der gesamten Volkswirtschaft zu organisieren, um allenthalben ein starkes gewerkschaftliches Gegengewicht zu den Arbeitgebern aufzubauen. Die Strategie der meisten Gewerkschaften geht dahin, keine partikularen Berufsgruppeninteressen zu repräsentieren, sondern den breitesten allgemeinen Interessennenner aller Beschäftigten in ganzen Wirtschaftszweigen auszuloten und durchzusetzen. Das bedeutet auch, jedenfalls der Absicht nach, ein besonderes Interesse an der Lage der schlechtergestellten Beschäftigten, d.h. an den an- und ungelernten Arbeitern. Schließlich arbeiten die Gewerkschaften auf größere Beschäftigtenrechte, auf Mitbestimmung der Belegschaften und Gewerkschaften an der Unternehmenspolitik oder gar auf Verstaatlichungen der Privatunternehmen hin.

Die sozialistischen Gewerkschaften gehen in jenen Ländern, wo sie eine neben anderen, meist christlichen, Richtungsgewerkschaften sind, in ihren ökonomischen Forderungen und Strategien mit diesen konform. Bis zu einem gewissen Grad gilt das sogar für die gesellschaftspolitischen Vorstellungen, etwa in Fragen der Mitbestimmung. Der Konsens zwischen den Richtungsgewerkschaften endet aber dort, wo die unternehmerischen Eigentums- und Verfügungsrechte im Kern angegriffen werden sollen. Ganz offen wird die gewerkschaftliche Gesellschaftspolitik von Weltanschauungen bestimmt, die auch in den größeren Parteien der christdemokratischen, sozialistischen oder kommunistischen Variante beheimatet sind. Die Arbeitsbeziehungen und speziell die Gewerkschaftspolitik der westeuropäischen Länder bedürfen im besonderen einer Erklärung im Zusammenhang mit der Existenz sozialistischer Parteien und der gesellschaftlichen Wirkung kapitalismuskritischer Weltanschauungen. Auf diesem Hintergrund wird die Vitalität christlicher Gewerkschaften in einigen Ländern deutlich, deren weltanschauliche Konkurrenz sich aus der Reaktion auf die sozialistische Gewerkschaftsbewegung nährt. Alles dies zeigt an, daß die politische Haltung der westeuropäischen Gewerkschaften stark von der politischen Auseinandersetzung mit der liberalen kapitalistischen Gesellschaftskonzeption geprägt wird, vielfach ebenso stark und stärker als die Haltungen der sozialistischen Parteien.

Demgegenüber erscheinen nach landläufigen europäischen Gewerkschaftsvorstellungen die amerikanischen Gewerkschaften als »unpolitisch«.

Unpolitisch sind die amerikanischen Gewerkschaften aber keineswegs. Nur teilen sie eben im Gegensatz zu vielen europäischen Gewerkschaften die breite Übereinstimmung in der amerikanischen Gesellschaft, daß die kapitalistische Gesellschaftsordnung allen Alternativen vorzuziehen sei. In dieser Hinsicht sind sie wie alle übrigen organisierten sozialen Interessen der U.S.A. geradezu antisozialistisch (und, wie zahlreiche Querelen in der Internationalen Arbeitsorganisation beweisen, kaum imstande, die Position der sozialistisch orientierten westeuropäischen Gewerkschaften nachzuvollziehen).

Die Legitimation der amerikanischen Gewerkschaften speist sich ausschließlich daraus, daß sie die materiellen Interessen ihrer Mitglieder vertreten. Weitergehende Ansprüche kennen sie nicht. Sie verstehen sich als ein wirtschaftlicher Verband wie viele andere. Hier liegt der Hauptunterschied zu den westeuropäischen Gewerkschaften: die beiden Weltanschauungen, die in Europa historisch zur Plattform für gesellschaftliche Reformziele wurden, vor allem die verschiedenen Sozialismusvarianten, in geringerem Maße auch die christliche Demokratie, hatten sich in den U.S.A. nie entfalten können. Infolgedessen nehmen die amerikanischen Gewerkschaften den Unternehmern gegenüber grundsätzlich eine versöhnliche Haltung des »leben und leben lassen« ein. Bei alledem sind die Gewerkschaften keineswegs »unternehmerfromm«, sondern tragen ihre Auseinandersetzungen mit den Arbeitgebern in aller Schärfe aus.

Die im Grunde »liberale« und nach europäischen Maßstäben geradezu paradoxe Ideologie der amerikanischen Gewerkschaften tut ihrer Durchsetzungsfähigkeit keinen Abbruch (während die wenigen liberalen europäischen Gewerkschaften stets eine Kümmerexistenz gefristet haben). Sie bringt aber Erscheinungen hervor, die aus europäischer Sicht »korrupt«, »erpresserisch« und »unsolidarisch« erscheinen, so etwa das mangelnde Interesse an der Organisierung der Beschäftigten in schwer organisierbaren Unternehmen und Branchen, die Konzentration der gewerkschaftlichen Entscheidungen bei hochbezahlten Gewerkschaftsführern, die ihre Gewerkschaften oft autokratisch wie gut gehende Unternehmen führen, so auch der mehr oder weniger direkte Beitrittszwang in vielen Unternehmen. Die praktischen Konsequenzen der politischen Distanz zwischen westeuropäischen und amerikanischen Gewerkschaften zeigen sich daran, daß unter dem doppelten Druck der Konjunktur- und Beschäftigungskrise und der öffentlichen Verschuldung der amerikanische Präsident Reagan 1981/82 die im internationalen Industrieländervergleich ohnedies nicht gerade üppigen sozialen Leistungen erheblich abbauen konnte, ohne weiter auf gewerkschaftliche und sonstige Proteste zu achten, während die Gewerkschaften Westeuropas auf entsprechende Pläne ihrer Regierungen mit politischem Druck antworteten, der manche Regierung zögern ließ, sei es, weil sozialistische Regierungsparteien in Konflikt mit ihren eigenen Ansprüchen gerieten und den Bruch mit den

Gewerkschaften befürchteten, sei es, weil Sozialpolitik und Sozialstaat klassische Instrumente zur Aussöhnung der abhängig geschäftigten Bevölkerung mit der bestehenden sozialen Ungleichheit sind und von den Gewerkschaften weithin begrüßt werden.

Noch schwerer faßbar für europäisch bestimmte Gewerkschaftsvorstellungen als die amerikanischen Gewerkschaften und darum am gründlichsten mißverstanden und für die politische Argumentation mißbraucht werden die japanischen Gewerkschaften. Aus den japanischen Verhältnissen kann der europäische Betrachter, ohne die Tatsachentreue übermäßig zu vernachlässigen, Vollbeschäftigung, stetiges Wachstum, Innovations- und Investitionsbereitschaft, Arbeitsdisziplin und kooperative Beziehungen zwischen Arbeitgebern und Gewerkschaften herauslesen. Dieses Bild ist - als Teilausschnitt - richtig, aber es basiert auf Grundlagen, die in »westlichen« demokratisch-kapitalistischen Industrieländern einfach fehlen. Falsch ist diese Vorstellung von Japan insoweit, als sie nur die »Zuckerseite« präsentiert, d.h. die Verhältnisse in den exportorientierten Großunternehmensbereichen, die europäische und amerikanische Beobachter beeindrucken, aber keineswegs repräsentativ für alle japanischen Unternehmen und Beschäftigten sind.

In den nicht zu bestreitenden, im Kern harmonischen Sozialbeziehungen, die auch die Arbeitswelt bestimmen, manifestiert sich eine Wertetradition, die aus dem präindustriellen Japan ungebrochen übernommen ist und durch die Industrialisierung lediglich modifiziert wurde. Dieses Phänomen ist nicht erstaunlich, es wirkt auf westliche Betrachter lediglich ungewöhnlich, weil sie in der Regel nicht mit der japanischen Geschichte und asiatischer Kultur vertraut sind.

Das herausragende Merkmal der japanischen Gesellschaft ist die Tatsache, daß die einzelnen Japaner sich vollständig in hierarchische Gruppen und Gemeinschaften einfügen und keine Ansprüche erheben, die nicht in Einklang mit diesen Gruppen stehen. Mit der Industrialisierung Japans haben sich vor allem die Bezugsgruppen geändert, heute Arbeitskollektive, Firmen, Betriebe, Büros, früher Großfamilien und Dorfgemeinschaften. Japan besitzt eine gesellschaftliche Tradition, die Welten von den Vorstellungen widersprüchlicher oder einfach nur unterschiedlicher individueller und kollektiver Interessen in »westlichen« Gesellschaften entfernt ist. Diese gehen auf die Philosophien des 18. und 19. Jahrhunderts und auf eine konfliktreiche Sozialgeschichte zurück, während asiatische Philosophien und Religionen Harmonie, Konsens und Bewahrung des Überlieferten betonen. Japan beweist, daß östliche Kultur, Industriegesellschaft und adaptierte Formen westlicher Herrschaftsmuster ohne weiteres vereinar sind. Deshalb sollte es sich von selbst verbieten, Vergleiche anzustellen, womöglich noch mit dem Fazit einer schulmeisterlichen »Moral« für europäische Adressaten, die über diese Distanz hinwegsehen.

Kommentierte Bibliographie

1. Geschichte

allgemein

Bendix, Reinhard, Nation-Building and Citizenship, New York 1964
(Inzwischen klassische Darstellung der wichtigsten Entwicklungsschritte und Krisen Westeuropas, der U.S.A. und Japans auf dem Weg zur liberalen Industriegesellschaft)

Grew, Raymond (Hrsg.), Crises of Political Development in Europe and the United States, Princeton, N.J. 1978
(Sammelband mit Einzelbeiträgen zur Entstehung legitimer politischer Systeme in den U.S.A. und einzelnen europäischen Ländern)

Moore, Barrington, Ursprünge von Demokratie und Diktatur, Frankfurt/M. 1967
(Klassische Studie zur Erklärung der unterschiedlichen historischen Entwicklungen in Großbritannien, Frankreich, Preußen-Deutschland, den U.S.A. und Japan aus unterschiedlichen Klassenkonstellationen)

Westeuropa

Bergeron, Louis, Francois Furet und Reinhart Koselleck, Das Zeitalter der Französischen Revolution (Fischer-Weltgeschichte, Bd. 26), Frankfurt/M. 1969
(Historische Darstellung unter Berücksichtigung der Entwicklung der politischen Ideen sowie der Wirtschafts- und Sozialgeschichte Europas)

Dahl, Robert A. (Hrsg.), Political Oppositions in Western Democracies, New Haven 1966
(Sammelband mit Beiträgen über die Entstehung der wichtigsten politischen Konfliktlinien in einzelnen westeuropäischen Ländern)

Mommsen, Wolfgang, Das Zeitalter des Imperialismus (Fischer-Weltgeschichte, Bd. 28), Frankfurt/M. 1969
(Historische Darstellung unter Berücksichtigung der Entwicklung der politischen Ideen sowie der Wirtschafts- und Sozialgeschichte Europas)

Neumann, Franz (Hrsg.), Handbuch politischer Theorien und Ideologien, Reinbek bei Hamburg 1978
(Sammelwerk mit Beiträgen u.a. über die Entstehung, den geschichtlichen Kontext und den Wandel des Liberalismus, Konservatismus und der verschiedenen Richtungen sozialistischer Weltanschauung)
Palmade, Guy, Das bürgerliche Zeitalter (Fischer-Weltgeschichte, Bd. 27), Frankfurt/M. 1974
(Historische Darstellung unter Berücksichtigung der Entwicklung der politischen Ideen sowie der Wirtschafts- und Sozialgeschichte Europas)
Tilly, Charles (Hrsg.), The Formation of Nation States in Western Europe, Princeton, N.J. 1975
(Internationale Kräfteverhältnisse und Herausbildung früher Staatsbürokratien als Faktoren der Nationbildung in Westeuropa)

U.S.A.

Adams, Willi Paul, Die Vereinigten Staaten von Amerika (Fischer-Weltgeschichte, Bd. 30), Frankfurt/M. 1977
(Darstellung der politischen Geschichte unter Berücksichtigung der politischen Ideen sowie der Wirtschafts- und Sozialgeschichte)
Beard, Charles A., Eine ökonomische Interpretation der Verfassung der Vereinigten Staaten (zuerst erschienen 1913), Frankfurt/M. 1974
(Klassische Studie über die wirtschaftlichen Interessen, die bei der amerikanischen Verfassungsgebung eine Rolle spielten)
Gerstenberger, Heide, Zur politischen Ökonomie der bürgerlichen Gesellschaft. Die historischen Bedingungen ihrer Konstitution in den U.S.A., Frankfurt/M. 1973
(Neuere Arbeit in der von Beard (s.o.) begründeten Tradition)
Hartz, Louis, The Liberal Tradition in America: An Interpretation of American Political Thought since the Revolution, New York 1955
(Klassische Darstellung der liberalen Grundlinien der amerikanischen Politik, der von ihnen legitimierten Interessen und ihrer Defizite)
Hofstadter, Richard, American Political Tradition, New York 1948
(Studie über die vorherrschenden Richtungen politischen Denkens seit der Gründung der U.S.A. am Beispiel ideengeschichtlicher Klassiker und die Epochen kennzeichnender Politiker)

Japan

Duus, Peter, Party Rivalry and Political Change in Taisho Japan, Cambridge, Mass. 1968
(Die wachsende Rolle politischer Parteien in Japan nach dem Ersten Weltkrieg und ihre Verdrängung durch das Militär)

Bersihand, Roger, Geschichte Japans, Stuttgart 1963
(Darstellung der politischen Geschichte)

Hall, John Whitney, Das Japanische Kaiserreich (Fischer-Weltgeschichte, Bd. 20), Frankfurt/M. 1968
(Darstellung der politischen Geschichte unter Berücksichtigung der politischen Ideen und der Wirtschafts- und Sozialgeschichte)

Leiserson, Michael, Political Opposition and Political Development in Japan, In: Robert A. Dahl (Hrsg.), Regimes and Oppositions, New Haven und London 1973, 341-398
(Historische und kulturelle Hindernisse für die Entstehung einer legitimen politischen Opposition)

Titus, David A., Palace and Politics in Prewar Japan, New York und London 1974
(Politische Herrschaftspraxis im kaiserlichen Japan vor 1945)

Ward, Robert E. und Dankwart A. *Rustow* (Hrsg.), Political Modernization in Japan and Turkey, Princeton, N.J. 1964
(Vergleich des erfolgreichen japanischen Modernisierungsversuchs mit einem historisch erfolglosen wie in der Türkei)

Ward, Robert E. (Hrsg.), Political Development in Modern Japan, Princeton, N.J. 1968
(Sammelwerk mit Beiträgen über Wandlungen des Parteien- und Verbändesystems und des Regierungsprozesses seit den Anfängen des modernen Japan im späten 19. Jahrhundert)

2. Einführungen und Überblicksdarstellungen für einzelne Länder

Westeuropa

Beyme, Klaus von, Das politische System der Bundesrepublik Deutschland, München 1979
(Parteien, Verbände und Regierungsprozeß in historischer Perspektive und unter Berücksichtigung der politischen Kultur)

Beyme, Klaus von, Das politische System Italien, Stuttgart 1971
(Darlegung des politischen Systems im historischen Kontext)

Ehrmann, Henry, Das politische System Frankreichs, München 1976
(Standardwerk über das politische System der V. Republik im Kontext der politischen Kultur Frankreichs)

Ellwein, Thomas, Das Regierungssystem der Bundesrepublik Deutschland, 4. Aufl., Opladen 1976
(Politische Institutionen und Regierungsprozeß)

Hancock, Donald M., Sweden: The Politics of Post-Industrial Change, Hinsdale, Ill. 1972
(Regierungssystem, Verbände, Parteien, politische Kultur Schwedens; Standardwerk)

Jennings, Ivor L., und Gerhard A. *Ritter*, Das britische Regierungssystem, 2. Aufl., Köln und Opladen 1970
(Skizze der wichtigstens Regierungs- und Gesetzgebungsorgane)

Lijphart, Arend, The Politics of Accommodation: Democracy and Pluralism in the Netherlands, 2. Aufl., Stanford 1975
(Standardwerk über politische Konfliktlinien und politische Kultur der Niederlande)

Kempf, Udo, Das politische System Frankreichs, 2. Aufl., Opladen 1980
(Vor allem sehr informativ über Regierungssystem und Parteien)

Miller, Kenneth E., Government and Politics in Denmark, Boston 1968
(Schwerpunktmäßige Darstellung des Verfassungs- und Regierungssystems)

Nousiainen, Jaakko, The Finnish Political System, Cambridge, Mass. 1971 *(Überblicksdarstellung)*

Rose, Richard, Politics in England Today. A Perspective for the 1980s, London und Basingstoke 1980
(Aktualisierte Neuauflage eines Standardwerks, das über Regierungssystem, Parteien, Verbände und politische Kultur Großbritanniens informiert)

Schumann, Klaus, Das Regierungssystem der Schweiz, Köln/Berlin 1971
(Umfassender Überblick über Regierungssystem, Parteien und Verbände)

Sperling, Walter, und Adolf Karger, Fischer Länderkunde Europa, Frankfurt/M. 1978
(Darstellung von Geographie, Wirtschaft und Sozialstruktur Westeuropas)

Sontheimer, Kurt, Das politische System Großbritanniens, München 1972
(Einführende Überblicksdarstellung)

Steiner, Kurt, Politics in Austria, Boston 1972
(Regierungssystem, Parteien, Verbände, politische Kultur Österreichs)

Zariski, Raphael, Italy: The Politics of Uneven Development, Hinsdale, Ill. 1972
(Regierungssystem, Parteien, Verbände und politische Kultur Italiens)

Weil, Gordon L., The Benelux-Nations: The Politics of Small-Country Democracies, New York 1970
(Skizze vor allem der Regierungs- und Parteiensysteme der drei Benelex-Länder)

U.S.A.

Fraenkel, Ernst, Das politische System der U.S.A., 3. Aufl., Opladen 1976
(Schwerpunktmäßige Darstellung des Regierungssystems unter verfassungspolitischen Gesichtspunkten)

Hofmeister, Burkhard, Nordamerika (Fischer-Länderkunde, Bd. 6), Frankfurt/M. 1970
(Wirtschaftsgeographie und Sozialstruktur der U.S.A. und Kanadas)

Kleinsteuber, Hans-J., Die USA: Politik, Wirtschaft, Gesellschaft, Hamburg 1974
(Überblick über das politische System in seinem sozio-ökonomischen Kontext)

Lösche, Peter, Politik in den USA, Opladen 1977
(Darstellung des politischen Systems unter besonderer Berücksichtigung der Nominierungs- und Wahlprozeduren am Beispiel der Präsidentschaftswahlen von 1976)

King, Anthony (Hrsg.), The New American Political System, Washington, D.C. 1978
(Sammelband mit Beiträgen über die Wandlungen der amerikanischen Politik seit Mitte der 60er Jahre, so u.a. über Veränderungen des Parteiensystems, der politischen Ideologien, des Regierungsprozesses)

Merkl, Peter H., und Dieter Raabe, Politische Soziologie der U.S.A. Die konservative Demokratie, Wiesbaden 1977
(Geeignet zur ersten einführenden Orientierung über das politische System)

Shell, Kurt L., Das politische System der U.S.A., Stuttgart 1975
(Historisch fundierter, ausführlicher Überblick im besonderen über Parteiensystem, politische Institutionen und Regierungsprozeß)

Wasser, Hartmut, Die Vereinigten Staaten. Porträt einer Weltmacht, Stuttgart 1980
(Sehr ausführliche Darstellung der Weltanschauungen, der Parteien, der Verbände und des Regierungssystems)

Japan

Ike, Nobutaka, Japanese Politics. Patron-Client Democracy, 2. Aufl., New York 1972
(Einführung in das politische System im Zusammenhang mit der modernen japanischen Geschichte und der politischen Kultur)

Ike, Nobutaka, A Theory of Japanese Democracy, Boulder, Col. 1978
(Darstellung der besonderen Spielart der japanischen Demokratie, die vor allem die Bedeutung der Traditionen und der überlieferten sozialen Organisationsformen für das Verständnis des modernen Japan hervorhebt)

Kevenhörster, Paul, Das politische System Japans, Köln und Opladen 1969
(Überblick über Verbände, Parteien und Regierungssystem)

Kevenhörster, Paul, Wirtschaft und Politik in Japan. Interessengruppen, politische Meinungsbildung und wirtschaftspolitische Entscheidungen, Wiesbaden 1973
(Ausführlichste größere Darstellung des Zusammenwirkens von Wirtschaft und Politik in Japan mit Passagen über Struktur und politische Bedeutung der Verbände, Parteien und Regierungsinstitutionen)

Nakane, Chie, Japanese Society, Berkeley und Los Angeles 1970
(Standardwerk über die traditionell begründeten sozialen Normen und Verhaltensweisen und ihre Bedeutung in Politik und Gesellschaft)

Pohl, Manfred (Hrsg.), Japan 1981/81. Politik und Wirtschaft, Hamburg 1982
(Handbuch über aktuelle Entwicklungen in Politik und Wirtschaft mit Beiträgen u.a. über die politischen Parteien; erscheint alle zwei Jahre. Es sind auch zu empfehlen die früheren Bände: Japan 1976/77, 1978/79, 1979/80)

Richardson, Bradley M., The Political Culture of Japan, Los Angeles und London 1974
(Einstellungsuntersuchung zur politischen Kultur)

Schöller, Peter, Japan, in: Peter Schöller, Heiner Dürr und Eckart Dege (Hrsg.), Fischer Länderkunde Ostasien, Frankfurt/M. 1978
(Wirtschaftgeographie und Sozialstruktur, auch in historischer Perspektive)

Stockwin, J.A.A., Japan: Divided Politics in a Growth Economy, New York 1975
(Darstellung des politischen Systems einschließlich der Parteien, Verbände, Entscheidungsorgane und politischen Kultur)

Tsuneishi, Warren M., Japanese Political Style. An Introduction to the Government and Politics of Modern Japan, New York und London 1966
(Geeignet zur ersten einführenden Orientierung über das politische System)

Ward, Robert E., Japan's Political System,. 2. Aufl., Englewood Cliffs, N.J. 1978
(Standardwerk zur Einführung in das politische System, das u.a. dessen Verankerung in den Traditionen der japanischen politischen Kultur hervorhebt)

3. Parteien

Westeuropa

Beyme, Klaus von, Parteien in westlichen Demokratien, München 1982
(Umfassende Darstellung der Parteiensysteme und Parteien in westlich-demokratischen Ländern, die sich vor allem ausführlich mit den westeuropäischen Parteien befaßt)

Berglund, Sten, und Ulf *Lindström*, The Scandinavian Party System(s), Lund 1978
(Vergleichende Studie über die in mancher Hinsicht sehr ähnlichen Parteiensysteme Schwedens, Norwegens, Dänemarks, und Finnlands)

Blackmer, Donald M., und Sidney *Tarrow* (Hrsg.), Communism in Italy and France, Princeton, N.J. 1975
(Sammelwerk mit Beiträgen über Struktur und Probleme der beiden größten kommunistischen Parteien in westeuropäischen Industrieländern)

Lipset, Seymour M. und Stein *Rokkan* (Hrsg.), Party Systems and Voter Alignments, New York 1967
(Inzwischen bereits klassisches Sammelwerk über die gesellschaftlichen Ursachen in der historischen Entwicklung der modernen westeuropäischen Parteiensysteme mit Beiträgen über einzelne Länder)

Merkl, Peter H. (Hrsg.), Western European Party Systems. Trends and Prospects, New York und London 1980
(Umfassendes Sammelwerk mit Beiträgen über die Parteiensysteme der größeren und kleineren westeuropäischen Länder und vergleichenden, länderübergreifenden Beiträgen über Einzelaspekte der Parteiensysteme wie etwa Programmentwicklung, Parteienwandel)

Rose, Richard (Hrsg.), Electoral Behavior. A Comparative Handbook, New York und London 1974
(Sammelwerk über das Wählerverhalten u.a. auch in westeuropäischen Ländern, das mit reichem Datenmaterial Kontinuität und Wandel der Parteiensysteme belegt)

Raschke, Joachim, Organisierter Konflikt in westeuropäischen Parteien. Vergleichende Analyse parteiinterner Oppositionsgruppen, Opladen 1977
(Analyse der Konfliktstrukturen und Konfliktursachen in Parteien der verschiedenen weltanschaulichen Richtungen)

Raschke, Joachim (Hrsg.), Die politischen Parteien in Westeuropa. Geschichte, Programm, Praxis, Ein Handbuch, Reinbek bei Hamburg 1978
(Sammelwerk mit Länderbeiträgen, die nach einzelnen Parteien untergliedert sind und Programmatik, Sozialstruktur, Organisation und Bündnisverhalten skizzieren)

U.S.A.

Chambers, William N., und Walter Dean *Burnham* (Hrsg.), The American Party Systems: Stages of Development, 2. Aufl., New York 1975
(Historische Entwicklungsstadien des Parteiensystems von der Staatsgründung bis zur Gegenwart)

Davis, James W., Presidential Primaries: Road to the White House, Westport, Conn. 1980
(Rechtliche und organisatorische Abwicklung der Vorwahlen, Bedeutungswandel der Vorwahlen, Vorwahlstrategien der Präsidentschaftskandidaten)

Fenno, Richard F., Home Style: House Members in Their Districts, Boston und Toronto 1978
(Wahlkreispflege und Wiederwahlstrategie der Repräsentantenhausabgeordneten)

Hamilton, Richard F., Class and Politics in the United States, New York, London, Sydney, Toronto 1972
(Darstellung der sozio-ökonomischen Grundlagen des amerikanischen Parteiensystems)

Ladd, E.C., und C. D. *Hadley*, Transformation of the American Party System: Party Coalitions from the New Deal to the 1970s, New York 1975
(Verlauf und Ursachen der Auflösung der in den 30er Jahren geprägten Wählerverhaltensweisen und Parteistrategien)

Mayhew, David R., Congress: The Electoral Connection, New Haven und London 1974
(Darstellung der Wahlkreisabhängigkeit der Abgeordneten beider Parteien)

Mazmanian, Daniel, Third Parties in Presidential Elections, Washington, D.C. 1974
(Überblick über die sporadisch auftretenden »dritten« Parteien bei amerikanischen Präsidentschaftswahlen, ihre Entstehungsgründe und die Ursachen ihres Scheiterns)

Nie, Norman H., Sidney Verba und John R. Petrocik, The Changing American Voter, Cambridge, Mass. und London 1976
(Studie über den Wandel des Wählerverhaltens seit Mitte der 60er Jahre)

Rubin, Richard L., Party Dynamics: The Democratic Coalition and the Politics of Change, New York 1976
(Analyse des inneren Wandels in der Wählerschaft und unter den aktiven Mitgliedern der Demokratischen Partei)

Sundquist, James L., The Dynamics of the Party System. Alignment and Realignment in the United States, Washington, D.C. 1973
(Wandlungen des amerikanischen Parteiensystems im 19. und 20. Jahrhundert)

Wayne, Stephen J., The Road to the White House: The Politics of Presidential Elections, New York 1980
(Nominierungsprozesse, Wahlkampf und Wahlmechanismen bei der Wahl des amerikanischen Präsidenten)

Japan

Cole, Allan B., George O. Totten und Cecil H. Uyehara, Socialist Parties in Postwar Japan, New Haven und London 1966
(Historische Studie über die Entwicklung der sozialistischen Bewegung)

Curtis, Gerald L., Election Campaigning Japanese Style, New York und London 1971
(Wahlkampfstrategien von Kandidaten der regierenden Liberaldemokratischen Partei in einigen charakteristischen japanischen Wahlkreisen)

Flanagan, Scott C., The Japanese Party System in Transition, in: Comparative Politics, 3. Jg. (1970/71), 231-253
(Wandlungen des Parteiensystems und der Erfolgsstrategien der größeren Parteien im Zuge wachsender Urbanisierung und regionaler Mobilität)

Fukui, Haruhiro, Factionalism in a Dominant Party System, in: Frank P. Belloni und Dennis C. Beller (Hrsg.), Faction Politics: Political Parties and Factionalism in Comparative Perspective, Santa Barbara und Oxford 1978, 43-69
(Ursachen und Gestalt der innerparteilichen Gruppenbildung in der regierenden Liberaldemokratischen Partei und in der größten Oppositionspartei)

Pohl, Manfred, Die Kommunistische Partei Japans - ein Weg ohne Peking und Moskau, Hamburg 1976
(Historische Darstellung der Strategieentwicklung)

Scalapino, Robert A., und Junnosuke Masumi, Parties and Politics in Contemporary Japan, Berkeley und Los Angeles 1967
(Ältere, aber noch keineswegs veraltete Einführung in das japanische Parteiensystem)

Thayer, Nathaniel B., How the Conservatives Rule Japan, Princeton, N.J. 1968
(Standardwerk über die Struktur und Entscheidungsprozesse in der regierenden Liberaldemokratischen Partei und deren Regierungspraktiken)

White, James W., The Sokkagakkai and Mass Society, Standford, Cal. 1970
(Studie über die buddhistische Sekte Sokkagakkai, als deren »politischer Zweig« die »Konfessionspartei« Komeito auftritt)

3. Gewerkschaften und Arbeitsbeziehungen

allgemein

Beyme, Klaus von, Interessengruppen in der Demokratie, 5. Aufl., München 1980
(Vergleichende Darstellung der Verbände, so auch der Wirtschaftsverbände, in westlichen Demokratien)

Beyme, Klaus von, Gewerkschaften und Arbeitsbeziehungen in kapitalistischen Ländern, München 1977
(Umfassende Darstellung aller wichtigen Aspekte der Gewerkschaftssysteme und der industriellen Beziehungen)

Barkin, Solomon (Hrsg.), Worker Militancy and Its Consequences, 1965–1975: New Directions in Western Industrial Relations, New York 1975
(Neuere Entwicklungen in der Gewerkschaftspolitik und in den Arbeitsbeziehungen der westeuropäischen Länder und der U.S.A. bis Mitte der 70er Jahre)

Olle, Werner (Hrsg.), Einführung in die internationale Gewerkschaftspolitik, Berlin 1978
(Sammelwerk mit Beiträgen u.a. über einzelne westeuropäische Länder und die U.S.A.)

Roberts, Benjamin G. (Hrsg.), Towards Industrial Democracy: Europe, Japan, and the United States, Montclair, N.Y. 1979
(Sammelwerk mit Beiträgen über Betriebsverfassung und gewerkschaftliche oder Beschäftigtenpartizipation in einzelnen Ländern)

Westeuropa

Carew, Andrew, Democracy and Government in European Trade Unions, London 1976
(Aufbau, Entscheidungsprozesse und Ziele einiger westeuropäischer Gewerkschaftsverbände)

Crouch, Colin, und Alessandro *Pizzorno* (Hrsg.), The Resurgence of Class Conflict in Western Europe since 1968, London und Basingstoke 1978
(Sammelwerk mit Beiträgen über Gewerkschaften, Arbeitsbeziehungen und Arbeitskämpfe in Westeuropa)

Kendall, Walter, Gewerkschaften in Europa, Hamburg 1975
(Geschichte der westeuropäischen Gewerkschaftsbewegungen)

Oesterheld, Werner, und Werner *Olle* (Hrsg.), Gewerkschaften in Europa, Berlin 1980
(Sammelwerk mit Beiträgen u.a. über die österreichischen und schweizerischen Gewerkschaften)

U.S.A.

Greenstone, Fred I., Labor in American Politics, New York 1969
(Politisches Engagement der amerikanischen Gewerkschaften)

Querin, Daniel, Die amerikanische Arbeiterbewegung 1867–1967, Frankfurt/M. 1970
(Geschichte der amerikanischen Gewerkschaftsbewegung)

Silk, Leonard, und David Vogel, Ethics and Profits: The Crisis of Confidence in American Business, New York 1976
(Untersuchung über die Einstellung amerikanischer Manager und Unternehmer zu Regierung, Parteien und Gewerkschaften)
Vogel, David, Why American Businessmen Distrust Their State: The Political Consciousness of American Corporate Executives, In: British Journal of Political Science, 8. Jg. (1978), 45–78
(Darstellung der vorherrschenden politischen Einstellungen in der amerikanischen Unternehmerschaft im Zusammenhang mit der historischen gesellschaftlichen Entwicklung)
Voß, Joachim, Die Gewerkschaftsbewegung in den U.S.A. Stützen der Gesellschaft oder Gegenmacht?, Köln 1980
(Struktur und Probleme der amerikanischen Gewerkschaftsbewegung)

Japan

Cook, Alice H., An Introduction to Japanese Trade Unionism, Ithaca, N.Y. 1966
(Umfassender Überblick über die japanischen Gewerkschaften)
Horke, Gertraude, Arbeiter unter der roten Sonne. Japans Unternehmensgewerkschaften, Wien 1976
(Gewerkschaften und Arbeitsbeziehungen im modernen Japan)
Kobayashi, Hiroaki, Wirtschaftsmacht Japan. Strukturen und Organisationen, Köln 1980
(Geeignet zur ersten einführenden Orientierung über Gewerkschaften und Arbeitsbeziehungen in Japan)
Yanaga, Chitoshi, Big Business in Japanese Politics, New Haven und London 1968
(Darstellung der Unternehmensverbände)
Yoshina, M.Y., Japans Management. Tradition im Fortschritt, Düsseldorf 1970
(Geschichte, Struktur und Interessenverbände der japanischen Unternehmerschaft)

4. Regierungssystem

allgemein

Steffani, Winfried, Parlamentarische und präsidentielle Demokratie, Opladen 1979
(Beiträge zu Konzepten und Praxis parlamentarischer und präsidentieller Regierungsweise)

Westeuropa

Beyme, Klaus von, Die parlamentarischen Regierungssysteme in Europa, 2. Aufl., München 1973
(Geschichte und Struktur des Parlamentarismus im kontinentalen Westeuropa)

Dogan, Mattei (Hrsg.), The Mandarins of Western Europe: The Political Role of Top Civil Servants, New York und London 1975
(Politische Funktion und Selbstverständnis der führenden Beamten in den westeuropäischen Ministerialverwaltungen)

Furtak, Robert K. (Hrsg.), Politisches Lexikon Europa, 2. Bde., München 1981
(Nachschlagewerk mit kurzen Skizzen u.a. über die politischen Systeme der westeuropäischen Länder)

Meyer-Tasch, Peter-Cornelius, und Ion Contiades (Hrsg.), Die Verfassungen der nicht-kommunistischen Staaten Europas, 2. Aufl., München 1975
(Sammelwerk mit Verfassungstexten und Skizzen der Verfassungsgeschichte)

Nohlen, Dieter, Wahlsysteme der Welt, München 1978
(Handbuch mit Abschnitten über die historischen und gegenwärtigen Wahlsysteme demokratischer Systeme westlichen Zuschnitts)

Oberreuther, Heinrich (Hrsg.), Parlamentarische Opposition, Hamburg 1975
(Sammelwerk mit Beiträgen über Struktur und Strategien der politischen Opposition in verschiedenen, vorwiegend westeuropäischen Ländern)

Smith, Gordon L., Politics in Western Europe. A Comparative Analysis, 2. Aufl., London 1976
(Überblick über die westeuropäischen politischen Systeme, vor allem auch die Regierungsinstitutionen)

Ridley, F.F. (Hrsg.), Government and Politics in Western Europe, Oxford 1979
(Regierung und Ministerialverwaltungsorganisation in verschiedenen westeuropäischen Ländern)

Sternberger, Dolf, und Bernhard *Vogel* (Hrsg.), Die Wahl der Parlamente und anderer Staatsorgane, Bd. 1: Europa, Berlin 1969
(Sammelwerk mit Beiträgen über die historische Entwicklung und den gegenwärtigen Stand der europäischen Wahlsysteme)

U.S.A.

Cronin, Thomas E., The State of the Presidency, 2. Aufl., Boston und Toronto 1980
(Überblicksdarstellung über das Amt, die formellen und die informellen Funktionen des Präsidenten)

Dodd, Lawrence C., und Bruce I. Oppenheimer (Hrsg.), Congress Reconsidered, New York 1977
(Sammelwerk mit Beiträgen über Wandlungen in der Struktur und in den politischen Strömungen des Kongresses)
Ehringhaus, Henner, Der kooperative Föderalismus in den Vereinigten Staaten von Amerika, Frankfurt/M. 1971
(Politische Zusammenarbeit und rechtliche Beziehungen zwischen der amerikanischen Bundesregierung und den Unionsstaaten)
Fenno, Richard F., Congressmen in Committees, Boston 1973
(Ausschüsse des amerikanischen Kongresses)
Fiorino, Morris P., Congress: Keystone of the Washington Establishment, New Haven und London 1977
(Darstellung der Rolle des Kongresses im gesamten Regierungssystem)
Green, Mark, Who Runs Congress?, 3. Aufl., New York 1979
(Machtstrukturen in beiden Häusern des Kongresses und Interessenbindungen der Kongreßmitglieder)
Haller, Walter, Supreme Court und Politik in den U.S.A., Bern 1974
(Entscheidungspraxis und Rechtsprechung des Obersten Bundesgerichts)
Hartmann, Jürgen, Der amerikanische Präsident im Bezugsfeld der Kongreßfraktionen, Berlin 1977
(Probleme der politischen Führungsrolle des Präsident gegenüber dem Kongreß am Beispiel einiger Präsidenten)
Heclo, Hugh, A Government of Strangers: Executive Politics in Washington, Washington, D.C. 1977
(Rekrutierungs- und Führungsprobleme der führenden Verwaltungsbeamten in den amerikanischen Bundesbehörden)
Neustadt, Richard E., Presidential Power: The Politics of Leadership, New York 1960
(Klassische Studie über die Schwierigkeit des Präsidenten, seinen Willen gegenüber Interessenvertretern und in den Bundesbehörden durchzusetzen)
Polsby, Nelson W., Congress and the Presidency, Englewood Cliffs, N.J. 1971
(Standardwerk über die Beziehungen zwischen Präsident und Kongreß)
Wayne, Stephen J., The Legislative Presidency, New York 1978
(Einrichtungen und Praktiken im Zusammenhang mit der vom Präsidenten geforderten und erwarteten Führungsrolle im Haushalts- und Gesetzgebungsprozeß)

Japan

Baerwald, Hans H., Japan's Parliament: An Introduction, London 1974
(Einführung in Struktur und Arbeitsweise des Reichstages)

Itoh, Hiroshi (Hrsg.), Japanese Politics - An Inside View: Readings from Japan, Ithaca, N.Y. und London 1973
(Sammelwerk mit Beiträgen japanischer Autoren über Entscheidungsprozesse in der japanischen Politik)

Koh, B.C., Stability and Change in Japan's Higher Civil Service, in: Comparative Politics, 11. Jg. (1978/79), 279-297
(Rolle der höheren Ministerialbeamten in der Regierung, in den Parteien und Verbänden; Struktur und Einstellungen des Beamtenkorps)

Kubota, Akira, Higher Civil Servants in Postwar Japan: Their Social Origins, Educational Backgrounds, and Career Patterns, Princeton, N.J. 1969
(Karriere- und berufssoziologische Studie über die höheren Beamten)

Pempel, T.J., The Dilemma of Parliamentary Opposition in Japan, in: Polity 8. Jg. (1975/76), 63-79
(Praktiken und Probleme parlamentarischer Opposition und Obstruktion)

Pempel, T.J., The Bureaucization of Policy-Making in Post-War Japan, in: American Journal of Political Science, 18. Jg. (1974), 647-664
(Verdrängung der Gesetzgebungsentscheidungen durch Verwaltungsverordnungen)

Pempel, T.J., (Hrsg.), Policymaking in Contemporary Japan, Ithaca und London 1977
(Sammelung von Fallstudien zum politischen Entscheidungsprozeß)

Vogel, Ezra F. (Hrsg.), Modern Japanese Organization und Decision-Making, Berkeley, Los Angeles und London 1975
(Entscheidungspraktiken in japanischen Verbänden und Ministerien)

Register